FRANCA PARIANEN (HG.)

WELTRETTUNG BRAUCHT WISSENSCHAFT

**Antworten auf die drängenden
Fragen unserer Zeit**

ROWOHLT POLARIS

Originalausgabe
Veröffentlicht im Rowohlt Taschenbuch Verlag, Hamburg, März 2023
Copyright © 2023 by Rowohlt Verlag GmbH, Hamburg
Covergestaltung und -abbildung
Hauptmann & Kompanie Werbeagentur, Zürich
Satz aus der Franziska, InDesign
Gesamtherstellung CPI books GmbH, Leck
ISBN 978-3-499-01006-4

INHALT

Ich vermisse die Zukunft.
Also bin ich sie suchen gegangen.

Aufbruchstimmung

W as, wenn wir einfach auf die Wissenschaft hören? Immerhin beginnt jeder Katastrophenfilm damit, dass man sie ignoriert – kurz bevor sich die Erde auftut, das Virus ausbreitet, der Komet einschlägt, die Flut flutet und der Weiße Hai alle Badenden auffrisst. Würden wir auf die Wissenschaft hören, wären Katastrophenfilme durchschnittlich zehn Minuten lang, und es gäbe weitaus weniger Rollen für Dwayne «The Rock» Johnson. Dort, wo wir's im echten Leben tun, verschwindet Blei aus den Wänden, Cholera aus dem Wasser und Polio aus der Welt.

Es ist vor allem dem wissenschaftlichen Fortschritt zu verdanken, dass unsere Lebenserwartung heutzutage Zeit für eine Midlife-Crisis lässt. Dass dieses Leben kürzlich ziemlich aus den Fugen geraten ist, verdanken wir dagegen u. a. einer Politik, die Wissenschaft viel zu oft ignoriert – konnte ja auch keiner ahnen, dass sie mal so wichtig werden würde. Jahrzehntelang sind wir schließlich ganz gut damit gefahren, wesentliche wissenschaftliche Erkenntnisse auch mal zu missachten, z. B. dass Schule zu früh beginnt, Diesel sich schlecht in der Lunge macht und Düngemittel besser weniger Nitrat hätte. Die Wissenschaft warnt. Vor Waldsterben und Nuklearkatastrophen. Vor rohem Plätzchenteig und strukturellem Rassismus. Und wir reagieren darauf, indem wir alle einmal sehr, sehr ernst mit dem Kopf nicken.

Trotzdem schien uns die moderne Welt im Großen und Ganzen auf Rationalität gebaut. Wenigstens darum bemüht. Auf jeden Fall liefen überall Experten rum! Solche, die uns sogar ziemlich oft erklären konnten, warum es sehr vernünftig ist, wenn die Politik gerade eben *nicht* überall auf die Wissenschaft hört. Das passte sehr gut zu der Einstellung in unserem Privatleben, wo die meisten auch von Wissenschaft im Allgemeinen überzeugt sind – wie von der Existenz von Schwerkraft und Bakterien, aber nicht unbedingt im Speziellen. Also da, wo sie uns betrifft. Da leben wir die Kompromisslösung, in der wir zwar an die Wirkung von Desinfektion glauben, aber auch an die Drei-Sekunden-Regel, nach der die Bakterien uns nichts anhaben können, wenn wir runtergefallene Sachen schnell aufheben (was eigentlich schon eine gute Vorbereitung ist auf «Klar muss man bei einer OP Masken tragen, aber wenn ich die beim Einkaufen anziehen muss, fall ich tot um»).

Ansonsten lösen auch wir unsere Probleme, indem wir einfach sehr geschickt nicht so genau darüber nachdenken. Z. B. darüber, dass man vor dem Einschlafen besser nicht stundenlang aufs Handy starrt oder dass Essen aus angekratzten Teflonpfannen wahrscheinlich nicht ideal für uns ist.

Bis jetzt sind wir daran nicht gestorben, nicht mal an dem rohen Keksteig. Gab es etwas wirklich Wichtiges, wie das Ozonloch, dann hat uns schon irgendwer informiert. Auch die Politik hat in solchen Momenten meist noch die Kurve gekriegt, bevor irgendeine wissenschaftsferne Entscheidung zum Super-GAU geführt hat. So konnten sich auch die Forschenden bequem darauf ausruhen, dass Wissenschaftskommunikation im Unialltag nun wirklich nicht vorgesehen ist und sich komplexe Themen dem Laienpublikum ohnehin *sehr* schlecht erklären lassen. Um ehrlich zu sein, war man ja schon froh, wenn zwischen den ganzen Forschungsgeldanträgen überhaupt Zeit für Forschung blieb – da war es sehr viel verlangt, diese Forschung jetzt auch noch zu *kommunizieren*. Immerhin in den Fachartikeln standen ihre Ergebnisse ja drin.

So oder so ähnlich hat das Zusammenleben im Großen und Ganzen ziemlich lange ziemlich gut funktioniert (für die reichen Länder, versteht sich). Oder jedenfalls schien es so, bis die Erde plötzlich angefangen hat, abwechselnd zu brennen oder zu überfluten, Preise steigen, Fehlinformation wütet, Demokratien wackeln und wir uns fragen, ob uns zuerst die Virusvarianten oder die griechischen Buchstaben ausgehen. Auf einmal starren uns die Folgen von Wissenschaftsleugnung und Ignoranz ziemlich offensichtlich ins Gesicht.

Wie selten wir tatsächlich auf Wissenschaft hören, merkt man spätestens daran, dass fast jede Zeitung davon berichtet, *wenn* wir es tun: «Werden wir jetzt von Virologen regiert?» So und ähnlich lauteten die Schlagzeilen am Anfang der Pandemie, und das ist ja mal eine Befürchtung, die sich so überhaupt nicht bewahrheitet hat. Man merkt es auch daran, dass wir dabei offensichtlich in völlig neuem Fahrwasser navigieren. Mit der doppelten Herausforderung, gleichzeitig auszuhandeln, wie das geht. Wo liegen die fließenden Grenzen, wo die scharfkantigen Fakten? Sind wir sicher, dass der Kompromiss nicht dazwischen ist? Am Ende segeln wir wild umher, halten uns an einiges, ignorieren vieles und umschiffen den Rest weiträumig. Zwischendurch bricht das Ruder, und während wir noch dabei sind, die Überreste zusammenzuschrauben, taucht am Horizont schon drohend die Frage auf: Wie wird das erst mit dem Klima?! Und warum ist das auch schon wieder so wenig kompromissbereit? Offensichtlich kann man jahrelang eine Krise durchleben, ohne danach annähernd Meister im Krisenmanagement zu sein. Oder wenigstens die Gravität von Krisen zu verstehen.

Dabei sind Corona und Klima ja längst nicht die einzigen Themen, zu denen uns die Wissenschaft etwas sagen (oder wahlweise «an den Kopf werfen») kann: Medizinerinnen warnen vor Plastikstoffen, Programmierer vor Algorithmen, und Hirnforscherinnen machen sich schon aus Prinzip Sorgen um uns alle. Wieder andere haben uns vor jeder aktuellen Plage bereits Jahrzehnte im *Vorhinein* gewarnt. Wer weiß, was in deren Artikeln noch alles drinsteht?

Es gibt mehrere Gründe, warum die Krise immer mehr zu unserem natürlichen Lebensraum wird und unsere Strategie des besorgten Kopfnickens hart an ihre Grenzen gerät, z.B. angesichts der Globalisierung, die uns nicht nur mit den anderen Menschen auf diesem Planeten verbindet, sondern auch mit ihren Lieferschwierigkeiten, Datenkraken und Viren. Oder auch infolge unseres Versuches «Turbokapitalismus und unendliches Wachstum auf einem endlichen Planeten», der langsam einen Punkt erreicht, an dem wir alle Fässer zum Überlaufen bringen. Neun solcher möglichen Grenzüberschreitungen hat die Forschung identifiziert. Die Integrität von biochemischen Kreisläufen und Biodiversität haben wir längst überschritten, die Zahl an menschengemachten chemischen Substanzen kürzlich, genauso wie die des Frischwassers für Pflanzen – eine von zwei Arten der Frischwassernutzung. Abholzung und Erhitzung sind im gelben Bereich, und an der vollständigen Übersäuerung der Ozeane kratzen wir gefährlich. Immerhin, der Ozonschicht geht es einigermaßen. Die Partikelverschmutzung der Atmosphäre hat bis jetzt niemand so genau gemessen. Aber als Forschende zum bisher tiefsten Tauchgang in den Marianengraben antreten, ist eine Plastiktüte schon da.

Und neben all dem stehen wir und versuchen irgendwie unser Leben zu planen, als ob nicht sämtliche Gewissheiten längst weggebrochen wären. Die Antwort auf die Frage, wo wir uns in fünf Jahren sehen, löst genauso ein Schulterzucken aus wie die nach dem nächsten Herbst. Die Zukunft ist bis auf Weiteres so eine Art Wolke. Immerhin darin, dass es sich um eine Gewitterwolke handelt, sind wir uns einig. Laut Umfragen des Instituts für Demoskopie in Allensbach sehen selbst das nächste Jahr nur noch 19 Prozent der Deutschen positiv und unterbieten damit den bisherigen Tiefstwert vom Koreakrieg noch mal um acht Punkte.[1] Von den unter 25-Jährigen glauben nur noch 8 Prozent, dass es der nächsten Generation mal besser gehen wird.[2] Und wo 2013 noch 70 Prozent der jungen Leute lieber in der Zukunft leben wollten, wünscht sich 2022 die Mehrheit in die Vergangenheit zurück![3]

Von wegen, die Jugend interessiert sich nur für ihr Smartphone: Für ein paar mehr Jahre auf einem bewohnbaren Planeten wäre sie anscheinend ohne zu zögern bereit zu lernen, was eine

Wählscheibe ist. Wobei «jung» hier eigentlich «alle bis Mitte 30» heißt, und nein, ich akzeptiere dazu keine konstruktive Kritik. Der Punkt ist: Wenn diejenigen, die einen Weg am längsten gehen sollen, überzeugt sind, dass sie am Ende schlechter dastehen oder am liebsten gleich auf der Stelle umkehren wollen, dann muss es schon ein ziemlicher Holzweg sein.

Aber, muss ja. Also setzen wir zögerlich und widerwillig einen Fuß vor den anderen, halten uns an die Gegenwart, ans Hier und Jetzt und versuchen nicht so genau daran zu denken, was da vor uns liegt. Sehr ungewöhnlich für eine Spezies, die sonst gern ihre Zeit damit verbringt, das Morgen zu planen und zusammenzuzucken über das, was sie vor zehn Jahren mal gesagt hat. Oder die sich sehr viel auf die Fähigkeit einbildet, heute auf einen Marshmallow verzichten zu können, wenn es morgen zwei gibt. Als könnte heute noch irgendjemand die morgige Marshmallow-Situation vorhersagen. Ich vermisse die Zukunft. Pläne, Perspektiven, irgendwas, auf das man absichtsvoll zugeht! Weil man sich zumindest erhofft, dass es da besser ist. Natürlich auch auf die Gefahr hin, dass man nie ankommt oder dass die Erwartungen enttäuscht werden und es ist einfach wie Duisburg. Die Zukunft ist immer ein unbekanntes Land. Aber können wir nicht wenigstens versuchen, eins anzusteuern, für das es sich lohnt zu kämpfen?

Also, wie kommen wir dahin?

Das meiste Übel dieser Welt ist wie Zahnpasta – leichter aus der Tube zu bekommen als wieder hinein. Das heißt, es reicht nicht, nur auf die Bremse zu treten, wir müssen auch die Kurve kriegen. Aufräumen, ausräumen. Die Dinge besser machen. Wir brauchen Gestaltung und neue Ideen. Und wir brauchen Forschung, um uns da durchzulavieren. Um zu wissen, was kommt. Um neue Wege zu finden und zu testen, ob sie in die richtige Richtung führen. Vor allem, um sehr viel schneller daraus lernen zu können als jetzt. Auch das ist eine Art, mit Krisen umzugehen. Persönlich ist es meine liebste. Wenn mir die Doktorandenzeit in der mehr oder weniger praktisch relevanten Hirn- und Hormonforschung eins gebracht hat in den aktuellen Krisen, dann das Wissen, wie und wo man auf komplizierte Fragen Antworten findet. Oder zumindest Anhaltspunkte. Und die Überzeugung, dass wir besser dran sind, wenn wir danach suchen. Allein schon weil das, was wir dabei aufspüren, so oft ganz anders aussieht als erwartet.

Wissenschaft kann eben nicht nur mahnen, sondern auch völlig neue Ansätze bieten. Manchmal sogar Lösungen, und mit Glück sogar welche, die funktionieren. Die die Welt um uns artenreicher machen, das Wasser trinkbarer, Verteilung gerechter und die Menschheit (viren-)freier. Sie kann auch Sicherheit schaffen. Oder uns aus den immer gleichen, lähmenden Debatten befreien.

Die gute Nachricht ist: Selbst wenn unsere Probleme größer geworden sind – unsere Möglichkeiten zur Lösungssuche sind es auch! Mit dem Fortschritt sind die Hindernisse auf dem Weg zum Wissen in bemerkenswerter Anzahl ebenfalls umgekippt. Das Internet hat die globalen Distanzen zusammengeschmolzen, sodass wir in Sekundenschnelle etwas lernen können, wofür man früher das eurasische Grenzgebirge hätte überklettern müssen. Oft muss man dafür sogar mit niemandem reden, was z. B. Newton sehr gefallen hätte. Analysen kommen zu uns nach Hause, sogar auf Tausende Computer gleichzeitig, sodass wir dafür nicht in die Büros besser bezahlter Professoren einbrechen oder uns um die Erstausgaben in Bibliotheken streiten müssen (die haben eh wieder irgendwelche Jurastudenten versteckt). Die gleichen Computer helfen uns auch bei der Berechnung von Statistiken und Fallzahlen, die früher unmöglich gewesen wären. Die Rechenleistung, die uns zum Mond gebracht hat, passt heute in einen Bauchbeutel. Die Mondlandung selbst folgte nur 56 Jahre nach dem ersten Flugzeugflug, der weniger als 100 Jahre nach der ersten Eisenbahnfahrt folgte, und das, nachdem Kutschen für mehrere Tausend Jahre die absoluten Vorreiter waren. Unser Wissensberg wächst immer schneller, und große Teile davon stehen uns allen zur freien Verfügung. Wir profitieren vom Wissen sämtlicher Forschenden der Welt, den neuesten Erkenntnissen von heute, genauso wie von der Vorarbeit derer, die längst in Berufe mit unbefristeten Verträgen gewechselt sind. Selbst auf eine Art gemeinsame Sprache haben wir uns beim Wissensaustausch geeinigt: gewurschteltes Englisch. Ein weitaus besseres System, als bei der Recherche noch mal unser französisches Grammatikheft rauszukramen und uns zu fragen, ob man diese Vene jetzt an- oder *durch*schneiden muss. Nur die AfD wünscht sich, dass Forschung wieder in deutscher Sprache stattfindet, aber die wollen ja eh immer zurück ins falsche Jahrhundert.

Für den Rest von uns ist allein das Internet ein so großer Fortschritt, dass es unseren Umgang mit Wissen eigentlich für immer verändern muss. Ein Erkenntnisberg mit Suchfunktion, drei Klicks entfernt in unserer Hosentasche (na ja, für Männer, jeder weiß, dass Frauenhosen keine Taschen haben). Es war noch nie leichter, Antworten zu finden, als heute. Aber aus irgendeinem Grund hat das einen wenig bemerkbaren Einfluss auf unser Schulsystem und unsere Politik.

Dabei könnten wir so viel von dem klären, was uns jeden Tag im Kopf rumschwirrt. Können wir CO_2 aus der Atmosphäre saugen? Plastik schaffen, das sich in seine Bestandteile zerlegt? Dank Gentechnik auf Pestizide verzichten? Und haben Klimaforschende eigentlich noch Hoffnung? Oder weiß der Historiker da vielleicht mehr? So viel Wissen, Zahlen und hilfreiche Diagramme, mit denen wir Vergangenheit und Zukunft besser verstehen, genauso wie die Konsequenzen unserer politischen Entscheidung. Nebenbei bietet unser Datenberg auch einen Schutzwall. Gegen unsere eigenen Biases, also Verzerrungen, Denkfallen und Fehlannahmen, mit denen uns unser Gehirn so durch den Tag bringt, bevor wir vor Überforderung eingehen. Obendrein schützt er uns gegen die Welle von Desinformation, die gerade über uns hinwegschwappt und unsere Gesellschaft aus den Angeln hebt. Vor Leuten, die Fakten leugnen, dafür aber an Chemtrails glauben und an ihr Recht auf Masern. Und die in ihren absurden Ansichten nur noch übertroffen werden vom letzten US-Präsidenten. Gemeinsam haben sie alle, dass sie mit den fünf apokalyptischen Reitern der Desinformation durch die Gegend ziehen, denen wir noch häufiger begegnen werden: Pseudoexpert*innen, Logikfehler, unerreichbare Ansprüche, Rosinenpickerei und Verschwörungsideologien. Kurz: PLURV. Diese Auflistung hat sich einst ein Klimakommunikationsprofessor namens John Cook ausgedacht, und inzwischen passt das Framework auch ganz wunderbar für unseren Umgang mit Corona. Wenn immer mehr Leute darauf setzen, dass sich zwischen Fakt und Fake nicht mehr unterscheiden lässt, brauchen wir mehr denn je eine Datengrundlage zum Festhalten.

Wer tief genug ins Labyrinth vorstößt, stößt sogar auf Zukunftsmusik. Baumaterialien für eine nachhaltige Welt, Medizin für alle. Gute Ernährung, Landwirtschaft voller Vielfalt und Städte, in denen sich Füchse rumtreiben. Unser Wissensberg bietet Input zu fast allem. Oder eben Hinweise. Begründete Vermutungen! Am besten schickt man jemanden vor, der den Unterschied sieht. Zum Glück kennen Wissenschaftler*innen ihren Abschnitt des Berges wie die Westentasche. Sie sind dort ja quasi zu Hause – allein schon, weil das Doktorandendasein keine Miete bezahlt. Schon gar nicht in einem Elfenbeinturm. Und wenn man sie fragt, was passieren würde, wenn die Welt ihnen zuhört, haben die meisten schon mal was vorbereitet. Im Fall der Wissenschaftler*innen, die auf meiner Reiseroute stehen, ist das, was sie vorbereitet haben, mit ziemlicher Sicherheit auch verständlich. Denn ich kenne sie alle von Science Slams, jenen Wettbewerben, bei denen Wissenschaftler*innen ihre Forschungsthemen in kurzer Zeit auf der Bühne präsentieren – möglichst verständlich, möglichst unterhaltsam, möglichst so, dass das Publikum danach in einer kleineren Applausorgie von den Stühlen gerissen wird. Manche sind heute noch vielbeschäftigte Slammer*innen, andere stecken vielbeschäftigt tief in ihren Laboren oder mitten im brasilianischen Feuchtgebiet, und wieder andere treiben sich im Fernsehen rum oder schreiben Bücher (wie praktisch, da wissen sie ja schon, worum es geht). Die meisten machen alles gleichzeitig.

Gemeinsam haben sie alle, dass sie ganz wunderbar erzählen und erklären können und es ihnen ein Anliegen ist, genau das zu tun. Angefangen damit, Forschung nicht nur auf Kongresse zu bringen, sondern auch in Theater, Kneipen und Clubs, wo das Licht schummerig, der Vorhang schwer und der Boden leicht klebrig ist. Aber dann sitzen selbst darauf dicht gedrängt Leute (na ja, wenn nicht gerade Pandemiewelle ist) und lauschen mit der Bierflasche in der Hand den Grundsätzen der Thermodynamik. Wenn es das ist, wie Tausende freiwillig ihren Samstagabend verbringen wollen, dann muss das, was dabei passiert, schon ziemlich magisch sein. Und das ist es ja auch, wenn jemand, der für sein Thema brennt und erklären kann, warum die Welt *wirklich* besser wäre, wenn wir alle mehr darüber wüssten! Und wenn der Mensch diesen Punkt dann auch noch leidenschaftlich mit einem wackelnden *Jenga*-Turm, zerschmetternden Plastikplatten und dem liegestützen-artigen Paarungstanz einer Eidechse unterstreicht (alles bei den Autor*innen dieses Buches schon vorgekommen).

Die Leute, zu denen ich mich auf den Weg mache, wissen also, wie man Menschen in fremde Welten entführt, sie lassen uns die Luft anhalten, bis wir verstehen, was es heißt, wenn sich medizinische Behandlung verzögert, oder zeigen uns, wie man künstliche Intelligenz dazu bringt, in allem eine Schildkröte zu sehen. Mindestens eine von ihnen hat schon mal vor Angela Merkel etwas über Schweiß erzählt. Kurzum, sie erreichen mit ihrer Arbeit jede Menge unterschiedliche Leute, und das auf eine Art, die hängen bleibt. Dabei hilft es wahrscheinlich, dass sie alle junge Wissenschaftler*innen sind (in der Forschung gilt die Bezeichnung «jung» übrigens mindestens bis Anfang vierzig – und das kann man durchaus kritisieren). Witziges Erzählen galt lange als verpönt in der Wissenschaft. Als würden sich Seriosität und Humor ausschließen. Das ist natürlich Unsinn. Wenn Archimedes nackt aus der Badewanne springt und «Heureka» rufend durchs Dorf rennt, sagt das nichts über seine Beobachtungen zur Dichte, macht sie aber weitaus unterhaltsamer. Außerdem erinnern wir uns noch über zweitausend Jahre später daran. Versuchen Sie das mal angezogen.

Der andere Punkt, der in der Wissenschaft eher neu ist, ist, zu politischen Fragen Stellung zu beziehen. Das, was in der Pandemie plötzlich nötig wurde und bei Virolog*innen zu mehreren sehr gequälten Gesichtsausdrücken geführt hat. Auch die Politik war teilweise etwas pikiert darüber, jetzt Ratschläge von Leuten in Laborkitteln zu bekommen – was ein bisschen überraschend war, denn die Politiker, denen das am meisten ausmachte, hören sonst auch auf drei Lobbyisten in einem Trenchcoat. Allein das ist schon ein Grund für Forschende, sich mit Politik zu beschäftigen, denn wenn sie ihre Expertise nicht einbringen, dann tun es die selbst ernannten Experten bestimmt – und müssen dafür nicht mal Zeit mit dem passenden Studium verschwenden. «Wirtschafts»experte Friedrich Merz z. B. ist Jurist.

Es ist für niemanden einfach in diesem Spannungsfeld, in dem Wissenschaft letztlich immer nur eine Beraterrolle zusteht. Fragt sich nur, wie man diese Beraterrolle ausfüllt und inwiefern Trillerpfeifen dazugehören sollten. Oder Leuchtraketen. Wie sehr das auch in der Wissenschaft debattiert wird, sieht man z. B. schon daran, dass sich die unterschiedlichen Strömungen der Klimabewegung genauso unter Forschenden widerspiegeln: *Scientists Rebellion* versus *Scientists for Future* versus eine ganze Menge Leute, die finden, man müsste eigentlich wirklich dringend mal mehr machen (von Ersteren sagte Bundeskanzler Scholz gerade erst im Oktober 2022, dass man ihre Demonstration zwecks «Klima und solche Sachen» am besten ignoriere). Ab welcher Corona-Variante sich Epidemiolog*innen ans Gesundheitsministerium ketten, bleibt abzuwarten. Anderswo müssen sich Biolog*innen und Soziolog*innen dagegenstemmen, dass man sie für Attacken auf trans* Leute und ihre Rechte instrumentalisiert. Zum Glück müssen uns Astronom*innen bisher noch vor keinem Meteoriten warnen, aber spätestens seit «Don't Look Up!» bereiten sie sich emotional darauf vor, dass ihnen dann keiner zuhört.

Alles in allem sind Forschende eben Teil des blauen Planeten, und spätestens seit immer mehr von ihnen für ihre Arbeit bedroht und angegriffen werden, können sie sich vor seinen Konflikten auch immer schwerer wegducken. In Deutschland brauchen einige Polizeischutz oder Medienrechtsanwälte, und nachdem Trump in den USA gewählt wurde, brachte die Umweltbehörde erst mal ihre Datensätze in Sicherheit. Später verbot man den Behörden aus dem White House heraus Interviews, Social-Media-Posts und Wörter wie «Diversität», «globale Erwärmung» und «evidenzbasiert». Woran man auch sieht, welche Macht diese Wörter haben. Zeit also, sie zu nutzen, wie es immer mehr Wissenschaftler*innen machen. Der Anwendungsteil der Forschung. Streng wissenschaftlich natürlich. Andersrum auch Zeit, unsere Fragen loszuwerden, an alle, die da vor sich hinarbeiten. Rauszufinden, was wir schon immer mal wissen wollten, von Leuten, die es kaum abwarten können, uns etwas darüber zu erzählen.

Also dann: Wie sähe die Welt aus, wenn jemand auf dein Fachgebiet hört?

Mit dieser Frage mache ich mich auf die Reise zu elf Forschenden, auf der Suche nach der Zukunft.

Auf geht die Reise

Die Reise beginnt am Bahnhof in Berlin. Das ist praktisch, denn da wohne ich. Also in Berlin, nicht am Bahnhof. Niemand wohnt in Mitte. Dafür sind wir hier nur ein paar Schritte entfernt von den hochragenden Backsteingebäuden der Charité, dem Universitätsklinikum. Sie ist die Arbeitgeberin der halben deutschen Nobelpreisträger*innenriege, und außerdem die Institution, zu der sich nicht nur in der aktuellen Krise alle umdrehen, sondern auch beim letzten Mal, als die Wissenschaft einen ziemlichen Lauf hatte: in den aufregenden Jahren um die Jahrhundertwende, als die Menschheit Bakterien und Blutgruppen entdeckte und Heilmittel für mehrere der wichtigsten Todesursachen ihrer Zeit. Syphilis, Tetanus, Diphtherie – alle heute behandelbar. In Deutschland stieg die Lebenserwartung mit der Jahrhundertwende, von Mitte / Ende 30 auf 50 Jahre, dann auf 60. Die Kindersterblichkeit wurde halbiert! Noch wenige Jahre zuvor konnte man einem Mann, dem eine Münze im Hals steckte, keinen besseren Rat geben als «von der Decke hängen». (Na ja, es hat funktioniert. Irgendwann.[4]) Dann plötzlich wurde alles besser. Für einen sehr kurzen Moment muss die Zukunft wirklich sehr verheißungsvoll ausgesehen haben. Um sich von der Tragweite zu überzeugen, fragen Sie sich einfach selbst, wie lang Sie und Ihre Lieben ohne die Fortschritte der Zeit überlebt hätten. Ich persönlich hätte wahrscheinlich nicht mal das Licht der Welt erblickt. Oder nur sehr kurz. Denn so was wie einen Kaiserschnitt hätte es nicht gegeben.

An die Wissenschaftsbegeisterung von damals erinnern heute noch die großen steinernen Statuen auf dem Charité-Gelände, an denen die Klimastreiks immer vorbeiziehen. Ein überlebensgroßer Robert Koch und außerdem ein nackter Mann, der mit einem Ungeheuer ringt, sinnbildlich für das Ringen mit Krankheit.

Rudolf Virchow, der Mann, dem sie gewidmet ist, hat keinen großen Erreger entdeckt und war gegenüber der neumodischen Idee von den Bakterien grundsätzlich eher skeptisch, aber er hat maßgeblich dazu beigetragen, dass wir die Ursache von Krankheiten heute in Zellen suchen statt in fünf fragwürdigen Säften. Außerdem haben wir u. a. ihm die Berliner Kanalisation zu verdanken und überhaupt einen ziemlich vehementen Kampf gegen alles, was Armut und Krankheit verbindet. Einmal hätte er sich beinahe mit Bismarck duelliert.

Das ist ein Punkt, der oft untergeht – nicht nur der mit Bismarck, sondern auch der mit den Säften: Das goldene Zeitalter der Medizin hat nur zum Teil mit neuen Erfindungen zu tun. Ein Großteil des Fortschritts lag in der Erkenntnis, völlig belämmerte Sachen zu unterlassen: mit ungewaschenen Händen von der Leichenobduktion zur Geburtshilfe zu eilen z. B., oder Fäkalien und Trinkwasser zu mischen. Armenquartiere ohne Toiletten und fließend Wasser zu bauen. Mit Nutztieren dichtgedrängt zusammen zu wohnen. Krank durch die Gegend zu laufen. Patienten mit giftigen Stoffen und Aderlassen zu malträtieren – ein ganz neuer Standpunkt gegenüber der bisherigen Herangehensweise, bei der sich eine standesgemäße Behandlung von einem Exorzismus nur minimal unterschied.

Damals wie heute war das Loch, aus dem wir uns buddeln mussten, eins, in das wir uns ziemlich geschickt selbst reingebuddelt hatten. Damals wie heute setzte das ein – für Menschen sehr unübliches – Maß an Einsicht voraus. Allein beim Versuch, uns das mit dem Händewaschen beizubringen, gab es mehrere Tote. Und wenn uns der Kampf gegen Fehlinformation heute manchmal aussichtslos vorkommt, sollten wir uns daran erinnern, dass damals nur ein Viertel der Bevölkerung lesen konnte und selbst Ärzte dachten, Menschen hätten das Doppelte ihres tatsächlichen Blutvolumens und sie könnten auf 80 Prozent davon verzichten. Als George Washington nach einem Ausritt im Regen mal Halskratzen hatte, starb er nur wenige Arztbesuche später. Denkbar schlechte Bedingungen für alles. Aber trotzdem haben wir uns irgendwann aufgerafft und den mörderischen Berg an Mythen und Fehlinformationen methodisch abgetragen. Stück für Stück mit jeder abstrusen Idee, jeder Erkenntnis, was wir *nicht* mehr machen sollten. Bis irgendwann zwischen 1900 und 1912 zum ersten Mal ein Patient zum Arzt ging und dabei eine mehr als fünfzigprozentige Chance hatte, danach nicht schlechter dran zu sein als vorher.[5]

In der folgenden Zeit haben wir unsere Methoden der Falsifizierung immer weiter verfeinert und unseren Stapel «Dinge, die wir halt so machen» immer weiter umgewandelt in einen Stapel «Dinge, die sich als einigermaßen hilfreich erwiesen haben (für den Moment)». Warten Sie ab, was passiert, wenn wir jetzt auch noch anfangen, *Frauen* und andere Minderheiten systematisch in unsere Studien einzubeziehen! Man lernt nie aus, was man alles falsch macht. Auch heute nicht – zum Glück.

In unserer Vorstellung sind Mahnungen aus der Wissenschaft immer etwas Anstrengendes, Nörgeliges, auf das niemand gerne hört. Aber Millionen von uns verdanken ihr Leben der Erkenntnis, dass FCKW nicht in Haarspray gehört, Blei nicht in Benzin und Alkohol und Zigaretten nicht in die Nähe von Babys. Sagen Sie das irgendwem in den 50ern, und der guckt Sie schief an. Von den sozialen Missständen wie Segregation oder Sexismus ganz zu schweigen. Und auch hier musste erst jemand vorbeikommen und die wichtige Frage aufwerfen: «Ham' wir sie noch alle?» Na ja, manchmal benötigt man dafür auch eine Menge Leute. Immer wieder. Die Menschheit hat es nicht so mit dem Zuhören.

Aber am Anfang steht immer die Erkenntnis, dass etwas falsch läuft. Der Kern allen Fortschritts. Und damit können wir jetzt endlich Berlin verlassen und in den Zug nach Hamburg steigen, um von Maria-Elena Vorrath etwas über das Klima zu lernen. Nicht, um in deprimierte Resignation zu verfallen, sondern um uns eine Chance zu erobern, es besser zu machen.

MARIA-ELENA VORRATH

Weniger ist alles

Maria-Elena Vorrath kämpft für das Klima. Mal als Spurensucherin zwischen den Eisbergen, mal zwischen Kieselsteinen auf einem Acker. Und von beidem können wir verdammt viel lernen.

Es ist Frühjahr 2023, und uns bleiben noch etwas mehr als sechs Jahre Zeit: Dann wird die Atmosphäre so viele Treibhausgase enthalten, dass die Begrenzung der globalen Erwärmung auf unter 1,5 Grad physikalisch nicht mehr möglich ist.[1] Dieses Kapitel erklärt, wie wir uns unsere eigene Zukunft stehlen, wenn wir unsere Emissionen nicht sofort runterfahren. Die Zeit läuft ungebremst, sogar, während Sie hier lesen.

Noch sechs Jahre. Um unsere verzwickte Situation zu verstehen und die zentrale Rolle, die der Kohlenstoffdioxidausstoß im Zuge der Industrialisierung darin spielt, müssen wir die Klimakrise im erdgeschichtlichen Kontext betrachten – ähnlich wie Historiker*innen (schauen Sie dafür in Christian Krumms Kapitel), die die Vergangenheit durch historische Überlieferungen rekonstruieren und verstehen. So, wie mit Fingerabdrücken und Beweismitteln ein Kriminalfall gelöst wird, nutzen Geowissenschaftler*innen wie ich für unsere Forschung verschiedene Überreste, die die Klimageschichte uns hinterlassen hat. Darunter sind z. B. abgestorbene Algenreste, die im Wasser absinken und sich am Meeresboden ansammeln, und mit denen wir versuchen, die Meereis- und Klimageschichte in der Antarktis zu rekonstruieren.[2]

Für meine Doktorarbeit habe ich daher ein spezielles Fettmolekül von Eisalgen gesucht, Algen, die sich wirklich nur im Meereis wohlfühlen – und habe sie auch mithilfe chemischer Analysen gefunden. Solche «Klimaproxys» spiegeln indirekt ganz bestimmte Umweltbedingungen wider und machen Klimarekonstruktionen möglich. Die Paläoklimatologie (*paläo*, griech. «alt») bildet einen wichtigen Teil der Grundlagenforschung, um das Erd- und Klimasystem annähernd zu verstehen, und erlaubt uns Menschen, die zukünftige Entwicklung des Erdklimas abzuschätzen. Nur durch diese Erkenntnisse sind wir in der Lage, Szenarien über die Folgen der globalen Erwärmung zu erstellen.

Aber fangen wir am Anfang an. Die Geschichte der Erde beginnt mit der Entstehung unseres Sonnensystems vor etwa 4,6 Milliarden Jahren.[3] Aus dem heißen Sonnennebel formten sich die einzelnen Planeten, und dank der zahllosen Asteroideneinschläge bestand die Erdoberfläche zunächst aus flüssigem Gestein. Die Lava kühlte ab und bildete vor etwa vier Milliarden Jahren die erste feste Erdkruste. Bald begann Wasserdampf in der Atmosphäre zu kondensieren und durch Jahrtausende andauernden Regen entstanden die Meere. Auch zu diesem Zeitpunkt war die Erde vor allem eins: zu heiß. Die Uratmosphäre bestand hauptsächlich aus Treibhausgasen (Wasserdampf, CO_2 und Methan) und Schwefeldioxid, was zu unangenehmen Lufttemperaturen von über 100 Grad führte.

Wie kann es dann sein, dass die Atmosphäre heute «nur» 417 ppm enthält, also von einer Million Luftteilchen nur erträgliche 417 CO_2 sind (ppm = *parts per million*, das entspricht 0,0417 Prozent, Stand August 2022)? Ganz einfach: über die letzten vier Milliarden Jahre hinweg wurde CO_2 in riesigen Kohlenstoffreservoirs gebunden. Dies geschah durch zwei Mechanismen: *Silikatverwitterung* und *Fotosynthese*.

Bei der Silikatverwitterung passiert Folgendes: Treffen Wasser, CO_2 und Silikatgestein aufeinander, wird das Gestein chemisch aufgelöst und CO_2 in Bikarbonat umgewandelt. Das Gestein wirkt hierbei als Katalysator der chemischen Reaktion, und das Bikarbonat kann hunderttausende Jahre im Ozean herumdümpeln oder zusammen mit z. B. Kalzium oder Magnesium ein festes Mineral, ein Karbonat, bilden.[4] Das ehemalige Treibhausgas wird so zum Baustein für Muschelschalen und Korallenskelette oder liegt als Mineral auf dem Meeresboden und wird nach vielen Millionen Jahren, durch die Plattentektonik (also die Bewegungen der Landmassen) ins Erdinnere transportiert oder zu Gebirgen aufgetürmt (z. B. die Alpen). Ergo: Fast seit Anbeginn der Erde verwittert Gestein ohne Pause und entzieht der Atmosphäre ständig CO_2! Krass, ich liebe Geochemie!

Der zweite Mechanismus der CO_2-Bindung ist uns allen aus der Schule bekannt: die Fotosynthese. Die Umwandlung von Sonnenlicht, Wasser und CO_2 in Traubenzucker und Sauerstoff findet seit etwa 3,5 Milliarden Jahren statt.[5] Dies führte über die Zeit zur Anreicherung von Sauerstoff in der Atmosphäre, und die Pflanzenmassen wurden zu Kohle, Öl und Gas. Diese zwei Mechanismen binden seit jeher das CO_2 über Hunderttausende, Millionen bis hin zu Milliarden von Jahren.

Der Rest der Erdgeschichte im Schnelldurchlauf: Vier Milliarden Jahre Bakterien, Algen und Quallen, dann, zack, boom, während der «Kambrischen Explosion» entwickelten sich die ersten Schalentiere vor ca. 540 Millionen Jahren, dann vor ca. 480 Millionen Jahren Leben an Land, es folgten ein bisschen Aussterben und Entwicklung neuer Arten, stetige Entstehung diverser Kontinente und Gebirge.

In all dieser Zeit wurde das Klima[6] neben der Position und Neigung der Erde zur Sonne im Wesentlichen aus dem Zusammenwirken der fünf Sphären des Erdsystems geformt: 1. die Geosphäre (feste Erde), 2. die Hydrosphäre (Meer, Seen und Flüsse), 3. die Kryosphäre (das Gefrorene), 4. die Atmosphäre (das Gasförmige) und 5. die Biosphäre (das Lebende). Zwischen allen Sphären gibt es Berührungspunkte auf der physikalischen und chemischen Ebene.

Ein Beispiel: Eine durch CO_2 erwärmte Atmosphäre verändert Luftströme und Niederschlagsmuster, sorgt z. B. für weniger Schneefall und lässt den Grönländischen Eisschild (Kryosphäre) schmelzen. Schmelzwasser fließt ins Meer (Hydrosphäre), wo das leichte Süßwasser dann wie eine Wasserlinse auf der Meeresoberfläche sitzt und den Sog des Golfstroms, der uns Wärme und Feuchtigkeit nach Europa bringt, abschwächt.[7] Das hohe Gewicht des Gletschers hat das darunterliegende Gestein (Geosphäre) stark verrieben, daher trägt das Schmelzwasser jetzt zerkleinertes Silikatgestein ins Meer. Darin enthaltenes Silizium und Eisen fördert das Algenwachstum (Biosphäre), die Nahrungsgrundlage für marine Ökosysteme. Das verstärkte Algenwachstum bindet ebenso CO_2 wie die Silikatverwitterung. Allerdings geschieht die CO_2-Bindung sehr langsam und bremst die kurzfristige Erwärmung daher kaum. Durch den Gewichtsverlust des abgeschmolzenen Eisschildes hebt sich Grönland langsam empor, während das zusätzliche Wasser im Meer den Meeresspiegel sehr langsam steigen lässt.[8] An Land wird die helle Eisoberfläche durch dunkles Gestein ersetzt, wodurch sich die Atmosphäre wegen des Albedo-Effekts (helle Oberflächen sind kühler als dunkle) schneller aufheizt.[9]

Das lässt sich ewig weiterspinnen, und Sie sehen, wie die Wechselwirkungen aller Sphären schnell unübersichtlich werden. Prozesse verstärken oder dämpfen sich gegenseitig, was sich lokal, regional oder global und auf unterschiedlichen Zeitebenen auswirkt. Das Klimasystem ist ein hochkomplexes, ineinandergreifendes Beziehungsgeflecht, das durch eine kleine Veränderung aus den Fugen geraten kann. Die massive Freisetzung von CO_2 im Zuge der Industrialisierung ist eine solche Veränderung.

Noch fünf Jahre. Doch stellen wir uns, bevor wir uns mit den Folgen der Industrialisierung beschäftigen, erst mal die Frage: Was ermöglicht uns Menschen überhaupt das Leben? Zuallererst sind es Sauerstoff, Wasser, Nahrung und Schlaf. Dann brauchen wir Energie, um Nahrung zuzubereiten und uns vor Kälte, Regen oder Hitze zu schützen. Dazu gehört eine sichere Wohnstätte, die uns Schutz bietet und in der wir regenerieren können. Natürlich brauchen wir auch Kleidung, Werkzeuge und mineralische Rohstoffe. Danach kommen Gesundheit, Bildung, Mobilität, Technik, Wissenschaft usw. Zerstören wir die Umwelt, die uns Wasser, Nahrung und Rohstoffe bereitstellt, zerstören wir unsere Existenzgrundlage – das ist so simpel wie offensichtlich. Insbesondere seit der Industrialisierung haben wir die Allgemeingüter wie Gewässer und Luft verschmutzt sowie Grundwasser, Ackerböden, Fischbestände, Urwälder und die Vielfalt der Ökosysteme aufs Äußerste übernutzt (zur Bedeutung der Biodiversität lesen Sie mehr in Sebastian Lotzkats Kapitel). Ackerböden werden beispielsweise durch ihre Bearbeitung bis zu 100-mal schneller zerstört, als sie sich wieder regenerieren können.[10] Auch ohne die Klimakrise würde sich die Menschheit in den kommenden Dekaden enormen Ausfällen in der Nahrungsmittelproduktion gegenübersehen (schauen Sie dafür mal in David Spencers Kapitel rein) – den unwiederbringlichen Verlust der Artenvielfalt erleben wir jetzt schon. Die Klimakrise bedroht die ohnehin stark angegriffenen Grundpfeiler unserer Existenz und zerstört sie viel schneller, als wir sie schützen und für ihre Regeneration sorgen können.

In einer Zeit mit einer (fast) lückenlosen materiellen Versorgung der täglichen Bedürfnisse ist uns in der westlichen Welt die Endlichkeit und Verletzbarkeit unseres Daseins nicht bewusst. Dabei sind Wasser, Nähr- und Rohstoffe in einer absoluten Menge vorhanden, die sich nicht steigern lässt. Daher ist jedes ressourcenbasierte Wachstum an die planetaren Grenzen geknüpft (auch das der stromfressenden virtuellen Güter wie z. B. Kryptowährungen). Ein unendliches Wachstum mit endlichen Ressourcen? Vergessen Sie es. Während Recycling oder Wasseraufbereitung mit hohem Energieaufwand möglich sind, sind fruchtbare Böden, Biodiversität, Gletscher und Grundwasser nur schwer oder gar nicht wiederherzustellen, denn Regenerationszeiten von Tausenden von Jahren können wir Menschen nicht überbrücken. Da heißt es: Was kaputt ist, ist kaputt und mit Geld nicht nachzukaufen. Eine wachsende Weltbevölkerung muss also mehr Grundbedürfnisse mit schrumpfenden Ressourcen erfüllen.

Schon die derzeitige globale Erwärmung der Atmosphäre (zwischen 2017 und 2021 waren es durchschnittlich 1,13 Grad, ±0,08 Grad[11]) zieht alle Sphären in Mitleidenschaft und gefährdet die Eisschilde in Grönland und der Antarktis, den Permafrostboden, tropische und nördliche Wälder, das Meereis der Arktis und vieles mehr. Es wird davon ausgegangen, dass eine Veränderung dieser sensiblen Teile im Klimasystem, die sogenannten *Kippelemente*, sich in kurzer Zeit und global auswirken werden. «Kippt» eines dieser Elemente in einen neuen Zustand, führen die Wechselwirkungen mit anderen Kippelementen zu deren Destabilisierung und eine Kettenreaktion verstärkt die Erwärmung hin zur «Treibhauserde», in der die Freisetzung von Treibhausgasen und damit die Erwärmung immer weiter verstärkt werden.[12] Z. B. kann das beschleunigte Abschmelzen des Permafrostbodens oder die Versteppung des Amazonasregenwaldes große Mengen CO_2 und Methan freisetzen, bzw. können Veränderungen der Meeresströmungen und Vegetationszonen zu einer verminderten CO_2-Aufnahme führen.

Die Destabilisierung von Kippelementen hat schon begonnen: der Westantarktische und der Grönländische Eisschild schmelzen, der Golfstrom wird schwächer, das Arktische Sommermeereis schrumpft, extreme Wetterereignisse nehmen zu und es brennt und brennt und brennt.[13] Häufigere und schwerwiegendere Naturkatastrophen belasten die über ihre Regenerationsfähigkeit hinaus ausgeschöpften Existenzgrundlagen der Menschen noch mehr.

Noch vier Jahre. Aber Moment, die ersten 300 000 Jahre Menschheitsgeschichte liefen doch eigentlich ganz gut. Was zur Hölle ist passiert?

Fossile Energieträger, das ist passiert – und damit sind wir wieder bei der Industrialisierung angelangt. Die eröffnete uns mit der Erfindung der Dampfmaschine im 18. Jahrhundert ein Tor für den rasend schnellen technologischen Fortschritt und heutigen Reichtum.[14] Fossile Energieträger waren die billigen und scheinbar unendlich verfügbaren Treiber dieser Entwicklung, und die bei ihrer Verbrennung freigesetzten Treibhausgase erschienen mangels wissenschaftlicher Erkenntnisse über das Erdsystem harmlos. So sah es einen Moment lang gar nicht so schlecht aus für die Menschheit: Im 20. Jahrhundert vollzog sich mit der Entwicklung immer hochwertigerer Produkte und präziserer Messtechnik nicht nur ein rasend schneller Fortschritt in der Medizin, sondern auch in den Naturwissenschaften und bei der Technik (inwiefern in diesen Bereichen dennoch eine Menge Entwicklungsbedarf besteht, lesen Sie übrigens in Jonas Betzendahls und Sarah Hiltners Beiträgen). Wie bitter, dass wir diesem Fortschritt zum Trotz gleichzeitig unsere Existenzgrundlage derart schäbig behandelt haben! Neben der Klimakrise stehen heute Ölhavarien, Abholzung, Lebensmittelverschwendung, Artensterben, Plastikverschmutzung (lesen Sie hierzu das Kapitel von Ann-Kathrin Vlacil), Verlust von Ackerland und Biodiversität, Überdüngung von Land und Meer, Korallensterben und schlicht und einfach Ressourcenverschwendung für unsere Dummheit und Gier.

Wir können uns auch nicht darauf berufen, dass wir es nicht besser gewusst oder uns niemand gewarnt hätte. Obwohl die globale Erwärmung erstmals in den 1930ern durch Wetterdaten nachgewiesen werden konnte, ließ die beginnende Klimaforschung die Folgen der Industrialisierung schon im 19. Jahrhundert erahnen. Der französische Mathematiker Jean Baptiste Joseph Fourier entdeckte 1824 den Treibhauseffekt, rund 30 Jahre später identifizierten die Atmosphärenchemikerin Eunice Newton Foote und der Physiker John Tyndall CO_2 als ein Treibhausgas, der Chemiker Svante Arrhenius berechnete 1896 erstmals die Erwärmung der Atmosphäre in Abhängigkeit der CO_2-Konzentration.[15] Und welchen Schluss zogen wir daraus? Man überlegte prompt, «warmes Wetter» und höhere Ernteerträge mit einem absichtlichen Verbrennen fossiler Energieträger zu fördern, um die wachsende Weltbevölkerung ernähren zu können. Was für ein Wahnsinn! Auf solche Ideen kommt man nur, wenn man die Komplexität des Klimasystems nicht kennt, beispielsweise, dass infolge der globalen Erwärmung veränderte Zirkulationsmuster in der Atmosphäre zu häufigeren Dürren, Fischsterben und Ernteausfällen führen. So, wie wir es gerade erleben.

Seit 1958 dokumentierte der Chemiker David Charles Keeling täglich den CO_2-Gehalt der Atmosphäre in Mauna Loa, Hawaii.[16] Im Laufe der 1960er und 1970er Jahre zeigten erste Klimamodelle, Satellitendaten und Durchbrüche in der Klimaforschung[17] ein erstes Bild von der Komplexität des Klimasystems und dessen Rückkopplungen, und dass der Mensch dieses durch seine Treibhausgasemissionen beeinflusst. Auf die erste Weltklimakonferenz 1979 folgten weitere Jahrzehnte mit raschen Erkenntnisgewinnen, die Gründung des Weltklimarates 1988 (Intergovernmental Panel on Climate Change, IPCC), zahlreiche Klimakonferenzen und immer lautere Warnungen, auf die wir auch einen kurzen, wunderbaren Moment fast sogar gehört hätten – bis sie von deftig finanzierten Leugnungskampagnen der Profiteure der Ölindustrie und ihrer sogenannten «Klimaschmutzlobby»[18] sabotiert wurden.

Weder wissenschaftliche Erkenntnisse noch Wirtschaftskrisen konnten am CO_2-Anstieg in der Atmosphäre etwas ändern (siehe Abbildung). Der vorindustrielle Wert von 280 ppm CO_2 *stieg ungebremst um rund 50 Prozent auf 417 ppm* (Stand August 2022).

Es ist unbestritten, dass die Freisetzung von Treibhausgasen durch die Menschheit mehr als 99 Prozent zur aktuellen globalen Erwärmung beiträgt.[20] Drei Viertel der Erwärmung entfallen auf CO_2, die restlichen Gase (Methan, Stickoxide und halogenierte Kohlenwasserstoffe) tun ihr Übriges.[21] Da verschiedene Treibhausgase unterschiedlich stark wirken, werden sie zur Vergleich-

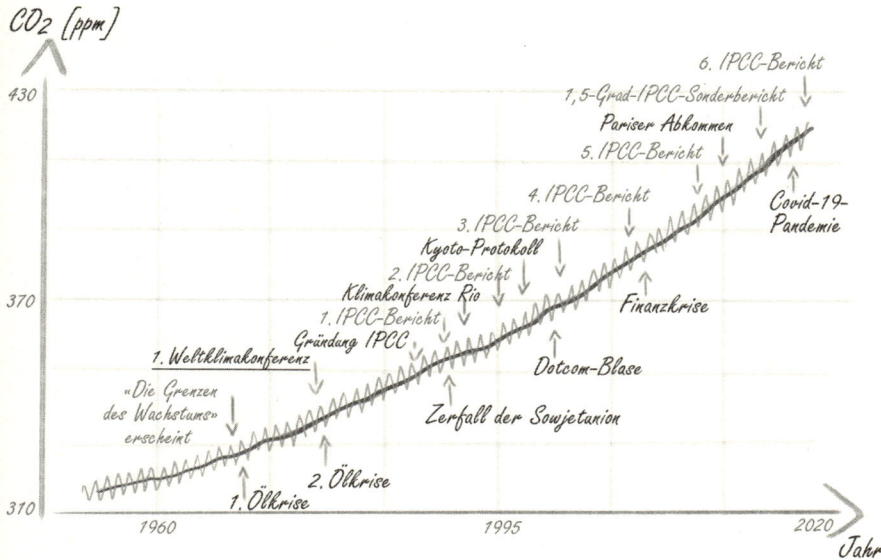

CO_2 [ppm]

430

370

310

1960   1995   2020

Jahr

1. Weltklimakonferenz

«Die Grenzen des Wachstums» erscheint

1. Ölkrise

2. Ölkrise

Gründung IPCC

1. IPCC-Bericht

Klimakonferenz Rio

2. IPCC-Bericht

Kyoto-Protokoll

3. IPCC-Bericht

4. IPCC-Bericht

5. IPCC-Bericht

Pariser Abkommen

1,5-Grad-IPCC-Sonderbericht

6. IPCC-Bericht

Zerfall der Sowjetunion

Dotcom-Blase

Finanzkrise

Covid-19-Pandemie

Wie Sie sehen, sehen Sie nichts. Weder Wissenschaft (oberhalb der Kurve) noch globale Krisen (unterhalb der Kurve) führten zu einer Senkung der CO_2-Konzentration in der Atmosphäre. Selbst kurzzeitige Rückgänge der Emissionen wie jüngst während der Covid-19-Pandemie konnten daran nichts ändern. Das ist entmutigend – und macht mich wütend. (ppm – parts per million, Teile pro eine Million Luftteilchen)[19]

barkeit als CO_2-Äquivalente[22] (CO_{2eq}) angegeben. Ein Methanmolekül hat eine Treibhauswirkung so stark wie 28 CO_2-Moleküle, ein Molekül Stickstoffdioxid entspricht 265 CO_2-Molekülen. Da die Treibhausgase aus verschiedenen Quellen kommen, greifen Maßnahmen zur Reduzierung und Vermeidung unterschiedlich stark oder gar nicht, z. B. ist die Zementindustrie für 7 Prozent der globalen CO_2-Emissionen verantwortlich, aber nicht für andere Treibhausgase, weshalb eine reduzierte Produktion, ein Ausweichen auf alternative Baustoffe und die Nutzung von alten Gebäudebeständen auch nur das CO_2 betrifft. Viehbestände in der Landwirtschaft wiederum sind vor allem Methanquellen, Wiederkäuer emittieren davon deutlich mehr als Schweine oder Geflügel, aber auch die Land- und Düngemittelnutzung für die Viehwirtschaft setzen CO_2 und Stickoxide frei bzw. zerstören CO_2-Speicher wie Wälder oder Böden. Durch fossile Energieträger werden sowohl CO_2 als auch Methan frei.

Also, wo müssen wir ansetzen? Gegenwärtig teilen sich die menschengemachten Quellen für CO_{2eq} auf folgende Sektoren auf:[23] knapp drei Viertel (73 Prozent) der Emissionen entfallen auf die Energieerzeugung für die Industrie, Gebäude und Transport. Auch wenn nicht jede*r von uns eine Fabrik im Wohnzimmer betreibt, so beziehen wir doch Waren, Wärme, Elektrizität, nutzen Transportmittel und andere Infrastruktur wie z. B. das Straßennetz oder öffentliche Gebäude, alles fließt in diese enorme Zahl ein. Die zweitgrößte Quelle (18 Prozent) kommt aus der durch Nahrungsmittelproduktion, Viehhaltung und Abholzung gestörten Landnutzung. Die restlichen 8 Prozent entfallen auf die chemische Industrie (z. B. Zementherstellung) und Abfallprodukte.

Noch drei Jahre. «Every tonne of CO_2 emissions adds to global warming».[24] Dieses Statement des Weltklimarates beschreibt treffend das Problem bei der Bewältigung der Klimakrise und auch wie unsere Strategie aussehen muss. Mit jeder Tonne Treibhausgase in der Atmosphäre schrumpfen unsere Chancen auf eine sichere Zukunft. Das heißt, jede Strategie, die nicht sofort mit dem Reduzieren beginnt, schließt sich von vornherein aus. Je länger verhandelt wird, je mehr Zugeständnisse an Restemissionen oder Zeitpläne gemacht werden, je mehr «Bla bla bla»,[25] desto größer wächst die Klimakrise an. Mit diesem Verzögern ist die Begrenzung der globalen Erwärmung auf unter 1,5 Grad quasi nicht mehr erreichbar und die Begrenzung der Erwärmung auf «gut unter» 2,0 Grad in allerhöchster Gefahr.[26]

Für die Temperaturbegrenzung darf eine bestimmte Menge an Treibhausenergie in der Atmosphäre nicht überschritten werden. Diese lässt sich auf die Mengen an CO_{2eq} übertragen und damit das CO_2-Budget berechnen. Das Budget um die globale Erwärmung, wie im Pariser Abkommen vereinbart, auf unter 1,5 Grad (oder wenigstens unter 2 Grad) zu begrenzen, wird derzeit auf insgesamt 2790 (±240) Gigatonnen CO_{2eq} beziffert[27] und bezieht sich auf eine Wahrscheinlichkeit von 67 Prozent: Hätten wir drei gleiche Erden nebeneinander, auf denen das Budget eingehalten werden würde, so würden wir nur in zwei von drei Fällen unter 1,5 Grad bleiben. Was für ein Glücksspiel.

Aber es reden doch immer alle vom Klimaschutz – wo ist also das Problem? Das CO_2-Budget, was uns für das 1,5-Grad-Limit noch zur Verfügung steht,[28] wird gerne zugunsten einer *Netto-Null-Strategie* ignoriert. Netto-Null heißt, wir versprechen feierlich – und natürlich nicht bindend –, ab Jahr X nur noch so viele Treibhausgase auszustoßen, wie durch die Natur wieder gebunden werden («klimaneutral»). Im Klartext: Man drückt die Problemlösung mit voller Absicht der nächsten Generation aufs Auge, Staaten und große Firmen machen unverändert weiter, und es werden Investitionen in zukünftige Wundertechnologien angekündigt, die uns dann hoffentlich retten werden. Mit diesem Vorgehen werden wir das CO_2-Budget locker um ein Vielfaches sprengen, womit eine Einhaltung des Pariser Abkommens trotz globaler Netto-Null-Strategie unmöglich ist. Obendrauf kommt, dass mit Erreichen der Netto-Null-Strategie der CO_2-Gehalt der Atmosphäre gleichbleiben würde, was jedoch heute schon einzelne Kippelemente destabilisiert. Aber die fatalen Schäden steigen nicht nur mit der Temperatur, sondern auch mit der Dauer, die wir diese Temperatur halten. Wer sagt bitte dem Permafrostboden, dass er mit dem Schmelzen aufhören soll, wenn die Welt eines Tages klimaneutral ist?

Aber was wäre, wenn eine Wundertechnologie CO_2 einfach aus der Luft saugen könnte? Oder wir greifen der Natur, die durch Silikatverwitterung jährlich 3 Prozent und durch Fotosynthese 10 Prozent unserer Emissionen bindet,[29] unter die Arme und vervielfachen das Ganze? Das klingt ja zu schön, um wahr zu sein – es ist zu schön, um wahr zu sein.

Noch zwei Jahre. Der Knackpunkt ist, dass wir gigantische Mengen CO_2 emittieren: Allein 2021 waren es freaking 36,3 Gigatonnen.[30] Würde man diese Menge Kohlenstoff in Form von Steinkohle auf einem Güterzug transportieren, reichte dieser dreieinhalbmal bis zum Mond oder fast 34-mal um die Erde.[31] Allein für 2021! Gleichzeitig kostet die CO_2-Bindung viel Energie und Ressourcen. Zu viel, um unsere Emissionen in einem ausreichend kurzen Zeitraum zu binden. Mal ganz abgesehen davon, dass der Aufwand und die Kosten nur für wirklich unvermeidbare Emissionen gerechtfertigt wären und (hoffentlich in Zukunft) machbar. Deshalb müssen 90 Prozent der Emissionen dadurch eingespart werden, dass wir sie erst gar nicht produzieren. In diesem Bewusstsein: Welche Möglichkeiten bieten sich uns für den kleinen Rest – das, was nicht eingespart werden kann oder schon ausgestoßen ist? Die gezielte CO_2-Bindung und damit CO_2-Entnahme aus der Atmosphäre (*carbon dioxide removal*, CDR) kehrt die Emissionen der Menschen um und wird daher als *negative Emission* bezeichnet. Obwohl wir damit nur einen ganz kleinen Teil unseres Problems auffangen können, sind negative Emissionen inzwischen laut Weltklimarat für die Begrenzung der globalen Erwärmung auf unter 1,5 Grad unverzichtbar geworden.

Leider gibt es genug Menschen, die Aufforstungsprogramme als Freifahrtschein für ihren emissionsintensiven Lebensstil missverstehen (ich meine damit uns alle): *Aber ich habe doch beim Flügebuchen einen CO_2-Ausgleich gleich mitgebucht! Da werden jetzt Bäume im Regenwald für gepflanzt!* Was wir leider vergessen, wenn wir unseren Cocktail am Strand von Goa schlürfen: dass Bäume erst mal wachsen müssen und CO_2 nur sehr langsam binden, das noch nicht gebundene CO_2 in dieser Zeit die Erde weiter erwärmt und außerdem in Bäumen gespeichertes CO_2 durch Dürren, Brände und Schädlinge in kürzester Zeit wieder freigesetzt werden kann. Und jetzt raten Sie mal, was durch die Klimakrise immer häufiger auftritt? Genau: Dürren, Brände und Schädlingsplagen. Auch wenn Bäume eine tolle Sache für die Natur sind, sind sie ein zu empfindlicher CO_2-Speicher und schwer skalierbar.[32] Dagegen ist das Potenzial, CO_2 aus der Luft abzuscheiden (*direct air capture*, DAC), in Wasser zu lösen und anschließend in Basaltgestein zu pressen (wo es durch die Silikatverwitterung zu Karbonat und somit zu einem Feststoff wird) riesig und erste Anlagen laufen bereits,[33] ebenso gigantisch sind leider die Energie- und Wassermengen, die dafür gebraucht werden. Im Vergleich dazu steht die Methode, «zur Energiegewinnung Pflanzen zu verbrennen, das CO_2 abzuscheiden und unter Tage zu speichern» (*bio energy carbon capture and storage*, BECCS) leider nicht selten in Konkurrenz zur Nahrungsmittelproduktion.

Nachdem ich selbst in der Meeresgeologie jahrelang die Klimakrise direkt miterlebt und nicht mehr ertragen habe, habe ich mich darum der Erforschung und direkten Anwendung der negativen Emissionen gewidmet. *Meine Kolleg*innen und ich sehen angesichts der eskalierenden Klimakrise mehr als akuten Handlungsbedarf, unsere normale Arbeit niederzulegen, nach diesem letzten Strohhalm zu greifen und an konkreten Lösungen zu arbeiten. Es bleibt keine Zeit, auf politische Lösungen zum Klimaschutz zu warten, wir fangen jetzt damit an.* Brauchen tun wir es so oder so. Wir haben nur einen Versuch, die Klimakrise zu entschleunigen, zu stoppen und langfristig die CO_2-Konzentration auf ein sicheres Level zu bringen, daher dürfen wir diesen einen und einzigen Versuch nicht in den Sand setzen oder das Spielfeld der fossilen Industrie überlassen.

Nur schnelle und unabhängige Forschung mit Feldversuchen kann zeigen, welche Methode effektiv ist und minimale Nebenwirkungen auf die Umwelt hat. Die Projekte, an denen ich mitforsche, versuchen, CO_2 möglichst naturnah und langfristig durch Silikatverwitterung zu binden. Sie wissen schon: Das, was seit vier Milliarden Jahren ohnehin einfach so passiert und CO_2 in den geologischen Kreislauf zurückführt. Die langsame Verwitterung lässt sich beschleunigen, indem das Gestein zerkleinert und optimale Bedingungen für diesen Prozess geschaffen werden. Im *Projekt RETAKE*[34] erforsche ich z. B., wie durch Silikatverwitterung die

CO₂-Aufnahme des Meeres in Form von Bikarbonat erhöht werden kann. An Land forsche ich an *PyMiCCS*[35] – einer Kombination von Silikatverwitterung und Pflanzenkohle,[36] die neben der CO_2-Bindung Vorteile für die Bodengesundheit, dessen Dürretoleranz und die Nahrungsmittelsicherheit bringt. Pflanzenkohle wird mittels einer sauerstofffreien Verbrennung (Pyrolyse) erzeugt und die Nebenprodukte werden direkt im Sinne der Kreislaufwirtschaft genutzt: Wärme wird ins Fernwärmenetz oder zur Trocknung von Biomasse eingesetzt, entstehende Gase werden durch Verbrennung zu Strom und halten die Verbrennung am Laufen und Pyrolyseöl ist Rohstoff für synthetische Stoffe oder kann geologisch gespeichert werden. Pflanzenkohle kann nicht nur in Baustoffen, der Industrie oder als Futterkohle verwendet werden, sondern vor allem in der Landwirtschaft. Dem Boden verleiht sie einen Wellnesskick, weil sie Nährstoffe und Wasser wie ein Schwamm aufnimmt und über die Zeit nur langsam wieder freisetzt, während ein Großteil der Kohle über Jahrhunderte im Boden bleibt.

Weil Forschungsprojekte häufig lange Antragszeiten haben, sich durch die Bürokratie quälen, die Finanzierung häufig wackelig ist und Kettenverträge von Wissenschaftler*innen keine langfristigen Projekte erlauben, bin ich sehr froh, ebenfalls bei *Project Carbdown*[37] dabei zu sein. Hier betreiben wir größere Pilotprojekte mit Basaltgestein auf Ackerböden, die bisher das Potenzial haben, nach Abzug aller Emissionen durch Abbau, Mahlen und Transport ca. 405 Tonnen CO_2 zu binden. Ist das Basaltmehl einmal untergepflügt, geschieht die Verwitterung quasi von alleine und nebenbei werden die Pflanzen noch mit lecker Kalium, Phosphor, Magnesium und Silizium verwöhnt. Zwar fehlt noch die eine simple Methode, um die Geschwindigkeit der CO_2-Bindung direkt zu messen, das ist aber kein Grund, nicht anzufangen. Basalt gibt es dafür genug. Unserer Einschätzung nach ist das Potenzial von Silikatverwitterung und Pflanzenkohle auf Ackerflächen zwar nicht so groß wie die CO_2-Bindung im Meer oder durch *direct air capture*, dafür lassen sich diese Methoden direkt und unkompliziert anwenden, heute schon. Das Basaltgestein liegt bei uns in Deutschland in der Eifel und ist ebenso wie Pflanzenkohle im Handel erhältlich. Insbesondere saure und nährstoffarme Böden sind für die Anwendung geeignet und sorgen für eine flinke Silikatverwitterung. Worauf warten wir noch? In jedem Garten lässt sich jetzt schon CO_2 einfangen.[38]

Noch ein Jahr. Aus geowissenschaftlicher Sicht kann ich zur Bekämpfung der Klimakrise nur den einen heißen Tipp geben: Bringt den Kohlenstoffkreislauf der Erde wieder in Ordnung! Jetzt! Sofort! Dazu gehören drei Dinge:

Erstens: Leave it in the ground! Es gibt keine technologisch ausgereiftere, effizientere, billigere, umweltschonendere, zeit- und platzsparendere Methode, CO_2 außerhalb der Atmosphäre zu verwahren, als Kohle, Öl und Gas dort zu lassen, wo sie seit Jahrmillionen schlummern. Dafür braucht es auch eine kluge, schnelle Energiewende (lesen Sie hierzu das Kapitel von Daniel Meza Arredondo) und Alternativen zu den gängigen Rohstoffen (z. B. Bioplastik, wie Simon McGowan Ihnen in seinem Kapitel verraten wird). Ebenso nötig ist der Schutz von Ökosystemen wie dem Pantanal, die nicht nur die Artenvielfalt erhalten (mehr dazu in Lydia Möcklinghoffs Kapitel), sondern auch viel, viel Kohlenstoff verwahren.

Zweitens: Reduce, reuse, recycle. Rohstoff- und Energiekreisläufe müssen maximal genutzt werden, denn ohne eine Reduzierung der Emissionen um 90 Prozent (ja, ich sag's noch mal: fucking 90 Prozent) bis spätestens 2050 (und ja, nicht später) wird es nicht funktionieren.

Drittens: Clean up your shit! Seit 200 Jahren öffnen wir die Kohlenstoffspeicher der Erde. Das müssen wir rückgängig machen, indem wir Geowissenschaftler*innen sichere und langfristige Methoden zur Speicherung der unvermeidbaren (z. B. aus der Zementproduktion) und der schon emittierten CO_2-Emissionen entwickeln, die sich gesellschafts- und umweltverträglich umsetzen lassen. Fast alle Technologien stecken noch in den Kinderschuhen, doch selbst wenn sie erfolgreich angewendet werden, können sie nicht mehr als 10 bis 20 Prozent der aktuellen jährlichen Emissionen binden. Priorität bleiben immer und überall Punkt 1 und 2.

Noch null Jahre. Um die drei genannten Punkte umzusetzen – und damit nichts weniger als unsere Lebensgrundlage zu retten – müssen die Verantwortlichen handeln:

Jene *Nationen*, die zuerst an der Industrialisierung teilnahmen und noch heute von diesem technologischen Vorsprung profitieren (USA, Russland, Westeuropa) oder sie rasend schnell aufholen (China, Brasilien, Indien), tragen aufsummiert den größten Anteil zur heutigen Klimakrise bei.[39] Die Klimakrise trifft vor allem diejenigen am stärksten, die keine Teilhabe am Wohlstand haben. Die Industrieländer dagegen haben das Geld und die politische Macht, die Energiewende und Emissionsreduktionen voranzutreiben.

Unternehmen entscheiden mit ihrer Unternehmenskultur und ihren Investitionen über die Realisierung von Emissionsreduktionen und Innovationen. Indem sie außerdem Verschleiß reduzieren und Kreislaufwirtschaften etablieren, entscheiden sie sich für Qualität statt Quantität.

Sie und ich werden mit dem Verzicht auf ein Steak oder das Auto die Welt nicht retten. Wer jedoch seine individuellen Emissionen ehrlich reflektiert, macht mit der Summe seiner täglichen klimafreundlichen Entscheidungen einen Unterschied (und inspiriert damit andere). Die Emissionen eines Asienurlaubes übersteigen mehrfach die Emissionseinsparungen einer vegetarischen Ernährung, und das muss jeder wissen![40] (Apropos: über eine der großen Ernährungsbaustellen können Sie sich in Janina Ottos Kapitel informieren.) Gleichen Sie Emissionen also mit negativen Emissionen, nicht mit Wohlfühlbäumen aus.[41] Sie und ich sind glücklicher, wenn materielles Wachstum dem Wachstum unserer Lebensqualität und sozialer Gerechtigkeit weicht (das können Sie auch in Franca Parianens Kapitel nachlesen). Sie und ich sind

Konsument*innen, Akteur*innen, wir multiplizieren gemeinsam Trends, wir initiieren und profitieren von lokalen und regionalen Klimaschutzinitiativen. Und vor allem: Wir sind nicht hilflos.

Die Klimakrise ist zu weit vorangeschritten, als dass wir auch nur auf das Handeln einer dieser drei Verantwortlichen verzichten können. Ein Verhandlungsspielraum existiert nicht!

«Weniger Emissionen» ist keine verhandelbare Forderung oder manipulierbar. Weniger Emissionen bedeuten, dass kritische Kippelemente stabilisiert werden. Nur wenn wir aufhören, unsere Wasservorräte, unsere Nahrungsgrundlagen, die Ökosysteme und unsere physische und mentale Gesundheit zu gefährden, können Flucht, Konflikte und die Destabilisierung der globalen Gemeinschaft verhindert werden. Nur so kann unsere Zivilisation, können wir als Menschheit fortbestehen.

Weniger ist nicht mehr, weniger ist alles.

Weiterreise

Also denn. Das Problem ist: Zu viel. Die Emissionen müssen weniger werden, 90 Prozent weniger, um präzise zu sein, und dafür haben wir noch ca. sechs Jahre Zeit – das nehme ich von meinem Treffen mit Maria-Elena Vorrath mit. Sechs Jahre, in denen wir so schnell wie möglich auch noch völlig neue (aber sehr aufregende) Technologien weiterentwickeln, auf deren Funktionieren wir aber jetzt schon angewiesen sind. Puh. Auf der Rückfahrt gehen mir die Bilder durch den Kopf. Kleine Menschen, die einen großen Acker aufgraben, umpflügen, tonnenweise Basalt. Gesteinsmehl, das durch die Luft wirbelt. Idealerweise nicht zu viel, denn da soll es ja nicht hin. Es stimmt optimistisch, wenn man das so vor sich sieht. Man wünscht sich einen Bagger, oder wenigstens einen Klappspaten. Endlich anpacken. Hoffnung. Jedenfalls exakt den kurzen Moment lang, bevor man wieder an die Mammutaufgabe denkt. Den allergrößten Teil der Reduktion, der durch Einsparung geschehen muss. Idealerweise irgendwann in den letzten 40 Jahren. Wie geht man eigentlich mit so einer Überforderung um? Wenn die Katastrophen, die vor uns liegen, so groß sind, dass wir sie eigentlich nicht fassen können, ist die offensichtliche Lösung klar: Ignorieren. Das ist menschlich. Wir verbannen existenzbedrohliche Informationen gerne irgendwo in die hinterletzte Ecke unseres Gehirns. Das Bewusstsein der eigenen Sterblichkeit ist was für lange Abende mit Rotwein. Oder für vier Uhr nachts. Dann, wenn es uns um den Schlaf bringt.

Passenderweise denken wir dann bei Weltrettung auch eher an den Planeten als daran, dass *unsere* Welt auf diesen Planeten angewiesen ist. Alternativ greifen wir zu Ausflüchten – die *Optimism Bias*, nach der Unglück per se eher die *anderen* trifft, und die Just-World-Hypothesis, mit der wir hoffen, dass es öfter die treffen wird, die es verdienen. Beide in umgekehrter Reihenfolge vertreten in der Aussage «Wer schlimm an Corona erkrankt, hat bestimmt 'ne Vorerkrankung und/oder nicht aufgepasst!»

Zum Schluss hilft nur kompartmentalisieren, d. h., unsere Gedanken in unterschiedliche Boxen zu stecken. Dann schreiben wir in Zeitungen über die Klimakatastrophe und daneben über die ideale Altersvorsorge. Und Politiker sagen Dinge wie «Klimaschutz darf unseren Wohlstand nicht gefährden». Als ob das eine ohne das andere existiert. Auch bei Corona konnten viele kaum abwarten, *nicht* mehr daran zu denken. So sehr, dass es sie schon stört, andere Leute mit Masken zu *sehen*. Es sind wahrscheinlich die gleichen Menschen, die bereits die Anwesenheit von Vegetariern beim Grillabend nervös macht. Verdrängen ist menschlich.

Man könnte meinen, das wär's dann auch schon mit unserer Chance, sinnvoll auf Krisen zu reagieren. Mit dem Kopf im Sand findet man schließlich selten gute Lösungen. Aber es gibt eine Gegenbewegung: Hin zu mehr Wissenschaft. Nachdem wir jahrzehntelang fast sicher waren, dass Menschen sich nicht für Naturwissenschaften interessieren, hören sie plötzlich zu Hunderttausenden populärwissenschaftliche Podcasts, schreiben «Follow the Science» auf Pappkarton-Plakate und teilen überlange *YouTube*-Videos mit Quellenangaben. Sogar das Vertrauen in die Wissenschaft ist seit 2020 massiv gestiegen und bis zuletzt nicht auf seinen Ursprungswert gefallen.[1] Drei Viertel der Deutschen finden, Wissenschaftler*innen sollten sich zu politischen Entscheidungen äußern, und mit 90 Prozent glauben so viele wie noch nie, sie arbeiten zum Wohle der Gesellschaft. In England hätten 41 Prozent der Jugendlichen jetzt eher Lust, in der Wissenschaft zu arbeiten (und fühlen sich in ihrem Interesse noch nicht genügend abgeholt).[2] Die Anzahl der *Google*-Suchen nach «how to become a scientist» steigen ziemlich stetig seit 2008. Ausgerechnet *jetzt*, wo Wissenschaftler*innen nur Hiobsbotschaften überbringen, wir mit uns selbst genug zu tun haben und unsere Konzentrationsspanne kürzer ist als unser Geduldsfaden, sehnen sich viele nach Zahlen, Daten und Fakten.

Das ist nur scheinbar ein Widerspruch. Schließlich sind Krisen Zeiten, in denen wir uns auf das Wesentliche besinnen. Wie soll es weitergehen, wie wollen wir leben? Außerdem sind es Zeiten, in denen wir erst recht versuchen, unsere Umwelt zu verstehen und irgendwie zu beeinflussen. Wissenschaft hilft uns bekanntlich mit beidem (und Verschwörungsideologien geben uns zumindest das Gefühl).

Aber warum erleben die einen sie als hilfreich und die anderen schreien «Panikmache!!»? Vielleicht hat das mit Selbstwirksamkeit zu tun, dem Gefühl, selbst Einfluss nehmen zu können. Um anzunehmen, dass es hilft, wenn ich mich informiere, muss ich davon ausgehen, dass ich überhaupt etwas Hilfreiches tun kann. Was sonst soll ich mit dem Live-Ticker zum Weltuntergang? Die gefühlte Selbstwirksamkeit ist individuell verteilt. Sie wird geformt von unseren Genen, (Kindheits-)Erfahrungen und unserem aktuellen Arbeitsverhältnis – sprich, der Umwelt und dem sozioökonomischen Status. Und tatsächlich macht unser individuelles Level an Selbstwirksamkeit einen Unterschied dabei, ob wir Krisen als erdrückend oder als Herausforderung wahrnehmen und ob wir auf politische Unzufriedenheit mit Verzweiflung und der Wahl fragwürdiger Parteien reagieren oder mit einem Sitzstreik.

Im Ergebnis werden Bewegungen nicht nur aus Schock geboren, sondern auch aus plötzlicher Hoffnung auf Veränderung. So wie beim Arabischen Frühling. Oder wenn gerade, im Herbst 2022, junge Frauen erst im Iran und dann in Afghanistan für ihre Freiheit protestieren. Oder beim Mauerfall. Oder eben, als sich mit dem Fortschritt um die Jahrhundertwende auch die Haltung zu Krankheiten änderte – weg von dem Fatalismus, den wir uns sonst für Naturkatastrophen reservieren, hin zur Zuversicht im Hinblick auf die Wissenschaft, auf Rationalität und die Chance, Krankheiten für immer zu verbannen! Also mindestens, bis sie 2022 plötzlich alle wieder auftauchen.

Aber wenigstens haben wir inzwischen viel gelernt! Wussten Sie, dass es eine Impfung gegen Blasenentzündung gibt?

Mindestens genauso wichtig ist es dabei natürlich, dass die ruckelige Bewegung auch irgendwo hinführt. Große Verheißungen, die dann direkt enttäuscht werden, sind weniger ein Freifahrtschein zum Optimismus als ein One-Way-Ticket in Richtung erlernter Hilflosigkeit. Sprich, das Gefühl, wenn wir mit unseren Versuchen so oft scheitern, dass wir das Versuchen selbst aufgeben. Das klassische Bild ist der Elefant, der sich auch an einem Plastikstuhl festbinden lässt – ohne daran zu rütteln.

Im kleineren Sinne kennen wir das Gefühl auch daher, wenn jemand mal wieder das Promo-Video einer revolutionären Erfindung irgendeines Bastlers teilt, die garantiert alle unsere Probleme löst, und wir jetzt schon kaum abwarten können, wahrscheinlich nie wieder davon zu hören. Fürs Erste trauen wir nur dem, was schon im Handel ist, und dem Handel trauen wir zu Recht auch nicht mehr, seit wir gelernt haben, dass das «Klimaneutral bis 2040» unserer Lieblingsfirma eigentlich heißt «Vor 2035 tun wir gar nix». Oder dass der Regenwald im Amazonas heute kurz vor einem Kipppunkt steht, obwohl wir damals alle diese *Krombacher-Aktionskisten* gekauft haben. Ganz abgesehen davon, dass die supertollen Ausgleichsprojekte am Ende streng genommen weder unseren Wochenendtrip noch unser Hähnchenfilet klimaneutral gemacht haben. Und, wo wir schon dabei sind, dass von 5000 Ausgleichsprojekten ohnehin nur 2 Prozent wirklich vielversprechend sind.[3] Immerhin, bei 13 Prozent der Projekte hielt das Öko-Institut einen Effekt für «eher möglich» – aber bei 85 Prozent für «unwahrscheinlich». Kein Wunder, dass wir uns kaum zutrauen, die CO_2-Kurve nach unten zu biegen und uns dann doch wieder in Hoffnungslosigkeit verlieren – leere Versprechungen sind kein Kavaliersdelikt. Deshalb ist es so wichtig, dass es zu den Bildern vom Acker noch ein paar andere gibt: Antennen und Messgeräte, Erdproben, Forschungsgeräte und mobiles Laborequipment. Brodelnde Wassertanker, in denen gemessen wird, wie viel mehr CO_2

Wasser aufnehmen kann, wenn man Minerale wie Olivin darin löst. Mit anderen Worten: Ehrliche Informationen, was tatsächlich hilft und wie stark. Zur Verfügung gestellt von Leuten, die die Antwort *wirklich* interessiert. Denn Forschende sind bekanntermaßen vorsichtig, und bevor sie einen Berg zerhäckseln, wüssten sie gern erst mal, in welche Größe (stellt sich brandaktuell heraus: kleiner ist nicht immer besser). Irgendwie ist es ein sehr passendes Bild, dass sich der gesamte Planet auf den charismatisch grünen Teil der Klimarettung fokussiert hat, den man mit Spatenstich und Setzling sehr schön in Szene setzen kann, und irgendwo im Abseits sitzen Forschende und vermessen Steine.

Das ist auch eine Art, wie Wissenschaft zur Selbstwirksamkeit beiträgt: Statt mit blindem Aktionismus in eine Richtung zu laufen, um dann auf halber Strecke festzustellen, dass es die falsche ist, können wir dank ihr einen Blick auf die Karte werfen und rausfinden, welcher Weg uns dem Ziel *näherbringt*. Unterwegs können wir dann regelmäßig unseren Standort checken, um zu wissen, wo wir stehen.

Wie wichtig das ist, hat uns mal sehr anschaulich Florence Chadwick demonstriert – die erste Frau, die den Ärmelkanal in beide Richtungen durchschwommen ist –, und zwar ausgerechnet bei einer missglückten Aktion. Als man sie nach 15 Stunden entkräftet und eine halbe Meile vor dem Ziel aus dem kalifornischen Wasser zog, sagte sie in der Pressekonferenz: «Alles, was ich sehen konnte, war der Nebel. Ich glaube, wenn ich das Ufer hätte sehen können, hätte ich es geschafft.»

Wenn wir also fragen, wie wir über Krisen reden können, um Menschen aufzurütteln, aber ohne dass sie sich einfach flach auf den Boden legen und nie wieder aufstehen, dann ist ziemlich oft die Antwort: mit Zielorientierung und einer klar kommunizierten Position. Am besten mit Visualisierung. Wir brauchen kein Schönfärben, keine Feel-good-Storys von vage sensationell klingenden Erfindungen, wir brauchen einen Ladebalken. Und konkrete Informationen darüber, was ihn verzögert.

In diesem Sinne sind die «verdammt noch mal 90 Prozent Reduktion», die wir erreichen müssen, weniger niederschmetternd als ungemein hilfreich, denn sie sind ein klares Ziel, auf das wir zuschwimmen können («Oooh nein, Sie schwimmen wieder davon weg. Da vorne tut eine Ölplattform, als wäre sie ein Leuchtturm. *Schiebung!*»). Wenn Sie wissen wollen, wo wir stehen, finden Sie bei *Our world in Data*[4] einen hilfreichen Überblick über die Länder der Welt (nur nicht vom Corona-Dip ablenken lassen). Damit können Sie direkt nachverfolgen, welche Länder die Kurve schon gekriegt haben oder sich gerade mit der Wendigkeit eines Containerschiffes endlich in die richtige Richtung drehen (Spoiler-Alarm: Es sind mehr als man denkt. Noch ein Spoiler: Das beeindruckendste Wendemanöver kommt momentan nicht aus Deutschland). Unterdessen zeigt der Energiemonitor der ZEIT, welche Ziele zum Zubau der Erneuerbaren in Deutschland gerade erreicht oder verfehlt werden.[5] So oder so: Die Welt ist in Bewegung. Man hört das Knarzen großer Maschinen, die ihren Kurs korrigieren. Und wir müssen alles dafür tun, damit es nicht zu wenig, zu spät ist.

Also denn, das Rennen ist eröffnet. Wer gewinnt, bekommt einen ganzen bewohnbaren Planeten. Wir wissen, was die Lösung ist, und wie wir sie praktisch konkret erreichen – und das ist mehr, als wir über die meisten anderen gesellschaftlichen Probleme sagen können («Also Sexismus bekämpfen wir hier sehr erfolgreich durch Windparks»).

Ein neuer Bericht des Climate Action Networks Europe zeigt, dass die gesamte EU schon 2040 Klimaneutralität erreichen könnte – zehn Jahre früher als geplant – *wenn* sie sich *endlich* ranhält.[6] Und zuletzt haben wir eine ziemlich klare To-do-Liste, die sich sogar in einzelne Schritte unterteilen lässt, und das hilft bei Überforderung immer («Schritt eins: Liste anlegen. Ha! Durchstreichen»).

1. Buddelprojekte aufgeben
2. Erneuerbare Energien ausbauen

3. CO_2 aufräumen
4. Todesgriff der fossilen Industrie überwinden
5. Recycling

Wenigstens ein Teil dieser Schritte lässt sich mit dem richtigen Handwerkszeug angehen, und auch das würde man sich bei einigen gesellschaftlichen Problemen wünschen («Also Sexismus bekämpfen wir hier erfolgreich mit diesem Hammer»). Zeit, uns genau auf diesen praktischen Teil zu konzentrieren. Zeit für einen Werkstattbesuch bei Daniel Meza Arredondo. Dafür müssen wir zwar nach Berlin zurück, aber das trifft sich gut. Ich hab eh meine Wasserflasche vergessen.

DANIEL MEZA ARREDONDO

Sonne für alle! Energiebildung als Motor für Energiewende und Klimaschutz

Daniel Meza Arredondo ist 2011 von Mexiko-Stadt nach Deutschland gezogen, um herauszufinden, was wir aus Solartechnologie herausholen können. Ausgerechnet 2014, als in Deutschland die Photovoltaik-Förderung eingestellt wurde, der Ausbau einbrach, 100 000 Arbeitsplätze verloren gingen[1] und sich die schwarz-gelbe Regierung darüber sogar freute (na ja, manchen ging es nicht weit genug).[2] Aber heute, elf Jahre und einen Doktortitel später, ist die Welt eh eine ganz andere.

E s gibt wahrscheinlich wenige Dinge, auf die die Mehrheit sich so gut einigen kann wie darauf, dass wir uns Sorgen um den Klimaschutz und die Umwelt machen.

Ein großes Thema in diesem Zusammenhang ist die Energiegewinnung: Wie können wir unseren Energiebedarf füllen, ohne der Umwelt zu schaden? Wie wir im Kapitel von Maria-Elena Vorrath gelesen haben, sollte dabei möglichst kein CO_2 ausgestoßen werden. Das heißt, wir müssen aufhören, zur Energiegewinnung ständig Dinge zu verbrennen. Das heißt außerdem, wir müssen fast alles, was wir im Moment mit Kohle, Öl und Gas machen, in Zukunft mit Strom erledigen. Und den Strom müssen wir idealerweise ohne Kohle, Öl und Gas herstellen. Wir müssen uns also die Energie für alles, was wir in Zukunft wärmen, kühlen, hin und her bewegen oder einschalten wollen, woanders herholen. Aus dem

Wasser oder der Luft. Oder eben von der Sonne. Das ist es, woran ich arbeite.

Während meiner Promotion an der TU Berlin durfte ich erforschen, ob es alternative Materialien zur Herstellung von Solarzellen gibt, damit deren Produktion günstiger oder umweltfreundlicher wird. Für mich eine ziemlich sinnvolle Aufgabe, denn: Wenn wir mit den Solarzellen einerseits zwar umweltfreundlichen Strom produzieren, bei ihrer Herstellung aber andererseits der Umwelt schaden, beißt sich die Katze in den Schwanz.

Mit hochtechnologischen Geräten zu arbeiten und sich vorzustellen, was genau im Inneren einer Solarzelle stattfindet, ist super spannend. Fast so spannend, wie mit Leuten darüber zu reden. Neben meiner wissenschaftlichen Arbeit hatte ich nämlich außerdem das Glück, als Science Slammer im Bereich Wissenschaftskommunikation aktiv zu sein und an verschiedenen Schulen zu lehren. Das war deshalb ein Glücksfall, weil ich dadurch gelernt habe, welche Energiethemen für die Gesellschaft besonders wichtig sind, wovor (junge) Menschen Angst haben, wenn sie von der Klimakrise hören, und auf welche Aspekte ihres täglichen Lebens sie bereit wären zu verzichten.

In diesem Kapitel möchte ich zum einen erklären, wie die Energiewende mithilfe von Photovoltaik (PV) in Deutschland zu schaffen ist, und zum anderen ein paar Ideen vorstellen, wie wir die Themen Energiewende und Klimaschutz verständlicher in der Öffentlichkeit kommunizieren können. Letzteres finde ich besonders wichtig, vor allem im Hinblick auf die jüngeren Generationen, die sich sehr für die Umwelt interessieren, denen aber oft eine eingängige und verständliche Informationsquelle zum Thema Energie fehlt. Wenn es für die Jugendlichen klar wäre, wie schwer und teuer es ist, das Stromnetz immer verfügbar zu haben, könnten sie ihren Kampf für die Umwelt schneller und besser umsetzen. Erwachsene müssen dagegen jeden Monat die Stromrechnung bezahlen (eine sehr greifbare Aktion) und können so die Energiekosten mit allen anderen Lebenshaltungskosten vergleichen. Vor allem haben sie so einen wichtigen Grund, Energie zu sparen, selbst wenn sie sich persönlich weder für die faszinierende Logik eines Stromnetzes noch für die Umwelt interessieren.

Und das ist vielleicht der erste wichtige Punkt: Energie hat einen Preis, so wie jedes andere Produkt, aber im Gegensatz zu vielen anderen Produkten ist Energie für die Menschheit unverzichtbar. Ohne ein verlässliches Energienetz würden weder Krankenhäuser noch der ÖPNV funktionieren, wir könnten weder telefonieren noch im Internet surfen und auch keine Veranstaltungen organisieren und durchführen, sprich: Unser gesamtes modernes (Zusammen-)Leben fußt auf dem Verbrauch von Energie.

Aus diesem Grund bringen verfügbare Energiequellen für die, die sie besitzen, eine bestimmte Macht mit sich, vor allem, wenn man sie einfach verkaufen und transportieren kann. Dadurch existiert ein wesentlicher Unterschied zwischen erneuerbaren Energien und fossilen Brennstoffen.

Während man die Energie von Sonne und Wind überall auf der Welt nutzen kann, ist Erdöl nicht in jedem Land verfügbar, und da, wo es vorhanden ist, braucht man verschiedene technologische Prozesse, um es zu extrahieren und Benzin oder andere Kraftstoffe daraus herzustellen. Der nächste Vorteil bei Sonnen- und Windenergie: Die Energiekosten sind von Anfang an festgelegt und nicht von tausenden Faktoren abhängig, auf die man als normaler Mensch keinen Einfluss hat, z. B. wie die Energiebörse sich verhält oder sich Energieressourcen oder Regierungsentscheidungen in weit entfernten Ländern entwickeln. Da fossile Brennstoffe im Vergleich zu den Erneuerbaren sehr energiedicht und sehr wertvoll sind, ist es auch einfach, sie zu kontrollieren und sie z. B. als politischen Hebel zu benutzen. Das heißt, statt dass jedes Dach dezentralisiert eine kleine Energiemenge beiträgt, fließt jetzt alle Energie konzentriert durch *einen* Gashahn, der im Zweifel auch abgedreht werden kann.

Energetische Unabhängigkeit ermöglicht einem Land hingegen politische Souveränität: Kann ein Land sich energetisch selbst versorgen, haben andere Länder weniger Mittel, um interne politische Entscheidungen zu beeinflussen. Alles gute Gründe, um unser Land davon unabhängig zu machen – oder wenigstens unser Zuhause.

Lasst uns also einen Blick auf Deutschland werfen – es ist auch im Hinblick auf die Energiegewinnung ein sehr facettenreiches Land. Manche Bundesländer verfügen über große Naturlandschaften, während andere eher aus dicht bevölkerten Städten oder Industriegebieten bestehen. Aus diesem Grund sind die Lösungen, die man entwickeln muss, auch sehr unterschiedlich, zumal die Sonne im Süden deutlich häufiger scheint als im Norden, wo wiederum der Wind stärker weht. Außerdem unterscheidet sich die Sonneneinstrahlung im Sommer und Winter deutlich. Nichtsdestotrotz ist es möglich, uns eine grobe Idee über den durchschnittlichen Energiekonsum und die erneuerbaren Energieressourcen in Deutschland zu schaffen.

Dafür ist es erst mal wichtig zu wissen, welche Energiemenge man mit erneuerbaren Energien abdecken möchte, und dabei stoßen wir auf unser erstes Problem. Die Energie, die wir jeden Tag nutzen, kommt in vielen unterschiedlichen Formen daher, z. B. als Strom aus der Steckdose, als Wärme der Heizung und als Schwung der Motoren unserer Verkehrsmittel. (Der richtige Begriff für Schwung ist übrigens mechanische Energie, aber solche Begriffe erwecken leider in vielen Personen schlechte Erinnerungen aus der Schulzeit, in der man berechnen musste, ob ein Auto ein anderes Auto überholen kann oder nicht. Dabei ist es gar nicht schwer zu verstehen, man muss nur im Kopf behalten, dass man müder wird, wenn man Fahrrad fährt, als wenn man sich vom Bus fahren lässt … Bäm! Mechanische Energie!)

Um uns das Leben leichter zu machen, analysieren wir erst mal nur den Strom, den wir im Haushalt brauchen. Letztlich ist diese Energieart die, die man mit PV-Anlagen am einfachsten ersetzen kann. Und damit wären wir immerhin schon mal selbst unabhängig. Jedenfalls ein bisschen. An einem durchschnittlichen Tag verbraucht eine durchschnittliche Person in Deutschland ungefähr fünf Kilowattstunden,[3] das entspricht ungefähr der Energie, die man braucht, um ein kleines Dieselauto zehn Kilometer zu bewegen, oder der Energie, die in vier bis fünf Pizzas enthalten ist (4300 Kilokalorien). Wir verbrauchen die fünf Kilowattstunden, indem wir unsere Handys aufladen, mit dem Notebook arbeiten, morgens das Licht oder unter der Dusche das warme Wasser anschalten, wenn wir kochen, unsere Lebensmittel kühlen oder die Waschmaschine anstellen.

Die Kilowattstunde (kWh) ist die geläufige Energieeinheit, die man zur Messung von elektrischer Energie benutzt und vom Energieanbieter kauft. Die ursprüngliche Einheit für Energie ist Joule (nach dem englischen Physiker James P. Joule), allerdings ist diese so klein, dass man mit einem einzigen Joule nichts anfangen kann, man braucht etwas mehr als 3,5 Millionen Joule, um eine kWh zu haben.

Eine kWh kostet in Deutschland ungefähr 30 Cent für Privatkunden,[4] aber die Kosten, um diese kWh zu produzieren, hängen von vielen Faktoren ab. Einer davon ist, mit welcher Technologie die Energie produziert wurde. Atomenergie ist die günstigste Technologie (wenn man die Kosten für Bau, Abbau und Endlagerung vernachlässigt), gefolgt von erneuerbaren Energien.[5] Am teuersten sind Kohle und Gas.

Die Probleme mit der Atomenergie sind gut bekannt: Wir wissen nicht, wohin mit dem radioaktiven Müll, durch die globale Erwärmung steigt im Sommer außerdem die Temperatur der Flüsse, mit denen man die Atomkraftwerke kühlt, weshalb sie aus dem Netz gezogen werden müssen, und da wäre noch dieses gewisse Sicherheitsproblem, wenn es mal «Boom» macht.

Ich persönlich finde Atomenergie sehr interessant (sozusagen die Physik dahinter und wie sie entdeckt wurde), aber ich glaube, nach den Unfällen in Tschernobyl und Fukushima ist es zu spät, um ihren Ruf noch zu retten. Außerdem sind wir an einem Punkt, an dem wir erneuerbare Energien ausbauen können, also lasst uns lieber unseren Blick darauf richten!

Aber zunächst zurück zum Energiekonsum. Der erste wichtige Punkt für unsere individuelle Unabhängigkeit wäre herauszufinden, wie viele Solarmodule eine Person braucht, um die Energie zu bekommen, die sie zu Hause verbraucht. Grob gerechnet benötigt man zwischen acht und zehn m² an PV-Modulen, um die täglichen fünf kWh lokal und CO_2-neutral zu produzieren (je nachdem, ob man im Norden oder Süden wohnt). Eine normale Wohnungstür ist ungefähr zwei m² groß. Daher reden wir von vier bis fünf wohnungstürgroßen PV-Modulen, die jede Person auf ihrem Dach platzieren müsste, um die kleine lokale Energiewende zu schaffen.

Diese Berechnung ist allerdings sehr ungenau, weil eine Solaranlage im Winter weniger Strom produziert als im Sommer, wobei im Winter mehr Energie verbraucht wird. Außerdem müssen PV-Module zur richtigen Himmelsrichtung (Süden) und mit einer bestimmten Dachneigung installiert werden, um optimal zu funktionieren, und nicht jedes Dach erfüllt diese Voraussetzungen. Man bräuchte außerdem in jedem Fall Akkus, um die Energie zu speichern, weil die eigene PV-Anlage genau dann Energie produziert, wenn man sie nicht unbedingt braucht (wenn die Sonne scheint, brauche ich keine Lampe anmachen usw.).

Aber lassen Sie uns mal annehmen, dass alle diese Probleme eher Kleinigkeiten sind, die man durch technischen Fortschritt lösen könnte, und uns den eigentlichen Problemen widmen.

Stellen wir uns vor, jede*r von uns bekäme die benötigten acht bis zehn m² PV-Module von einem PV-Modulhersteller geschenkt und nach Hause geliefert (statt sie für ungefähr 2000 Euro kaufen zu müssen). Das wäre ziemlich toll, vor allem für Personen, die am Stadtrand oder auf dem Land wohnen und die benötigte Dachfläche haben, um die Module zu installieren. In meinem Fall würde es aber zum Chaos führen, weil ich in einem Altbau mit 12 Wohnungen wohne und wir uns erst einigen müssten, wer seine Module auf dem Dach installieren darf und wer sie eher im Park um die Ecke anbringen muss (ich wohne ganz oben, daher hätte ich vielleicht die besten Chancen für das Dach).

Und da haben wir das erste große Problem: Die meisten verfügen nicht über die nötige Dachfläche, um ihren Stromkonsum mit Solarenergie auszugleichen. Für diejenigen, die ein Haus mit ausreichend Dachfläche besitzen, lohnt sich die langfristige Investition in eine PV-Anlage mit mindestens 30 Jahren Betriebszeit. Für Mieter*innen ist das leider nicht der Fall.

Aber lasst uns mal positiv denken und davon ausgehen, dass wir uns einigen und unsere Solarmodule auf freien Flächen in der Nähe von unseren Städten zusammenstellen könnten. Würden wir damit die Energiewende schaffen?

Die Antwort lautet, wie oft bei diesen Themen: «Jein.» (Aber um ehrlich zu sein, mehr nein als ja). Die Antwort könnte «ja» sein, wenn wir in unserem Alltag nicht indirekt weitere Energiequellen anzapfen würden.

Aber das tun wir. Über das, was wir kaufen, wie wir uns fortbewegen oder was wir essen. Auch da könnten wir natürlich sparen, d. h.: überall mit dem Fahrrad hinfahren; nur Lebensmittel kaufen, die lokal produziert wurden, gerade Saison haben und nicht vorgekocht wurden; keine neuen elektronischen Produkte kaufen; selbst Kleidung und Schuhe produzieren usw. Aber das alles ist wenig praktikabel und man sieht, dass die Bedingungen schnell ins Absurde gehen. Ja, wir können (und sollten) jede*r etwas durch unser individuelles Verhalten verändern und beitragen, doch selbst, wenn sich alle (!) Menschen in ihrem Privatleben energietechnisch vorbildlich verhielten (und seien wir ehrlich, wie realistisch ist das?), würde es nicht ausreichen.

Und damit kommen wir zum eigentlichen Ansatzpunkt, wenn wir die Energiewende schaffen wollen: dem Energieverbrauch von Industrie, Gewerbe, Handel und der Dienstleistungssektoren, die wir alle in Anspruch nehmen.

Diese Energiemenge ist dreimal so groß wie die, die in den deutschen Privathaushalten verbraucht wird.[6] Und die zusätzliche Crux: Wir nehmen diese Tatsache beim Kauf oder Verbrauch der Produkte in unserem Alltag gar nicht wahr. Lasst uns ein einfaches Beispiel nehmen: die weltberühmten, ganz normalen Tomaten. Ich finde Tomaten super lecker, sowohl frische Tomaten als auch die aus der Dose, vor allem auf Pizza. Doch was bedeutet ihre Herstellung im Hinblick auf den Energieverbrauch? Tomaten müssen gepflanzt, gedüngt, geerntet, gewaschen und transportiert werden, bevor man sie genießen kann, und bei jeder dieser Aktivitäten fließt eine bestimmte Menge Energie in die Tomaten.

Bei den Tomaten aus der Dose kommt noch hinzu, dass man die Dose erst mal produzieren muss und die Tomaten gekocht werden müssen, damit sie lange halten. Hierfür und für die spätere Wiederverwertung der Dose wird ebenfalls Energie benötigt. Schnell wird klar: Was so unschuldig daherkommt wie unsere Tomate, verbraucht eine Menge Energie, bis sie auf unsere Pizza oder in unseren Salat kommt. Und so verhält es sich nicht nur mit dem roten Fruchtgemüse oder anderen Lebensmitteln, sondern auch mit unserer Kleidung, unseren Handys oder unseren Möbeln.

An diesem Punkt stellt man sich wahrscheinlich die Frage, ob es denn überhaupt genug Fläche in Deutschland gibt, um den gesamten Energieverbrauch unseres Konsums auszugleichen? Überraschung: zum Glück ja!

Wissenschaftler vom ISE Freiburg haben berechnet,[7] dass der gesamte deutsche Energiekonsum allein durch PV gedeckt werden könnte und dieser Flächenverbrauch nicht einmal in Konkurrenz zu landwirtschaftlichen Flächen stehen würde. Dabei wäre es klug, die Solarmodule so zu installieren, dass sie sich in bereits existierende Strukturen integrieren, wie z. B. auf Parkplätzen, an den Seiten von Gebäuden oder sogar auf schwimmenden Konstruktionen auf Seen. Das geht auf manchen Gebäuden besser als auf anderen, aber wenn wir uns im ganzen Land die passenden zusammensuchen, würde das flächentechnisch hinkommen.

Aber wie viel Fläche brauchen wir überhaupt, um Deutschland mit erneuerbaren Energien zu versorgen?

Bis jetzt bedecken Solarmodule in Deutschland eine Fläche, die ungefähr so groß ist wie die Stadt Köln (circa 405 km^2).

Diese Solarmodule produzieren 59 Gigawatt Strom, wenn die Sonne ordentlich scheint (also mittags im Sommer), und dann spricht man von 59 «Gigawatt Peak» (GWp). Morgens, abends und im Winter produzieren diese Solarmodule leider weniger Energie. Zum Glück weht gerade dann, wenn die Sonne in Deutschland wenig scheint, meistens viel Wind. Wenn man die beiden zusammenrechnet, hat man übers Jahr also eine ziemlich stabile Energiemenge.

Laut Berechnungen von Experten gilt:[8] Wenn wir Deutschland bis 2045 nur mit erneuerbaren Energien versorgen möchten, müssen wir jedes Jahr 18 GWp neu installieren.

Das bedeutet, eine Fläche, die ungefähr so groß ist wie die Insel Föhr oder Heidelberg (oder das Gebiet, das der Berliner S-Bahn-Ring umfasst), mit Solarmodulen zu bedecken. Mit diesem Plan hätten wir 2050 circa 1 Prozent von Deutschland mit PV bedeckt. Das ist annähernd 1,5 Saarland. Im Vergleich dazu sind in Deutschland ungefähr 2 Prozent Wasserflächen und 5 Prozent Verkehrsflächen. Für die Landwirtschaft werden ungefähr 50 Prozent der Fläche verbraucht.[9]

Im voll ausgebauten Zustand (zwischen 400 und 500 GWp) müsste man jedoch jedes Jahr neue PV-Kraftwerke installieren, da der Wirkungsgrad von Solarzellen mit der Zeit sinkt – zwar nur gering, aber bei so einer großen Gesamtmenge schon spürbar. Das heißt, wir sollten zwar unsere bereits installierten Anlagen weiter nutzen, müssten aber – um den Effizienzverlust auszugleichen – ab 2045 jedes Jahr weitere 10 bis 15 GWp installieren, also wieder ungefähr so viel Fläche wie Föhr und damit in demselben Tempo weiterbauen, wie wir es vor 2045 gemacht haben.

Das klingt wie eine Sisyphosaufgabe, aber hey! Dadurch wären Arbeitsplätze in der PV-Industrie auf Jahre gesichert, zumindest, solange man freie Flächen zur Verfügung hat. Oder uns die alten Anlagen in 30 Jahren tatsächlich mal zu uncool sind und wir sie

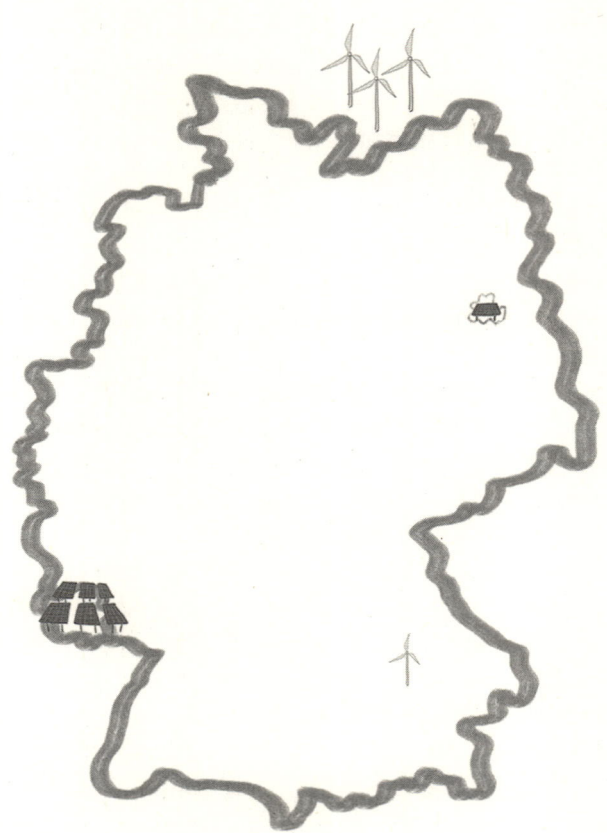

Notiz: Da dies ein Solarkapitel ist, veranschaulicht die Grafik nur die nötige Menge an Photovoltaikanlagen. Die Windräder stehen hier nur aus Dekorationsgründen und zum Ärgernis von Markus Söder (Anmerkung der Illustratorin).

durch irgendwas ersetzen, was dann der neueste Standard ist. So oder so wären wir auf ziemlich viele Jahrzehnte gut beschäftigt.

Hilfreich für den Ausbau von PV-Anlagen sind Felder, die bereits landwirtschaftlich genutzt werden. Diese hybriden Systeme werden als Agri-Photovoltaik bezeichnet und sind nicht besonders kompliziert: Dabei werden die PV-Modulreihen ein bisschen weiter entfernt voneinander installiert und ein bisschen höher als bei einem herkömmlichen PV-Kraftwerk, damit man sich weiter um die Pflanzen kümmern kann (mit dem Trecker rumfahren, ernten, usw.). Außerdem schützen diese Anlagen die Pflanzen noch vor Hagel, und die leichte Verschattung, die dadurch entsteht, finden viele Pflanzen ziemlich cool.

Die Agri-Photovoltaik-Anlagen sind in Deutschland relativ selten im Vergleich zu anderen Ländern. Hier gibt es auf jeden Fall Potenzial!

Und, wo wir gerade bei Pflanzen und PV-Anlagen sind: Lohnt es sich, über Biodiesel, Biogas und Co. zu reden? Wären diese Brennstoffe eine gute Alternative für die klimafreundliche Energiegewinnung? Schließlich setzen sie nur das CO_2 in die Atmosphäre frei, das sie beim Wachsen aus der Luft entnommen haben. Im Gegensatz zu diesem CO_2-Recycling fügen die Verbrennung von Kohle und Öl der Atmosphäre zusätzliches CO_2 hinzu, was, wie wir aus Maria-Elena Vorraths Kapitel wissen, auf keinen Fall mehr passieren darf.

Echtes CO_2-Recycling geschieht allerdings nur bei reinen Biokraftstoffen, die werden aber selten verwendet. Häufig enthält «Bio»-Benzin (auch bekannt als E10-Benzin) nur 5 bis 10 Prozent Bioethanol, also eigentlich eine grüne Mogelpackung. Außerdem verbraucht auch die Herstellung von Biokraftstoffen Energie, was ihre Effizienz beeinträchtigt. Hinzu kommt, dass riesige Flächen für den Anbau von Energiepflanzen (Raps, Weizen, Mais) gebraucht werden, um aus ihnen Biokraftstoffe herzustellen. Diese Flächen stehen dann in Konkurrenz zum Anbau von Nahrungsmitteln, und all das zusammengenommen macht Biokraftstoffe nicht wirklich zu einer guten Lösung, sondern eher zu einer Halblösung, die an unsere Gewohnheiten angepasst ist: Wir sind es gewöhnt, energiedichte Flüssigkeiten in einen Tank zu füllen und damit rumzufahren; darauf ist schließlich auch die gesamte Infrastruktur ausgerichtet. Das gilt übrigens auch für Wasserstoff, den man im Gegensatz zu Erdöl zwar mit Strom herstellt, statt ihn irgendwo auszubuddeln, bei dem der Plan auch meist ist: Irgendjemand in einer Wüste stellt das mit großen Mengen Solarenergie her, und dann schippern wir das zu uns rüber. Wobei wir das Boot mit Wasserstoff antreiben. Das lohnt sich als Prinzip vielleicht für Sachen, die sich anders bisher nicht betreiben lassen, wie Flugzeuge, aber für unsere Autos ist es keine besonders hilfreiche Idee. Auch wenn sich das Verbrennergefühl so schön vertraut anfühlt.

Natürlich ist es aus heutiger Perspektive leicht, negativ über fossile Brennstoffe zu reden, und ja, natürlich wäre es besser gewesen, das Erdöl von Anfang an unter der Erde zu lassen – aber man darf auch nicht vergessen, dass die Menschheit durch den Einsatz von Öl große Fortschritte gemacht hat. Benzin, der Flugzeugtreibstoff Kerosin, Kunststoffe, Matratzen, Fußbodenbeläge, Lacke und Reifen – das alles würde es ohne Erdöl nicht in dieser Form geben. Und wir müssen uns fragen: Hätten die Wissenschaftler*innen Anfang des 20. Jahrhunderts die Quantenmechanik entdeckt (und damit die Photovoltaik), wenn es davor nicht eine industrielle Revolution gegeben hätte, die auf der Energie von fossilen Brennstoffen basierte? Wären wir heutzutage in der Lage, Windturbinen, Solarmodule und Elektromotoren herzustellen ohne die Nutzung von fossilen Brennstoffen? Oder hätten wir eher noch Windmühlen und Pferdekutschen?

Wir wissen es nicht, und es ist auch insofern unwichtig, als dass das alles schon passiert ist. Das Kind ist also bereits in den Brunnen gefallen – und jetzt geht es darum, es wieder rauszuholen.

Was die Biobrennstoffe angeht, gibt es eine klare Antwort: Egal, ob sie weitere CO_2-Emissionen verursachen oder nicht, die Landflächen, die dafür gebraucht werden, könnten viel mehr Energie produzieren, wenn man sie mit PV-Anlagen ausstatten würde. Ein einfaches Beispiel verdeutlicht das schon: Stellen wir uns zwei Autos vor, das eine wird mit Biodiesel, das andere elektrisch angetrieben. Wenn man auf einer fußballfeldgroßen

Fläche Raps anbauen und daraus Biodiesel mit der Jahresernte produzieren würde, könnte man damit etwas mehr als 20 000 Kilometer fahren.[10] Im Vergleich dazu kann eine PV-Anlage in derselben Größe so viel Energie produzieren, dass das Elektroauto 4 Millionen km fährt, 200-mal so viel![11] Bei E-fuels ist es so, dass man so viel Energie (und Wasser) braucht, um sie zu produzieren, dass der ganze Prozess irgendwie wenig Sinn ergibt, weil man mit dieser Energiemenge und einem Elektroauto ungefähr fünfmal so weit fahren könnte.

Der Einsatz von E-Autos hat noch einen weiteren Vorteil, denn die Batterien funktionieren gleichzeitig als Energiespeicher und könnten das elektrische Netz entlasten (sie funktionieren wie ein Puffer für Momente, wenn das Netz zu viel oder zu wenig Energie produziert, d. h., wir können die Überschussenergie dort parken und sie einspeisen, wenn wir welche brauchen). Beispielsweise könnten in der Mittagszeit, wenn die Produktivität der PV-Anlagen am höchsten ist und die Autos geparkt sind, deren Batterien geladen werden.

In der Zukunft könnte man sogar die Energie zwischen Auto und Haus bidirektional verwalten und die Autobatterie abends zu Hause zum Einsatz bringen. Das klingt ein bisschen futuristisch, wäre prinzipiell aber machbar. Ein kleines Elektroauto wie z. B. der e-up von VW besitzt eine Batterie mit einer Kapazität von 32 kWh, genug, um drei Erwachsene über zwei Tage mit Energie zu versorgen.

Wir wissen jetzt also, dass wir mithilfe von PV unseren Energiebedarf decken könnten. Wie kann es nun aber gelingen, die Energie, die in den industriellen Sektoren verbraucht wird, zum einen zu verringern und die benötigte Energie zum anderen aus erneuerbaren Energien zu gewinnen? Keine leichte Frage, bei der es viele Widersprüche gibt: Einerseits sind industrialisierte Verfahren oft energetisch effizienter, wenn sie in großen Fabriken stattfinden. Andererseits ist es für diese großen Fabriken wichtiger, dass ihre Produktionsprozesse ununterbrochen und mit einer verlässlichen und konstanten Energiequelle laufen, als Energie zu sparen oder sie aus erneuerbaren Quellen zu gewinnen.

Widersprüche finden sich auch bei der Erneuerbare-Energien-Gesetz (EEG)-Umlage, also dem Zusatzbeitrag, den alle Energiekunden in Deutschland bezahlen, um den Ausbau der erneuerbaren Energien zu unterstützen. Allerdings müssen ausgerechnet die industriellen Großkunden mit einem sehr hohen Energieverbrauch diesen Zusatzbeitrag nicht in voller Höhe zahlen. Das wird zwar viel kritisiert, ist aber für energieintensive Industrien wichtig, um gegenüber Produzenten aus Ländern mit niedrigeren Energiepreisen konkurrenzfähig zu bleiben. Hier müssen Vertreter*innen aus Politik, Wirtschaft und Wissenschaft eng zusammenarbeiten, um diese Widersprüche aufzulösen.

Auf jeden Fall ist es essenziell, dass die Politik Wege findet, damit Unternehmen an der Energiewende teilhaben können, ohne die Betriebsabläufe zu gefährden. Das könnten zusätzliche PV- und Windenergieanlagen sein, die bei Energieschwankungen einen Teil des industriellen Verbrauchs ausgleichen, oder Förderungen für so viele Energiesparmaßnahmen wie möglich (e-Autos als Dienstwagen, wenige oder keine Flüge für Dienstreisen, Fernarbeit für Arbeitnehmer in administrativen Stellen). Es ist verständlich, dass viele Industrien die Produktionsprozesse nicht einfach auf erneuerbare Energien umstellen können (z. B. Stahlproduktion), aber alles, was daneben passiert, könnte anders gestaltet werden. Es könnte eine monetäre Förderung für Entwicklung und Einführung energieeffizienter Innovationen geben.

Dazu gehört auch, Bürokratie und Komplexität zu reduzieren, z. B. bei der EEG-Umlage – nicht nur für die Industrie, sondern auch für Privatpersonen: Es gelten viele Regeln, die den Ausbau von erneuerbaren Energien eher verhindern, als ihm zu helfen. Wenn man z. B. eine große PV-Anlage installiert (mehr als 100 kWp), darf man die Energie nicht direkt nutzen, sondern muss sie erst ins allgemeine Netz einspeisen und dann wieder kaufen –

oft zu unterschiedlichen Preisen. Für verschiedene Verbraucher und PV-Anlagengrößen gelten außerdem unterschiedliche Regeln (z. B. wer darf wie viel in welcher Form einspeisen?), die das Ganze sehr kompliziert machen. Viele Leute durchdringen dieses Regel- und Gesetzeswirrwarr nicht und denken daher gar nicht ernsthaft an die Installation einer Anlage, obwohl sie alle Voraussetzungen erfüllen würden.

So oder so gilt: Der erste Schritt, damit wir die Energiewende schaffen, ist ein besseres Verständnis für Energie.

Alle müssen verstehen, was Energie ist, wie viel man davon zum Leben braucht und wie man diesen Konsum reduzieren kann. Darum plädiere ich für Energiebildung als Motor der Energiewende. In den letzten Jahren habe ich über das Thema Energie mit vielen Menschen außerhalb der Wissenschaft diskutiert, mit Menschen aus unterschiedlichen Bundesländern, allen Altersklassen und mit den verschiedensten Einstellungen gegenüber erneuerbaren Energien. Was dabei offensichtlich wurde: Es gibt in der deutschen Gesellschaft ein großes Interesse für dieses Thema.

Spätestens durch die Aktionen der *Fridays-for-Future*-Bewegung ist vielen, vor allem der jüngeren Generation, klar geworden, dass die Sorge um die Zukunft berechtigt ist und wir als Gesellschaft die Energiewende schaffen müssen. Die Zukunft der Jungen hängt von unserem Handeln heute ab. Für mich als Lehrer war es wunderbar zu sehen, dass die jungen Menschen sich organisieren und engagieren und mit so klaren Worten ihre Forderungen an die Politik ausdrücken. Gleichzeitig war es erschreckend, wie häufig Wissen über die Grundlagen der Energieerzeugung und des Energiekonsums fehlten. All das, was es braucht, um genau zu verstehen, wie man eine langfristige Energiewende schaffen könnte und was für Auswirkungen dies auf unser Leben und unsere Gewohnheiten haben würde.

Ich bin davon überzeugt, dass wir große Fortschritte machen können, wenn wir Wissenschaftler*innen zusammen mit Bildungsorganisationen nicht nur den Jugendlichen, sondern allen, die sich dafür interessieren, erklären, wie unser Energiesystem funktioniert und wie wir dadurch eine verlässliche Energiequelle immer verfügbar haben. Oder eben, wie man sich eine Solaranlage auf den Balkon baut, um danach die produzierte Energie zu messen und sie mit dem eigenen Konsum zu vergleichen. Wenn das erfolgt, wird für jeden klar sein, wie wir vom Ausbau der erneuerbaren Energien profitieren können.

Es reicht meiner Meinung nach nicht, den Wirkungsgrad von Solarzellen zu erhöhen und die elektrischen Produkte energetisch effizienter zu machen, wenn den Menschen gleichzeitig das Gefühl für ihren Energiekonsum fehlt, vor allem, weil es uns dank des technologischen Fortschritts der letzten Jahrzehnte möglich ist, enorme Mengen an Energie zu verbrauchen, ohne es zu merken.

Eine Person kann jeden Tag bewusst auf ihren Stromverbrauch achten: das Licht ausschalten, wenn sie einen Raum verlässt, die Heizung runterdrehen, wenn sie nicht zu Hause ist, oder die elektronischen Geräte nicht im Standby-Betrieb belassen – und dann mit einem Flug ihre positive Energiebilanz innerhalb von ein paar Stunden wieder zunichtemachen. Ich möchte nicht versuchen, Leute zu überzeugen, ihren Lebensstil zu ändern (es wäre natürlich eine super Idee, unseren Energiekonsum zu reduzieren), sondern ihnen die Informationen an die Hand geben, die es braucht, um die Wirkung ihres eigenen Handelns abzuschätzen und mit dieser Grundlage ihre eigenen Entscheidungen zu treffen. Wenn alle gut informiert wären, gäbe es zumindest nicht so einen großen Unterschied zwischen unserem Lebensstil und unseren ökologischen Überzeugungen.

Die bessere Art und Weise, den Jugendlichen zu helfen, etwas zu bewegen, ist, ihnen die aktuelle Situation der Energiewende so einfach wie möglich zu erklären. Dabei bin ich immer wieder auf folgendes Problem gestoßen: Um das Klima und das Thema Energie zu verstehen, muss man ein bisschen was von Mathe und Physik verstehen, aber Mathe und Physik (und alles, was mit Zahlen, Gleichungen und Einheiten zu tun hat) sind relativ unbeliebte Fächer.

Bei vielen Jugendlichen stehen beide ziemlich weit unten auf der Prioritätenliste, und wahrscheinlich liegt es nicht mal an ihnen oder an der Art, wie man diese Fächer rüberbringt, sondern einfach daran, dass sie in diesem Alter unterschiedliche Interessen haben. Für sie sind andere Themen wichtiger und spannender: die sozialen Beziehungen, die persönliche Entwicklung, Identitätsfindung, sich zu verlieben, zu spielen, Sport zu machen und unabhängig zu werden. Und deswegen frage ich mich, wäre es nicht möglich, diese zwei Welten zu verbinden? Den Schülern die Freiheit zu geben, sich in all diesen Bereichen zu entwickeln, während sie etwas über Energie und Klima lernen?

Vielleicht ja, man müsste dafür aber auf die strenge und exakte Gestaltung der Mathematik und Physik verzichten und den Jugendlichen stattdessen ein unmittelbares Erleben der physikalischen Themen ermöglichen – die Theorie kann dann hinterher kommen.

Was meine ich damit konkret in Bezug auf das Thema Energie und Energieverbrauch? Ich glaube es lohnt sich, Projekte zu entwickeln, bei denen interessierte Personen aus erster Hand erfahren können, was Energie bedeutet. Man könnte z. B. ein Feldlager aufbauen, in dem die Jugendlichen eine Zeitlang einen autarken Lebensstil ausprobieren können. Zuerst müssten sie sich einigen, wie viel Energie eine Person täglich konsumieren darf, um der Umwelt keine weiteren Schäden zuzufügen. Danach würde jeder Person diese Energiemenge zugeordnet, und jede dürfte frei entscheiden, wofür sie sie benutzt: ob man z. B. Videospiele zockt, dafür dann aber in Kauf nimmt, mit kaltem Wasser duschen zu müssen. So bekämen die Jugendlichen ein Gefühl für den Verbrauch einerseits und für die Endlichkeit der Ressourcen andererseits. Um das eigene Energiebudget zu erhöhen, könnte man Fahrräder mit Dynamos für die Schüler*innen bereitstellen, mit denen sie selbst mit Beinkraft Strom erzeugen können. Dabei würden sie z. B. lernen, dass zwei Personen in die Pedale treten müssen, damit einer zocken kann, oder acht Personen treten müssen, um eine Scheibe Brot toasten zu können (wenn jeder eine Scheibe Brot haben möchte, hat man schon vor dem Frühstück sein Sportpensum erledigt).

Am Ende eines solchen Feldversuchs wären die Jugendlichen wahrscheinlich fitter, hätten die eine oder andere neue spannende Aktivität entdeckt, für die man keinen Strom braucht, vor allem aber hätten sie am eigenen Leib erfahren, wie Energie, Wärme und Elektrizität zusammenhängen, welche Energie uns begrenzt und welche uns unbegrenzt zur Verfügung steht. Und das alles unabhängig davon, ob sie am Ende die Gesetze der Thermodynamik auswendig rezitieren können.

Schüler*innen der Oberstufe könnte man versuchen, Physik und Mathe mit Anwendungen beizubringen, z. B. indem man mit einer Software PV-Anlagen simuliert und so ihre Funktions- und Wirkweise besser versteht. Es gibt Computerprogramme, mit denen man unkompliziert Ergebnisse erzeugen kann, und vielleicht sind die Softwarehersteller sogar daran interessiert, damit zu helfen. Am besten sollte man diese Idee mit externen Anbietern organisieren, um die Lehrer*innen nicht weiter zu belasten.

Es gibt viele Möglichkeiten, um Interessierte an das Thema heranzuführen, es im wahrsten Sinne des Wortes erfahrbar zu machen: Ein mögliches Format wären Sportveranstaltungen, bei denen die Teilnehmenden mit Muskelkraft eine bestimmte Menge Energie erzeugen müssen, um z. B. eine Tasse Wasser zum Kochen zu bringen, damit sie sich einen Kaffee oder Tee zubereiten können.

Bei diesem Experiment lernt man schnell, dass die Wassertasse mehr Wärme verliert, je wärmer sie ist, und dass es ohne eine richtige Isolierung fast unmöglich ist, das Wasser zum Kochen zu bringen (ich habe es einmal ausprobiert). Experimente wie dieses machen es einem sehr leicht zu verstehen, wie viel Energie man für alltägliche Aktivitäten braucht und wie wichtig Energiesparmaßnahmen wie Wärmeisolierung sind.

Alle diese Ideen würden es für jeden möglich machen zu verstehen, was Energie ist, wie man sie spart und was für ein Luxus es ist, Energie immer zur Verfügung zu haben.

Die Energiewende zu schaffen klingt nach einer sehr schweren Aufgabe, aber ich bin mir sicher, dass sie uns in Deutschland in den nächsten Jahren gelingen kann, vor allem, wenn Politik, Gesellschaft und Wissenschaft zusammenarbeiten.

Eine Schlussbemerkung: Vor ein bisschen mehr als 100 Jahren entdeckte Einstein, der wohl berühmteste Physiker der Geschichte, wie man elektrische Energie aus Licht erzeugen kann, und hat dafür den Nobelpreis bekommen. Dank seiner und den vielen Entdeckungen anderer, dank seines Interesses an der Natur und wie alles darin zusammenhängt, hat die Menschheit einen enormen Fortschritt im 20. Jahrhundert gemacht, und unsere Lebensqualität hat sich entscheidend erhöht. Ich kann mir keine bessere Weise vorstellen, Einstein und seine Mitstreiter*innen zu ehren, als die Natur zu schützen, indem wir Kohle, Erdgas und Atomenergie hinter uns lassen und mit dem photovoltaischen Effekt unsere Energie produzieren.

Weiterreise

Also dann, jedes Jahr einmal Föhr mit Photovoltaik bebauen und Zeltlager mit Tretfahrrädern installieren – das klingt doch machbar. Vielleicht kann man die auf Föhr gleich als Strandkorbalternative vermieten und hat den Preis dann locker nach zwei Wochen wieder raus. In Frankreich müssen seit kurzem alle Großparkplätze mit Solarpanels überdacht werden. Innerhalb des Berliner S-Bahn-Rings gibt es jetzt schon ganz viele Dächer. Aber wenn ich vom siebten Stock nachgucke, sehe ich nur eins mit Solarpanelen. Und dafür muss ich mich umdrehen. (Es ist unser Haus, das als einziges in der Ecke einer der großen Berliner Genossenschaften gehört.)

Es gibt also viel zu tun. Wie toll. Selbstwirksamkeit! Sogar mehrfach, denn die Effekte multiplizieren sich. Mit jedem Stück fossiler Energie, das wir durch Solar und Elektrik ersetzen, bekommen wir ein bisschen Energieersparnis gratis mit dazu: Das, was bei Kohlekraftwerken zum Kühlen draufgeht (50 Prozent) und bei Verbrenner-Autos für Wärme (70 Prozent). Irgendwann ist die Energiemenge, die wir decken müssen, tatsächlich nur noch *halb* so groß.[1] Als trügen wir Siebenmeilenstiefel, und das Ziel kommt uns mit jedem Schritt ein Stück weit entgegen. Toll, so was! Doch statt die Ärmel hochzukrempeln – eine Geste, die Politiker*innen auf ihren Profilfotos ansonsten so gerne machen –, zögern wir, zu klotzen. Als könnten wir nicht längst viel mehr tun an Vereinfachung, Anreizen und Aufbruchstimmung. In die Hände gespuckt hat auch noch niemand. Aber garantiert fragt jemand, was passiert, wenn es mal windstill *und* dunkel wird. Hat da schon wer dran gedacht!? Hat natürlich schon jemand. Es gibt wenige Wochen, in denen sich dieser Zustand bisher gehalten hat, und beim Science Media Center können Sie sogar selbst suchen, welche das waren.[2] Danach rechnen sie dort dann noch vor, wie wir diese Zeiträume wohl langfristig überbrücken, mit Stromspeichern, Wasserstoff, (Bio-)Gaskraftwerken und Energieimporten aus dem sonnigen Süden. Oder aus dem windigen Dänemark. Alles unter Einbezug unseres Potenzials, energieintensive Prozesse in Zeiträume zu verlagern, in denen das Wetter günstig und der Strom spottbillig ist. Was man halt so überlegt, wenn man Probleme *lösen* will. Also, statt der Alternative, sie einfach sehr laut unter jedem *Facebook-Post zum Thema* zu verkünden und davon auszugehen, dass das Thema damit erledigt ist. Es ist eine lustige Vorstellung, dass sich diejenigen, die die Energiewende bauen, sich nicht mit ihren Problemstellungen auseinandersetzen würden. Tun sie. Sie hören nur danach nicht gleich mit dem Denken auf. Man stelle sich vor, Forschende würden tatsächlich so vorgehen: «Ein Problem?! Ah, ich bin raus!» Okay, streng genommen ist mindestens James Young Simpson 1872 so vorgegangen, als er als angehender Mediziner direkt aus dem grausigen Operationssaal rannte, um allen zu erzählen, er würde jetzt Jura studieren. Aber danach kam er eben doch noch mal zurück und erfand die Chloroform-Anästhesie.[3] Der Punkt ist: Probleme sind keine Totschlagargumente, sondern Teil des Prozesses. Es wird daran getüftelt, sie zu lösen. Immer und überall. Und an neuen Batteriespeichertechnologien sowieso (die übrigens auch immer günstiger werden und sich hoffentlich bald aus sehr viel haushaltsgebräuchlicheren Materialien herstellen lassen). Aber das ist doch kein Grund, den Berg an Lösungen zu ignorieren, die wir schon haben, und die geschenkte Energie von Sonne und Wind den Rest des Jahres ungenutzt liegen zu lassen.

Das Merkwürdigste an unseren Debatten ist vielleicht, wie wenig sie sich verändern. Während in den letzten paar Jahrzehnten immer größere Windräder immer weiter ins Meer wachsen und das Zwanzigfache an Leistung bringen, Solarpaneele ihre Effizienz verdoppeln und ihre Preise um 99 Prozent stürzen,[4] halten wir noch nicht einmal kurz inne, um «Wow!» zu sagen. Das Rechenergebnis, dass theoretisch das ganze Land auf Sonne laufen könnte und fast das halbe auf Wind,[5] wäre noch vor wenigen Jahren unmöglich gewesen. Merkel dachte in den 90er Jahren noch, es könnten nie mehr als 4 Prozent sein – heute kann man den Anteil hier[6] live nachverfolgen. Dass der Umstieg profitabel sein könnte, konnte sich erst recht niemand vorstellen. Und *wie* profitabel: Im September 2022 kommt man an der Universität Oxford zum Ergebnis, dass die Energiewende bis 2050 zwischen fünf und fünfzehn Billionen Euro Gewinn einbringen würde ... *selbst wenn es den Klimawandel nicht gäbe!*[7] Die Autor*innen nennen unseren Glauben an eine *teure* Energietransition einen Hauptgrund für unsere allgemeine Untätigkeit und unseren Pessimismus konträr zur technologischen Entwicklung. Danach rechnen sie noch vor, warum ein schneller Umstieg zwar auf den ersten Blick teurer aussieht, sich auf den zweiten aber mehrfach auszahlt. Worüber reden wir also noch!?

Blöderweise sickern die veränderten Möglichkeiten nicht schnell genug zu uns durch. Seit 20 Jahren muss die internationale Energie-Agentur ihre Schätzungen zum Ausbau der Solarenergie jährlich nach oben korrigieren, nur um sie fürs nächste Jahr wieder meilenweit zu unterschätzen. Auch die aktuelle Preisentwicklung hielt sie 2014 noch für eine Sache von frühestens 2040. Damit ist sie nicht allein. Anscheinend wird der Preisverfall in Energieszenarien seit Jahren systematisch unterschätzt. Die meisten rechnen ihn überhaupt nicht mit ein.[8] Wir Menschen sind nicht gut darin, Trendwenden in unseren Analysen mitzudenken – schön ausgedrückt in einem *nature*-Artikel, der sich sicher war, Frauen würden die Männer im Marathonlaufen in kürzester Zeit kollektiv überholen. Immerhin wurden sie immer schneller, wo Männer ein Plateau erreicht hatten. Es war also nur eine Frage der Zeit! War es natürlich nicht. Auch die Frauen erreichten ein Plateau. So ist das eben mit Trendwenden. Mit technischen Innovationen sind sie ziemlich häufig. Heute noch zahlen Sie Tausende für ein Mobiltelefon, zehn Jahre später wirft man es Ihnen hinterher und Sie müssen sich ducken, denn es ist in der Rückschau ein ziemlicher Backstein. Jetzt folgen auch die Solarpaneele diesem Verlauf (man könnte meinen, ebenso vorhersehbar wie die Marathonfrauen), und wir sind trotzdem alle sehr überrascht. Vor allem befinden wir uns damit urplötzlich in einem völlig neuen Zeitfenster, indem die alles vernichtende Klimakatastrophe gerade noch auszubremsen und die Technik dafür effizient und ziemlich bezahlbar ist.

Aber anstatt dass diese Entwicklung alle unsere Vorstellungen auf den Kopf stellt, bleiben die Skeptiker ungerührt skeptisch und Klimaschützer ungerührt verzweifelt. Und die Politik denkt immer noch, dass Klimaschutz im Widerspruch zu unseren Interessen steht. Anscheinend fehlt uns wirklich ein Gespür für Strom.

Vielleicht haben wir uns auch zu sehr abgewöhnt, wissenschaftliche Durchbrüche in Echtzeit zu verfolgen. Es wäre nicht das erste Mal, dass großartige Erkenntnisse dadurch untergehen.

Dass mit Vitamin C weniger Matrosen tot umfallen, hat die Marine 50 Jahre lang konsequent ignoriert. Erst als man den Feldversuch endlich mit einer ganzen Flotte erlaubte, war das Ergebnis plötzlich nicht mehr zu übersehen. Das Geheimnis des Penicillins verstaubte fast 20 Jahre in einem Fachartikel, bis endlich klar wurde, dass es sogar Halbtote rettet, und die Briefkästen der Produzenten überliefen. Auch die Forschung um die Jahrhundertwende hat so viel Aufhebens ausgelöst, weil sie Leute im Alltag erreichte: Lebensbedingungen wurden besser, Familienmitglieder überlebten, und für alle, die's verpasst hatten, gab es die passende Schlagzeile «Nach Diphtherie noch Tetanus besiegt: *Retter der Kinder* jetzt auch *Retter der Soldaten!*». Manchmal dicht gefolgt vom großen Zurückrudern («Heilmittel gegen Tuberkulose doch eher tödlich»).

Dagegen hat Forschung in unserem persönlichen Alltag einiges an Schicksalshaftigkeit eingebüßt, seit sie nicht mehr klausurrelevant ist. Jetzt begegnet sie uns in Schlagzeilen wie: «Warum Abnehmen gut und/oder schlecht für uns ist», «Rotwein hilft eigentlich gegen alles» und «Als wir sagten, ein Komet fliegt ‹nahe› an der Erde vorbei, meinten wir streng genommen immer noch ziemlich weit weg». Fragt man Menschen nach den wissenschaftlichen Durchbrüchen ihrer Lebzeiten, dann erinnern sie sich lebhaft an die Mondlandung und das Klonschaf Dolly, aber selten an einen Moment, der das eigene Leben *wirklich* auf den Kopf gestellt hat. An künstliche Befruchtung denken manche, andere an bessere Aidsmedikamente und jetzt das: die Corona-Impfung. Eine Entdeckung, für die ziemlich viele Menschen bereit waren, sich über Stunden in eine ziemlich lange Schlange zu stellen. Das erhoffte Ende einer Pandemie war sie nicht. Aber die mRNA-Impfung selbst könnten wieder der Anfang einer Revolution sein. Überhaupt hat der medizinische Fortschritt in der Zwischenzeit ja nicht aufgehört: Krebs und Herzerkrankungen lassen sich heute 10-mal besser behandeln; Nanoroboter könnten demnächst Sauerstoff direkt in die Zellen transportieren. Die Datenauswertung von 10 Millionen Fällen hat es ermöglicht, das Epstein-Barr-Virus als einen der Hauptverantwortlichen für Multiple Sklerose zu identifizieren. Außerdem sieht es auch gar nicht schlecht aus mit der Pille für den Mann. Trotzdem kommt nicht so richtig Begeisterung auf.

Dabei ist es nicht so, dass es uns an Begeisterungs*fähigkeit* für Forschung fehlt: Als die ersten Artikel erklärten, dass Gesteinsverwitterung vielleicht gegen den Klimawandel hilft, stand das Telefon bei den Forschern gar nicht mehr still. Alle wollten mitmachen – Investoren, Bauern oder Bergarbeiter,[9] die sich anscheinend mehr Gedanken über die Zukunft machen als die, die so gern über sie reden. Dabei war ja buchstäblich nichts in Stein gemeißelt. Aber auch wenn die Ziellinie noch vor uns liegt – wäre es nicht cool, gemeinsam darauf hinzufiebern? Nicht auf die kontraproduktive Art, bei der wir uns das Blaue vom Himmel versprechen, damit es dann unweigerlich verpufft. Eher wie bei einem Fußballturnier (vorzugsweise eins, das nicht in Katar stattfindet), bei dem wir alles Stöhnen und Jubeln mitnehmen, selbst im vollen Bewusstsein, dass wir wahrscheinlich im Viertelfinale rausfliegen. Auch in der Forschung gäbe es so viel anzufeuern: Im Rennen um die besten Methoden zur mechanischen Energiespeicherung werden tonnenschwere Steinblöcke hochgezogen und fallen gelassen, Kugeln auf dem Grunde des Bodensees leergepumpt, komprimierte Luft in Salzstöcke gedrückt oder verflüssigt. Sand wird erhitzt und Schwungräder im Vakuum gedreht. Das macht doch schon beim Zugucken Spaß!

Und es gibt so viel mehr, woran Leute jetzt schon tüfteln: Enzyme, die Plastik zersetzen, Larven, die sich von Styropor ernähren, selbstleuchtende organische Tapeten, Häuser, die aus Pilzen wachsen, künstliche Intelligenzen, die Kuchenteilchen *und* Krebs erkennen. Es gibt *jetzt* schon tolle vegane Fischstäbchen!

Also, wo ist eigentlich die Neugier hin? Zumindest für technischen Fortschritt konnten wir uns früher doch schnell begeistern. Hoverboards, Exoskelette, sprachübersetzende Babelfische, Science Fiction und jedem sein Zeppelin. Wie geht's zurück in diese Zukunft?

Vielleicht sollten wir jemanden fragen, der sich mit technischem Fortschritt auskennt – fahren wir also zu Jonas Betzendahl.

JONAS BETZENDAHL

Maschinelles Lernen und Algorithmen: Die Geister, die ich rief

Mit dem nächsten Besuch können wir schon beim Aussteigen mehrere Fehlinformationen widerlegen, denn Jonas Betzendahl wohnt in Bielefeld – und beschäftigt sich passenderweise mit Logik. Nämlich der von Maschinen, die uns mal helfen sollen, bessere, faktenbasierte Entscheidungen zu treffen. Die sich durch Datenberge wühlen, in denen jeder Mensch den Überblick verliert, und Muster entdecken, von denen wir nicht mal wussten, dass wir sie suchen. Na ja, unlogischer als wir kann das Ergebnis jedenfalls nicht sein. Oder?

Wenn Sie mich fragen, dann ist Wissenschaft im Allgemeinen und Informatik im Speziellen das, was in unserer existierenden Welt am Nächsten an echte Magie herankommt. Die Ähnlichkeiten sind nicht zu übersehen, sobald wir einmal mit der richtigen Perspektive drauf schauen:

Wissenschaftler*innen verschreiben sich für viele Jahre, oft für ihr ganzes Leben, dem Studium und der Erforschung eines Feldes. Sie ziehen dafür in andere Städte oder sogar in ferne Länder, um an den besten Akademien unterrichtet zu werden. Tagtäglich wälzen sie Bücher in endlosen Bibliotheken, vollgestopft bis zum Rand mit mehr Informationen, als ein sterblicher Verstand jemals behalten könnte: eine Flut an Fakten und Details, die in zusammenhängendes Wissen gewoben werden wollen. Sie lernen sehr präzises Vorgehen mit eigentümlichen Gerätschaften und fremde, manchmal sogar eigens für diesen Zweck geschaffene Sprachen. Und das Ergebnis all dieser mühevollen Arbeit ist ein unglaublicher Grad an Kontrolle über Teile der uns umgebenden Welt, von dem Uneingeweihte höchstens träumen könnten: Medizin verlängert unser Leben und gibt uns Schutz gegen Krankheiten und Beschwerden. Physik erlaubt es uns, hochauflösende Fotos von Planeten zu sehen, die Milliarden von Kilometern entfernt sind. Psychologie und Neurowissenschaften geben uns hilfreiche und informative Einblicke in die interessanteste, rätselhafteste Sache, die uns bisher begegnet ist: das menschliche Gehirn.

Und erst die Informatik! Die Kunst, einer Maschine Befehle in eigens dafür erfundenen Sprachen zuzuflüstern, sodass ein Haufen Metall und Elektrizität, unbelebte Materie, plötzlich tut, was ich von ihm verlange. Zumindest theoretisch. Wenn man es falsch macht, kann vieles passieren: Vielleicht fährt ein Auto in einem Videospiel schneller und schneller, je mehr auf die Bremse getreten wird,[1] vielleicht stürzt aber auch eine interplanetarische Forschungsdrohne ab und macht eine Bruchlandung auf dem Mars.[2] Zum Glück wurde wenigstens bisher noch niemand fälschlicherweise in eine Katze verwandelt.[3]

Alles in allem ist Wissenschaft die Praxis, so lange nach Antworten zu suchen, bis wir das Universum so biegen und brechen können, wie es uns gefällt. Und zur großen Überraschung aller Beteiligten funktioniert das sogar. Und wenn das nicht magisch ist, weiß ich auch nicht.

Sosehr ich diese Metapher liebe, so sehr ist eines klar: dass wir als Menschheit kaum aus den Kinderschuhen heraus sind, was die Potenziale der Wissenschaft betrifft, und wir noch viel zu lernen haben. Und wie in jeder guten Geschichte von übereifrigen Zauberlehrlingen geraten auch wir von Zeit zu Zeit in sehr unangenehme Situationen, weil wir in unserer Eile mehr Magie herbeigerufen haben, als wir kontrollieren können (mehr dazu bei Maria-Elena Vorrath, Ann-Kathrin Vlacil oder Franca Parianen).

Online wie offline finden wir uns mehr und mehr in einer Welt wieder, in der Computer Entscheidungen für und über uns treffen. Das kann sich harmlos, aber auch gefährlich gestalten. Vielleicht wird Ihnen ein unpassendes Jobangebot in den Feed gespült und ein besseres übersprungen. Vielleicht bekommen Sie aber auch keinen Kredit, obwohl Sie alle Anforderungen erfüllen, oder Ihnen werden sogar staatliche Hilfeleistungen verweigert, die Ihnen eigentlich zustehen würden. Alles realistische Beispiele, alles schon passiert. Wohin wir schauen, wir sind stets umgeben von Tausenden von automatisch getroffenen Entscheidungen, die unser Leben formen und bestimmen, ob es uns gefällt oder nicht.

Die besonders fortgeschrittene Sorte dieser Mechanismen behauptet sogar, im laufenden Betrieb zu «lernen» und sich damit ständig selbst zu verbessern. Maschinelles Lernen (oder engl. «Machine Learning») ist ein Feld verschiedener, miteinander verwandter Algorithmen, die es Computern ermöglichen sollen, die menschliche Fähigkeit zu imitieren, aus der Vergangenheit für die Zukunft zu lernen, um sich so ständig selbst zu verbessern. «Algorithmus» klingt vielleicht erst mal sehr technisch-kompliziert, ist aber am Ende nur ein schicker Oberbegriff für eine Liste von Anweisungen, die nacheinander ausgeführt werden. Auf der Rückseite jeder Nudelpackung findet sich also auch ein Algorithmus («Wasser erhitzen, bis es kocht. Nudeln hinzugeben. Neun Minuten warten.»), nur dass hier ein Mensch statt einer Maschine programmiert wird. Die Algorithmen für maschinelles Lernen sind zweifelsohne komplizierter, aber auch die Informatik kocht nur mit Wasser.

Dies wiederum ist ein zentraler Punkt! Viel zu oft lassen wir uns nämlich dazu verführen, zu glauben, dass eine Entscheidung, die ein Computer trifft oder vorschlägt, schon ihre Richtigkeit haben wird. Weil wir nicht wissen, was hinter den Kulissen passiert, werden wir dazu gebracht, die quasi magisch generierte Antwort hinzunehmen. Oft genug akzeptieren wir sie ohne nähere Prüfung; schließlich hat der Computer das so ausgerechnet, und der wird schon seine Gründe haben.

Diese Vorstellung mag in manchen Bereichen nah an der Wahrheit sein, z. B. ist die Fehlerquote bei der Routenführung im Straßenverkehr dieser Tage tatsächlich ziemlich gering, aber auch hier sind schon etliche Autofahrer*innen ihrem Navi in einen See gefolgt oder haben auf Anweisung versucht, mitten auf der Autobahn links abzubiegen. Es wäre also töricht, anzunehmen, dass Entscheidungen eines Computers immer sachlich, neutral und korrekt wären. Und zwar aus mehreren Gründen: Erstens wird von einem Menschen entschieden, welcher Algorithmus und welche Kriterien überhaupt angewendet werden sollen. Auch die besten Köch*innen scheitern, wenn sie dem falschen Rezept folgen müssen. Und zweitens basieren die meisten der interessanten Entscheidungen (überall, aber besonders im Bereich des maschinellen Lernens) auf bestimmten Datensätzen. Und in denen lauert oft Dunkles. So, wie ein Zaubertrank immer nur höchstens so gut ist wie seine Zutaten, sind algorithmische Entscheidungen immer nur höchstens so gut wie die Datengrundlage, aufgrund deren sie getroffen werden.

Was ich damit meine? Die Essenz der einfachsten Varianten maschinellen Lernens lautet wie folgt: Es wird ein künstliches Modell erstellt, das meist – nicht unähnlich den Nervenzellen im menschlichen Gehirn – aus einer großen Zahl eng verknüpfter Einheiten besteht. In einem biologischen Gehirn heißen diese Verbindungen «Synapsen» und leiten Signale chemisch oder elektrisch von einer Zelle zur nächsten. In unserem Modell sind es Zahlen, die repräsentieren, wie stark zwei Einheiten verknüpft sind. Die eigentliche Magie, das eigentliche «Wissen» des Netzwerks, liegt in der Stärke der Verknüpfungen dieser Einheiten. Zu Beginn des Zauberstücks sind diese Zahlen für Verbindungen zufällig gewählt, haben also keine starke Aussagekraft, kein Wissen.

Nun können Sie aber anfangen, dem künstlichen neuronalen Netz Elemente Ihres Datensatzes zu zeigen. Das kann alles Mögliche sein, z. B. das Bild eines Pinguins. Ihr noch unwissendes Netz wird nicht viel damit anfangen können und Ihnen, statt den Pinguin korrekt zu identifizieren, irgendeine unsinnige Antwort geben, so wie ein Kleinkind, das auf die Frage, welches Tier es da sieht, mit bedeutungslosem Lallen antwortet. Im Gegensatz zu einem Kleinkind können wir aber unser neuronales Netz direkt inspizieren und per Hand verbessern. Wir wissen ja, welche Antwort wir gerne gehabt hätten («Das ist ein Pinguin!»), und wir können ebenfalls leicht herausfinden, welche Verbindungen stärker oder schwächer sein müssten, um bei diesem Input zu diesem Ergebnis zu kommen. Also tun wir genau das: Wir stärken die Verknüpfungen, die uns eine Antwort von «Pinguin!» gegeben hätten, und schwächen die Verbindungen, die zu anderen Antworten führen. Auch einem Kleinkind können wir ein Bild aus einem Tierbuch zeigen und dabei «PIN-GU-IN» sagen und hoffen, dass sich die richtigen Verknüpfungen verstärken. Mehr als das können wir aber nicht tun. Über ein künstliches neuronales Netz haben wir deutlich besseren Überblick und deutlich feinere Kontrolle. Außerdem schreit es nicht mitten in der Nacht und ist schneller einsatzbereit, sobald die Entscheidung gefallen ist, eines anzulegen – aber das ist hier nebensächlich.

Nachdem wir also nun mit dem ersten Bild fertig sind, wiederholen wir diesen Prozess mit allen Beispielen in unserem Datensatz (das sollten mindestens ein paar 10 000 sein). Zeigen wir einen Pinguin, «belohnen» (oder «verstärken») wir die Verknüpfungen, die den Pinguin «richtig erkannt haben», und wenn wir etwas anderes zeigen (z. B. eine Kaffeemaschine), «bestrafen» (oder «schwächen») wir die Verknüpfungen, die gesagt haben, es sei ein Pinguin. Wiederholen wir dies oft genug, haben wir bald unser eigenes künstliches neuronales Netz, welches Pinguine von Nicht-Pinguinen unterscheiden kann.

Wenn wir diesen Prozess verstanden haben, wird schnell klar, wie ein unsauberes Dataset auch schnell ein schmutziges Ergebnis bedeuten kann. Denn auch wenn wir mit diesem Prozess und

KUH
Höhe: 1,70 m
Länge: 5,20 m

Ein besonders schlauer Bilderkennungsalgorithmus hat erkannt, dass hier Kühe zu sehen sind. Da aber der Kontext, das Hintergrundwissen, fehlt, denkt er, es handele sich um eine Kuh, die mehr als fünf Meter lang ist, statt zu verstehen, dass es wahrscheinlich zwei normal proportionierte Kühe sind.

genug Beispielen der Maschine fast jede beliebige Unterscheidung beibringen könnten: Was das Netz *tatsächlich* lernt, kann etwas anderes sein, als wir eigentlich gerne gehabt hätten. Vielleicht erkennt es auch Schneefiguren mit Möhrennase und schwarzem Umhang als «Pinguine». Vielleicht erkennt es eine bestimmte Pinguinart nicht, die etwas anders aussieht als die Bilder, die es bisher gesehen hat. Wir können leider nicht mit dem Netz reden wie mit einem Menschen und erklären, was wir wirklich meinen. Der Computer kennt den Kontext nicht, in dem wir uns bewegen, er kennt nur die Daten, die wir ihm zeigen. Das Netz hat kein Verständnis von Biologie, von der Antarktis oder von Kamerawinkeln. Es wurde nur darauf trainiert, eine Klasse von Dingen von allem anderen zu unterscheiden. Dass es sich dabei um Pinguine handelt oder was Pinguine überhaupt sind, weiß es nicht und kann es nicht wissen. Deswegen kann es auch keine Plausibilitätskontrolle machen (ist dieses Element in der Flanierzone der Innenstadt wirklich ein Pinguin oder vielleicht eher eine Nonne oder ein Mensch in Kostüm?). Es kann seine Entscheidung nicht in einen Zusammenhang einordnen, wie ein Mensch das tun würde. Darum bemerkt es auch nicht, wenn das, was es gerade tut, offensichtlicher Unsinn oder grob fahrlässig ist.

Eines der besten Beispiele dafür, wie schnell so etwas schief gehen kann, ist der Technik-Gigant *Amazon*. Dort wurde 2014 ein Team ins Leben gerufen, das Software entwickeln sollte, um *Amazon* bei der Auswahl von Bewerber*innen für zukünftige Stellenausschreibungen zu helfen. Schnell wurde sich dafür entschieden, einen Machine-Learning-Algorithmus zu benutzen, der als Datengrundlage vergangene Personalentscheidungen nutzt. Einfach gesprochen, hat *Amazon* dem Computer gezeigt, welche Stellen sie in der Vergangenheit ausgeschrieben hatten, wer sich auf diese Stellen beworben hatte und welche Kandidat*in am Ende ausgewählt wurde. Die Hoffnung war, dass der Computer lernen würde, welche Kriterien in der Vergangenheit eine Rolle gespielt haben, um dann bei einer neuen Ausschreibung und einem neuen Bewerbungsfeld sofort die aussichtsreichsten Kandidat*innen zu ermitteln. Dies sollte der Personalabteilung Zeit und Arbeit ersparen, da sie nur noch einen Bruchteil der Bewerbungen selbst sichten müssten. In den Tests zeigte sich dann aber Unerwartetes: Es fiel auf, dass das neuronale Netz Frauen systematisch benachteiligte. So bewertete es z. B. positiv, wenn ein Kandidat ein Schachteam geleitet hatte, aber negativ, wenn eine Kandidatin ein *Frau*enschachteam geleitet hatte. Auch bestimmte Schulen, die nur Frauen akzeptierten, wurden negativ bewertet. *Amazon* löste das Team 2017 (freiwillig) auf.[4]

Die Probleme, die wir heute mit maschinellem Lernen haben, sind also nicht nur technischer Natur, sondern sie haben auch soziale und gesellschaftliche Folgen (und Ursachen)! Die Technik allein ist nicht das Problem, sondern die Entscheidungsgewalt, die wir ihr geben.

Im obigen Fall könnte man noch sagen, dass im Prinzip ja alles noch mal gut gegangen ist und der Computer sogar offengelegt hat, welche sexistischen Einstellungskriterien es bei *Amazon* gibt. Aber er zeigt auch, dass selbst in sorgfältig ausgewählten Datensätzen Zusammenhänge stecken können, mit denen wir Menschen nicht gerechnet haben (was nicht nur üble Folgen in der Technik hat, siehe dazu auch Sarah Hiltners Kapitel zu geschlechterspezifischer Medizin). Und diese versteckten Zusammenhänge werden *mitgelernt*, das müssen wir immer im Hinterkopf behalten.

An dieser Stelle wird oft gesagt, das Problem mit mangelhafter Datengrundlage müsse man zwar ernst nehmen, aber es sei überwindbar. Problem erkannt, Problem gebannt: Wenn wir falsche Ergebnisse bekommen, sobald wir «schlechte» Daten in das Modell füttern, dann müssen wir einfach nur noch «gute» Daten verwenden! Wir achten einfach in Zukunft besonders darauf, keine sexistischen (rassistischen, transfeindlichen ...) Daten zu verfüttern, dann wird das schon! Leider ist das nicht so simpel, wie es klingt.

Zunächst kann es einfach der Fall sein, dass die Ismen nicht von den restlichen Daten trennbar sind. Das passiert leider nicht nur *Amazon*. Als z. B. der österreichische Arbeitsmarktservice ein statistisches Modell in Auftrag gab, welches die Chancen einer Kandidat*in am Arbeitsmarkt zeigen sollte, wurde ein Negativfaktor für Frauen berechnet.[5] Hatten ein männlicher und eine weibliche Arbeitssuchende*r identische Qualifikationen (hinsichtlich Abschlüssen, Berufserfahrung usw.), wurden der Frau schlechtere Chancen, einen Job zu bekommen, errechnet. Das ist kein «Fehler» in den Daten, es spiegelt wahrscheinlich akkurat die Realitäten der Wirtschaft wider. Ein Fehler wäre es, basierend auf diesen Daten arbeitssuchende Frauen weniger zu unterstützen oder ihnen weniger Fortbildungen anzubieten.

Zudem ist im Alltag, sowohl in den schützenden Wänden der wissenschaftlichen Elfenbeintürme als auch in privaten Unternehmen oder öffentlichen Verwaltungen, oft nicht wirklich klar, woher genau die Daten kommen, mit denen die Maschine trainiert wird. Wurden sie sorgfältig gesammelt, anonymisiert und mit einer Lupe auf jede kleine Unreinheit untersucht? Oder wurde der erste Stapel Daten genommen, den der HiWi heute Morgen zwischen seinen Sofakissen gefunden hat?

Und selbst wenn die Daten aus einer brauchbaren Quelle kommen, können sich trotzdem bereits ungewollte Korrelationen und fehlerhafte Gewichtungen in die Daten geschlichen haben, ohne dass wir es bemerkt haben. Dazu ein weiteres Beispiel: In den ersten Monaten der COVID-19-Pandemie sahen sich viele wissenschaftliche Arbeitsgruppen aufgerufen, dieser damals noch neuen und unbekannten Bedrohung mit den modernsten Mitteln entgegenzutreten, u. a. auch mit maschinellem Lernen. Z. B. gab es einen Versuch,[6] mithilfe von Lungen-Röntgenbildern herauszufinden, ob die jeweiligen Patient*innen an COVID erkrankt waren oder nicht. Die Datengrundlage dafür lieferten Bilder aus mehreren Krankenhäusern. Jede dieser Aufnahmen war natürlich beschriftet (z. B. mit dem Namen der Patient*in oder dem Datum der Aufnahme) – allerdings in unterschiedlichen Schriftarten. Ein Krankenhaus verwendete z. B. Times New Roman, das nächste vielleicht Arial. Leider wurden diese Beschriftungen nicht entfernt, bevor die Bilder dem neuronalen Netz gezeigt wurden. Und da das Netzwerk nicht aus dem Kontext schließen konnte, dass es sich auf die Lungenaufnahmen und nicht auf die Beschriftung konzentrieren sollte, bezog es diese mit ein. Das heißt, am Ende sagte es z. B. «Dieser Patient hat COVID», meinte damit aber «Auf diesem Röntgenbild ist Times New Roman». Weil eben in dem Krankenhaus mit «Times New Roman»-Beschriftung viele Patient*innen positiv waren. Das Netzwerk sah darin einen Zusammenhang und lernte effektiv, die Röntgenaufnahmen komplett zu ignorieren und nur auf die Schriftart zu achten – leider lässt sich COVID-19 aber nicht damit verhindern, dass Röntgenaufnahmen in Arial beschriftet werden … Sobald das Netz an anderer Stelle eingesetzt wurde – z. B. auf einem neuen Datensatz gänzlich ohne Beschriftung –, brach seine Performance zusammen.

Vorkommnisse wie diese sind nicht untypisch, gerade wenn

es um aktuelle Fragestellungen geht. Oft bedeuten sie, dass die Datenlage knapp und noch nicht gut verstanden ist. Häufig lassen sich solche Fehler im Nachhinein erkennen und vielleicht sogar mit einer Anpassung des Modells beheben. Aber dazu braucht es gebündelte Expertise: im obigen Beispiel sowohl von Mediziner*innen, die die Fehler in den Daten erkennen können, als auch von KI-Entwickler*innen, die die entsprechenden Anpassungen vornehmen. Idealerweise haben Letztere auch bereits Erfahrung mit Datenanalyse, um zu wissen, dass die Beschriftungen der Bilder vor dem Training entfernt werden sollten. Eine solche Vorgehensweise benötigt Sorgfalt und Zeit. Aber niemand möchte die Person sein, die sechs Monate nach allen anderen ihre weniger aufregenden Ergebnisse veröffentlicht oder es erst später zum Markt oder zum Patentamt schafft als die Konkurrenz.

Wir haben bisher einzelne Fälle betrachtet, in denen maschinelles Lernen erfolgreich gescheitert ist und folglich schnell wieder aus dem Verkehr gezogen wurde. Allerdings ist das nicht immer die Konsequenz bei auftretenden Schwierigkeiten. Ein Beispiel dafür ist die Königsdisziplin des maschinellen Lernens – und nach wie vor eines seiner gefährlichsten Anwendungsgebiete: die Gesichtserkennung. Polizei, Geheimdienste und Militär träumen davon, via Software verlässlich die Gesichter von Individuen wiedererkennen, verfolgen und analysieren zu können. Hunderte, wenn nicht tausende verschiedene Systeme sind zu diesem Zwecke weltweit im Einsatz. Und leider sind auch diese Systeme nicht immun gegenüber den Fehlern, die andere Machine-Learning-Systeme haben. Von den Kameras, die am Südkreuz in Berlin die Gesichter der Fahrgäste scannen, über die Kameras in walisischen Polizeiautos bis hin zu den Überwachungskameras in Hongkong landen alle Systeme regelmäßig falsche Treffer (sie «erkennen» jemanden, der nicht tatsächlich anwesend war) und treffen Fehlaussagen (sie erkennen jemanden nicht, der dort war). Die faktische Fehleranfälligkeit der Systeme hält die Autoritäten allerdings nicht davon ab, sie anzuwenden, die Verlockung ist einfach zu groß. Manchmal werden Leute mit der Begründung von der Polizei schikaniert oder sogar festgenommen, der Computer habe sie im Zusammenhang mit einem Verbrechen identifiziert oder, schlimmer noch, vorhergesagt, dass sie eines begehen werden. Besonders beliebt sind diese Systeme in den USA, wo gesetzliche Vorschriften diesbezüglich lax bis nichtexistent sind. Aber auch in Dänemark, den Niederlanden und sogar in Deutschland sind sie im Einsatz.[7] Manche Polizeieinheiten setzen die Technik auch dafür ein, aus vorliegenden (mangelhaften) Daten mit bestimmten (fragwürdigen) Algorithmen Vorhersagen zu treffen, wo oder durch wen in Zukunft wohl Verbrechen begangen werden, etwa aufgrund der Wohngegend, Alter, Geschlecht und Ethnizität. Auch wenn sich wieder und wieder herausstellt, dass so Unschuldige verhaftet und ihre Leben zerstört werden. Besonders schlimm, weil hier die naive Einstellung «Der Computer wird das schon richtig gemacht haben» von nicht hinreichend ausgebildeten Polizeikräften und Militärs mit der Macht des staatlichen Gewaltmonopols verknüpft wird und sogar die Rechtsprechung beeinflussen kann.

Was solche Kräfte mit einem System anstellen könnten, das nicht nur Wiedererkennung und Verfolgung verspricht, sondern z. B. auch meint, aus dem Gesicht eines Menschen seine sexuelle Orientierung oder seine Staatstreue ablesen zu können, will man sich gar nicht erst vorstellen. Und wer jetzt gerade ungläubig den Kopf schüttelt und denkt, das sei Zukunftsmusik: Schon jetzt wurden zu diesen Zwecken die entsprechenden Systeme entworfen und Studien veröffentlicht. Der Geist ist bereits aus seiner Flasche entkommen.

Am Anfang des Kapitels habe ich Technologie mit Magie verglichen. Und obwohl ich die Metapher weiterhin für passend halte: In Anbetracht aller Probleme, die diesen Themenkomplex kennzeichnen, wird es höchste Zeit, dass er «entzaubert» wird. Technik ist keine magische Lösung für jedes beliebige Problem, sondern ein Werkzeug mit scharfen Kanten und abgegrenztem Einsatzbereich. Und wenn jemand nicht weiß, wie damit umzugehen ist, geht wahrscheinlich etwas zu Bruch.

Wir sollten sicherlich nicht die süßen Katzenvideos mit dem Badewasser ausschütten. Aber ein «Digital first; Bedenken second», wie es einst die Freidemokraten absichtlich (!) auf ihre Wahlplakate schrieben, können wir uns nicht mehr leisten.

Was sollten wir stattdessen tun? Es müssen verbindliche, ethische Leitlinien entwickelt werden, die Missbrauch verhindern und Diskriminierungen durch diese Systeme ausschließen. Ein pragmatischer Anfang wäre meiner Meinung nach, das deutsche Allgemeine Gleichbehandlungsgesetz (AGG) anzupassen und zu erweitern. Dessen Ziel ist es, Benachteiligungen und Diskriminierung aufgrund von Geschlecht, Ethnie, Religion, Behinderung, Alter, sexueller Orientierung etc. zu verhindern. Allerdings weist es gerade im Hinblick auf Diskriminierung durch Algorithmen und Computersysteme noch einige Lücken auf. So können z. B. Algorithmen leicht auf sogenannte Proxy-Variablen ausweichen. Stellen Sie sich dazu ein System vor, das Jobsuchende zwar aufgrund ihres Alters nicht direkt diskriminiert, aber Bewerber*innen ab 30 Jahren Berufserfahrung keinen Job anbietet, was faktisch den gleichen Effekt hat. Außerdem ist das AGG bisher beschränkt in seiner Anwendbarkeit. Besonders relevant ist es für das Arbeitsumfeld und das alltägliche Leben (also z. B. beim Besuch eines Restaurants), nicht aber z. B. in Bildungskontexten (wie Schulen & Universitäten) und in Fällen des öffentlichen Rechts. Den Geltungsbereich des AGG auf alle automatisierten Entscheidungen auszuweiten und Vorkehrungen gegen Diskriminierung über Proxy-Variablen einzuführen wäre bereits ein großer Gewinn. In manchen Bereichen, wie z. B. beim Einsatz von maschinellem Lernen in der Rechtsprechung und Strafverfolgung, wäre es auch angemessen, über ein konkretes Verbot nachzudenken. Ich denke, es gibt einiges, was dafür sprechen würde.

Ein weiterer Ansatz könnte ein gesetzlich verankertes Informationsrecht sein, sodass wir alle bei wichtigen Entscheidungen (z. B. bei den Themen Arbeit und Gesundheit) das Recht bekämen, die Entscheidung eines automatisierten Systems nachvollziehen zu können, um im Zweifelsfall dagegen Einspruch einzulegen. Sie haben die Bonitätsprüfung beim Kauf einer neuen Solaranlage nicht bestanden, obwohl Sie keine negativen SchuFa-Einträge haben? Es ist gut möglich, dass das System der Firma oder deren Dienstleistenden Sie aufgrund von Alter, Geschlecht oder Wohnort aussortiert hat. Solche Diskriminierung ist bereits analog schwer genug nachzuvollziehen; im Digitalen wird es schnell unmöglich, da derartige Entscheidungen oft ohne Erklärung von Computern getroffen werden. Es ist deshalb essenziell, solche Fälle früh zu erkennen und zu bekämpfen, da sie sonst immer wieder und an immer mehr Stellen auftreten.

Neben diesen sehr konkreten Forderungen an die Politik ist allerdings die wichtigste Stoßrichtung die in Hinblick auf Bildung und Aufklärung. Viele Menschen bewegen sich durch die bequeme moderne Welt, ohne etwas über diese Mechanismen zu wissen oder sich bewusst zu sein, dass ihnen überhaupt Unrecht geschieht.

Wenn ich Sie also zum Ende dieses Kapitels um etwas bitten dürfte, dann wäre das, mehr über diese Themen zu lernen und zu reden. Ob mit Familie und Freunden, in der Freizeit oder auf der Arbeit: Informieren Sie sich! Seien Sie aufmerksam und misstrauisch, wann und in welchen Situationen ein Computer eine wichtige Entscheidung für oder über Sie trifft, und bedenken Sie, dass diese keinesfalls neutral, objektiv oder überhaupt korrekt ausfallen muss.

Wenn wir alle uns dieser Problematik bewusster werden und versuchen, auf die Entscheidenden in Politik und Gesellschaft, aber auch in unserem Arbeitsumfeld einzuwirken, dann bin ich guter Dinge, dass wir auf Dauer die Magie der Informatik in unserem Leben beherrschen werden, anstatt davon beherrscht zu werden.

Weiterreise

Mehr Bewusstsein für die Geister, die wir rufen. Damit geht's aus dem Land der magischen Technik zurück nach Berlin. Nicht ohne mich am Südkreuz noch mal nach den Kameras umzusehen. Kein Wunder, dass uns der technische Fortschritt nicht geheuer ist, wenn uns diejenigen so suspekt sind, die ihn umsetzen. Gäbe es fliegende Hoverboards, würden sie unseren Standort wahrscheinlich mit *Google* teilen.

Technischer Fortschritt verbessert nicht automatisch unser Leben. Fragt Thomas Migdley, den findigen Maschinenbauer, der die Menschheit von explodierenden Kühlschränken und klopfenden Motoren befreien wollte, ihr damit gleich ein FCKW- *und* ein Bleiproblem einbrockte und mutmaßlich Millionen umbrachte. Später erfand er ein Hebe- und Schlingensystem, das ihn aus Versehen erwürgte. Übertroffen wird er vielleicht nur von Eli Whitney, der mit seiner Baumwollmaschine Sklavenarbeit überflüssig machen wollte, damit aber erst dafür sorgte, dass sie sich rentierte (später konstruierte er immerhin auch Waffen für die Nordstaaten). Oder Arthur Galston, der sich für Wege interessierte, Sojapflanzen früher blühen und ihre Blätter verlieren zu lassen – und damit die Grundlage für Agent Orange lieferte, das im Vietnamkrieg versprüht wurde (später kämpfte er für die toxikologischen Studien, die den Einsatz beendeten). Anderer Leute Ideen waren nicht mal gut gemeint. Wie die von Fritz Haber, der mit seiner Erfindung des Kunstdüngers zwar Millionen Leben rettete, aber mit der des Giftgases auch unzählige auslöschte. Vielleicht ist es kein Wunder, dass sich unsere Begeisterung für Wissenschaft seit der Jahrhundertwende ein bisschen abgekühlt hat.

Selbst wenn ein wissenschaftlicher Durchbruch auf allen Ebenen Gutes bewirkt, heißt das natürlich noch nicht, dass wir als Gesellschaft das Beste draus machen. Künstliche Intelligenzen müssen reguliert und Impfstoffe global verteilt werden. Insulin muss bezahlbar sein – erst recht, wenn man bedenkt, dass die Forscher das Patent für einen Dollar hergaben –, Transportsysteme müssen ausgebaut werden. Wenn Antibiotika nicht in Maßen gebraucht werden, werden sie zu einem Casting-Konzept für multiresistente Keime. So merken wir 100 Jahre nach ihrer Entdeckung, dass aus Fortschritt schnell Rückschritt werden kann. Von den Viren und Bakterien, die noch im Permafrost schlummern, ganz zu schweigen. Eine hat schon mal prompt eine Amöbe infiziert. Und manchmal beschließt die Gesellschaft auch einfach, den Fortschritt gleich mit voller Absicht zurückzudrehen, so wie es Polen und die USA mit der Beschränkung der reproduktiven Rechte getan haben. Mit den Konsequenzen bebt alles zwischen Allgemeinmedizin und Zellforschung: Frauen werden Medikamente vorenthalten, auf den Verdacht hin, dass sie schwanger sein könnten. Die Stammzellenforschung steht plötzlich auf sehr tönernen Füßen, und auch künstliche Befruchtung kann sich nicht mehr sicher sein. Kein Wunder, dass uns Science Fiction nicht begeistern kann, wenn wir gefühlt zwischen den sozialen Dystopien stehen: Handmaids Tale, Parasite, Hunger Games, Squid Game, Don't look up, Qualityland, und immer erwähnt jemand 1984. Womit wir wieder bei Überwachungstechnologie wären. «Per Anhalter durch die Galaxis» scheitert schon daran, dass heute niemand mehr per Anhalter fährt.

Uns schwant offenbar nichts Gutes, und schuld daran ist natürlich Ronald Reagan. Na ja, jedenfalls sind die 80er Jahre so ziemlich der Moment, als wir aufgehört haben, große utopische Romane zu schreiben. Irgendwann zwischen Waldsterben, Atomangst und Neoliberalismus. Von da an war die Zukunft Cyberpunk – Dunkelheit, Stahlgebäude, Ausbeutung und Neonröhren, die flimmern wie nervöse Augenlider. Möglicherweise auch verstrahlte Wolken.

Alles wird immer schlechter, und unsere Lieblingswohnungsform heißt *Altbau*. Das, wonach wir uns sehnen, sind offenbar keine tollen neuen Technologien. Wir wollen eine tolle neue Gesellschaft. Weniger Hoverboards, mehr Mietendeckel. Und siehe da, die Leute, die heute an Utopien schrauben, versuchen sich genau daran. Solarpunk heißt eine Gegenbewegung zur aktuellen Hoffnungslosigkeit. Hier ragen die Gebäude auch in den Himmel, aber sie sind grün überwuchert mit Solarpaneelen dran und Windmühlen drauf. Das Wetter ist auch viel besser. Das Design ist immer noch stark Altbau. Außerdem «große Segelschiffe (aber mit mehr Fahrrädern)». Im Manifest, das sich die Community selbst gegeben hat, ist neben erneuerbaren Technologien die Rede vom Überwinden von Hierarchien, Knappheit und Kolonialismus.[1] Aber vor allem vom radikalen Optimismus, auf die Gefahr hin, dass man dabei seine nihilistische Coolness verliert. Ausgehend von der Idee, dass man sich eine bessere Welt *vorstellen muss*, um sie zu bauen. Immerhin haben Menschen schon ganz andere Sachen gebaut: Telefonleitungen durch den Atlantik, Tunnel nach England oder tausende Kilometer Schienennetz, und das im 19. Jahrhundert in nur zehn Jahren.[2] Da ist es doch merkwürdig, dass wir heute nur noch visualisieren können, wie wir sie abbauen.

Dabei soll uns Wissenschaft diesmal gar nicht hoch hinaus, unter den Atlantik oder bis zum Mars zu bringen, sondern – ganz nach dem Forderungskatalog des Solarpunks – einfach die menschlichen Lebensbedingungen verbessern, als *Teil* des Planeten. Das muss sich doch machen lassen.

Also denn, eine wissenschaftsbasierte Welt voller Wildnis, in der der Mensch im Einklang mit der Natur lebt. Das Ziel ist klar: Wir müssen nach Frankfurt. Da wohnt nämlich Sebastian Lotzkat.

SEBASTIAN LOTZKAT

Nieder mit der Ordnung!
Macht Platz für die Vielfalt

«Oh wie schön ist Panama», damit beginnt Sebastian Lotzkats Vortrag. Danach geht es weiter durch Regen und Schlamm, unter himmelhohen Bäumen, zwischen Echsen, Schlangen und einer Bevölkerung, die gegen Kupferminen kämpft. Heute wohnt der Biologe in Bad Homburg, wenige S-Bahn-Stationen von Frankfurt. Aber das heißt ja nicht, dass man nicht nach der Wildnis suchen kann. Bevor sie völlig verschwindet.

Keine Frage, es muss sich einiges ändern, wenn wir weiterhin auf einem bewohnbaren Planeten leben wollen. Und zwar schnell, denn es geht bereits steil bergab. Die Klimakrise ist in aller Munde, seitdem 2018 Massen junger Menschen begannen, dem Beispiel einer mutigen Schwedin zu folgen und freitags nicht zur Schule zu gehen. Nicht, dass deswegen bisher auch nur annähernd genug dagegen unternommen würde, aber immerhin haben es diese gut vernetzten Schulschwänzer geschafft, dass die Welt aufhorchte und manch einer Besserung gelobte.

Dann kam 2020 ein klitzekleines Virus aus China und versetzte der Welt einen gehörigen Schrecken. Plötzlich mussten selbst wohlgenährte G7-Staatsangehörige lernen, was Einschränkungen im täglichen Leben bedeuten – und Klimaschützer*innen jeden Alters, dass im öffentlichen Bewusstsein immer nur Platz für eine Krise zu sein scheint.

Und nicht ganz plötzlich meinte ein glattrasierter KGB-Mann, in die Fußstapfen eines nur direkt unter der Nase nicht glattrasierten Österreichers treten zu müssen. Schwups wurden Masken und Impfungen in der öffentlichen Debatte von schweren Waffen, Getreide und Gas verdrängt.

Ernsthaft, liebe Leute, was ist denn da los in den paar Jahren rund um 2020? Stolpern wir nur noch von einer Krise in die nächste? Und was ist los mit dem Krisenzentrum in unserem Gehirn, dass es offenbar immer nur eine Krise gleichzeitig auf dem Schirm haben kann?

Fakt ist: SARS-CoV 2 wurde zwar immer ansteckender, hat uns aber nicht alle ausgelöscht und wird sich – Wissenschaft sei Dank – irgendwann weiter relativieren, bis wir so darüber reden wie heute über eine simple Erkältung (hoffentlich). Auch das Problem Putin wird sich irgendwann erledigen, entweder militärisch, politisch oder rein biologisch. Diese Krisen sind also eher vorübergehender Natur. Sie kommen uns zwar quälend lang vor, während sie uns in Atem halten und leiden lassen, aber rückblickend werden uns die paar Jährchen einmal vergleichsweise kurz erscheinen.

Indes, die Freunde umfassender Krisen werden weiter auf ihre Kosten kommen. Denn wir stecken schon lange tief drin in zwei weit weniger flüchtigen, wesentlich gravierenderen Schlamasseln. Beide gehen erwiesenermaßen auf die menschliche Überbevölkerung und unsere maßlose Inanspruchnahme aller erdenklichen Ressourcen zurück und haben spätestens dadurch auch Schnittmengen mit der Corona-Pandemie und dem russischen Großmachtgehabe. Sie sind aber mehrere Größenordnungen mächtiger und haben fraglos das Zeug, das Antlitz der Erde nachhaltig zu verändern. Und damit meine ich jetzt «nachhaltig» in geologischen Zeitdimensionen – also nicht für ein paar Jahre, Jahrzehnte oder Jahrhunderte, sondern für ein paar Jahrmillionen. Wow. Wobei uns das fast egal sein kann, denn jede einzelne dieser beiden Megakrisen wird, wenn sie sich ungehindert weiter entfaltet wie bisher, sehr wahrscheinlich das Ende der Menschheit einläuten, lange bevor ein nennenswerter Teil der ersten Million Jahre verstrichen ist. Und da beide aufs Engste miteinander verwoben sind, werden sie uns im Doppelpack ganz sicher ein Ende setzen. Es scheint fast, als wolle Mutter Erde uns abschütteln.

Völlig klar, eine dieser beiden Katastrophen ist der menschgemachte Klimawandel. Fast schon ein alter Hut: Wenn wir nicht sofort mit der Treibhausgaserei aufhören, steht uns das Wasser ... und so weiter. Zum Klimawandel an sich gibt es allerdings wesentlich kompetentere Stimmen als meine, deshalb verweise ich schlicht auf Maria-Elena Vorraths Kapitel. Meine paar Zeilen in diesem Buch möchte ich seiner älteren Katastrophen-Schwester widmen: dem weltweiten Artensterben, der Biodiversitätskrise. Die wurde in den letzten Jahren von diversen drastischen Folgen des Klimawandels und all den anderen akuten Katastrophen zunehmend aus dem öffentlichen Bewusstsein verdrängt und scheint mehr oder weniger in Vergessenheit geraten zu sein. Zu Unrecht, denn sie steht dem Klimawandel in Sachen apokalyptisches Potenzial in nichts nach.

Aber halt, was genau war das noch mal, Biodiversität? Und der Begriff «Art», der hatte doch auch eine spezielle Bedeutung, wenn ihn ein Biologe in den Mund nimmt, oder?

Ja, das hat er. Vielleicht fangen wir mit der Definition von «Art» an, ganz einfach, weil das tatsächlich einer der fundamentalsten Begriffe der gesamten Biologie ist. Sehr viel von dem, was die Biologie erforscht und uns dann erzählen kann, ist direkt auf Arten bezogen. Oder biologische Spezies, wie man sie präzise nennen würde – denn das ist der Fachbegriff für das, was Biolog*innen meinen, wenn sie von Arten reden. Und weil es allerorten eine Begriffsverwirrung zwischen dem Wort «Art» im allgemeinen Sprachgebrauch und der «Art» im Sinne einer biologischen Spezies gibt, muss ich das als Pfennigfuchser vor dem Herrn jetzt erst mal kurz klären.

Ein konkretes Beispiel vorweg: Das «Känguru» ist keine Tierart. Im Sinne der biologischen Systematik sind die Kängurus eine Familie, also quasi einer von vielen, vielen Ästen am Baum des Lebens. Dieser Ast verzweigt sich weiter, nämlich in die verschiedenen Gattungen von Kängurus. Manche davon enthalten nur eine einzige Art, wären also Zweige mit nur einer Spitze. Die meisten gabeln sich aber noch mehrfach, in bis zu 17 kleine Zweiglein. Insgesamt hat der Känguru-Ast über 60 solcher Zweig-Enden: Rotes Riesenkänguru, Hübschgesicht-Wallaby und das durch notorisches Foto-Bombing viral gegangene Quokka, um nur drei zu nennen.

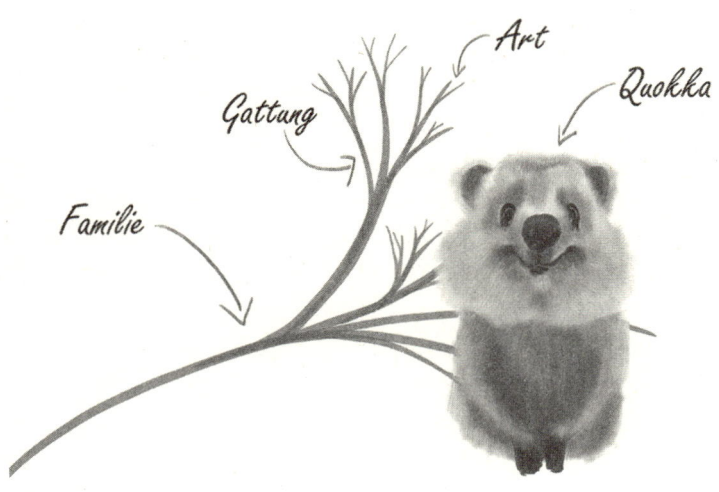

Das sind die Arten: Triebspitzen am Baum des Lebens. Einerseits eine systematische Kategorie, andererseits aber auch eine evolutionäre Realität. Jede Art ist eine eigenständige Abstammungslinie, deren Evolution ab einem gewissen Zeitpunkt – nämlich der jüngsten Verzweigung, an der ihr Zweiglein entsprang – getrennt von anderen solchen Linien verlaufen ist. Jede Art ist eine einzigartige Gruppe von Individuen, die enger miteinander verwandt sind als mit irgendwem sonst auf diesem Planeten. Deswegen kann in der Regel nur innerhalb einer Art fruchtbarer Nachwuchs erzeugt werden: «Alles, was sich mehrt und paart, gehört zu einer Art.» Und um sich nicht zu sehr mit anderen in die Quere zu kommen, hat sich jede Spezies im Lauf der Evolution ihre eigene ökologische Nische gesucht – wenn man so will, ihren ganz eigenen Lebensentwurf und damit auch den Job, den sie in der Natur macht. Und vom großen Ganzen aus gesehen ist es genau das, was die Arten wichtig macht: Sie sind die Spielfiguren im Spiel des Lebens. Oder, eher mechanistisch gesprochen, Zahnrädchen im Getriebe, die bestimmte Aufgaben erfüllen. Dies fressen, den düngen, die satt machen, das bauen, jenes zersetzen, was auch immer. Und Aufgaben gibt es offenbar viele – denn es gibt sehr, sehr viele Arten von Lebewesen! Wir kennen rund 1,5 Millionen heute lebende Tier- und rund 300 000 Pflanzenarten, dazu noch Pilze, Einzeller, Bakterien ... Jedes Jahr werden zehn- bis zwanzigtausend Arten neu beschrieben und erhalten dabei ihren eigenen, zweiteiligen wissenschaftlichen Namen. Ein Ende der Neuentdeckungen ist nicht in Sicht. Schätzungen, mit wie vielen Arten wir uns wohl die Erde teilen, reichen bis in die Milliarden, wobei momentan Annahmen von um die 10 Millionen am salonfähigsten sind. So oder so eine enorme Vielfalt!

Diese Artenvielfalt ist es auch, die wir meistens intuitiv mit Biodiversität gleichsetzen – sofern wir den Begriff überhaupt kennen und einordnen können. Weil das nicht selbstverständlich ist, nur noch mal zur Sicherheit, in aller Kürze: Biodiversität meint als Kurzform von «biologische Diversität» die Vielfalt des Lebens. Also im Klartext, wie verschieden das Leben sein kann, ist und war. Und zwar zu allen Zeiten, also seit der ersten Zelle. Und auf allen Organisationsebenen: vom Molekül bis zum Lebensraum. Sie merken, Biodiversität ist megakomplex. Was sag ich, eher giga- oder terakomplex.

Damit man dieses wirklich unendlich komplizierte Phänomen besser fassen kann, teilt man es grob in drei Ebenen auf. Irgendwo muss man ja anfangen. Und tatsächlich finde ich diese drei Ebenen sehr gut gewählt, denn sie sind recht anschaulich und treffen dabei den Kern der Sache schon ganz gut.

Die mittlere Ebene sind die Arten, die hatten wir ja schon. Innerhalb der Arten schlummert als grundlegende Ebene die genetische Vielfalt. Sie entsteht durch Mutationen und vor allem durch Rekombination, also Sexualität, und ist ein Motor der Evolution. Nur durch genetische Vielfalt innerhalb von Arten können neue Arten entstehen. Oder «alte» Arten weiter bestehen, denn sie ist auch die Lebensversicherung jeder Art: ein breiter Fächer an Varianten, mit unterschiedlichen Eigenschaften und Fähigkeiten. Das kennen wir alle aus unserem eigenen Umfeld: Man denke nur an die lustige Kollegenschar bei der Arbeit, an die letzte Schulklasse, die man besucht hat, oder an die eigene Familie. Alles prima Exemplare der biologischen Spezies *Homo sapiens*, die sich in ihrem Erbgut untereinander weit ähnlicher sind als jedem Vertreter jeder anderen Spezies. Aber trotzdem sind sie nicht alle gleich, sondern alle anders. Individuen halt. Deren Individualität wird natürlich durch Erziehung, Lebensgeschichte etc. erzeugt, aber eben auch durch die Gene. Was rede ich, zuallererst durch die Gene.

Die oberste Ebene ist dann die Vielfalt der Lebensräume. Also z. B. Tiefsee, Korallenriff und Felsenküste im Meer, oder Wald, Wüste und Savanne an Land. Wobei das gaaaanz grobe Kategorien sind, die man noch ziemlich weit aufdröseln kann. Wald ist ja nicht gleich Wald. Dafür sorgen schon allein physikalische Faktoren wie Klima und Boden, aber auch die Lebewesen selbst. Denn all diese Lebensräume beherbergen jeweils ihre ganz eigene Artenvielfalt, und viele Lebensräume werden erst durch bestimmte Arten zu dem, was sie sind, Stichwort Wald.

Zugegeben, das ist alles sehr vielschichtig mit dieser Biodiversität. Divers eben, viel zu viel Vielfalt, als dass ein menschlicher Geist sie erfassen könnte. Wir arbeiten noch daran, mehr als nur ansatzweise zu verstehen, wie das alles zusammenhängt. Tatsächlich sind wir momentan noch meilenweit davon entfernt, wenigstens mal alle Arten von Lebewesen zu kennen. Aber immerhin hat die Wissenschaft in Sachen Vielfalt über die letzten Jahrzehnte schon mal drei ganz wesentliche Lektionen gelernt.

Die erste davon wäre zusammengefasst so ziemlich das Gegenteil dessen, was Maria-Elena Vorrath uns in ihrem Kapitel zur globalen Erwärmung erklärt: Was die betrifft, ist weniger alles. In Sachen Vielfalt ist mehr besser – viel hilft viel! Und zwar in jeder Hinsicht: Je vielfältiger die Lebensräume auf dieser Erde, umso wahrscheinlicher ist es, dass der ein oder andere Lebensraum der (klimagewandelten) Zukunft irgendwo schon existiert, zumindest ansatzweise. Oder dass eine Art, die ihren Lebensraum verloren hat (wie könnte das nur passiert sein ...), irgendwo einen halbwegs ähnlichen findet, in dem sie klarkommen kann. Vor allem aber können in vielen Lebensräumen auch viele Arten leben.

Viele Arten wiederum sind eine tolle Sache, weil dann alle in der Natur anfallenden Jobs erledigt werden. Zumindest theoretisch. Aber auch, weil es so an verschiedenen Orten unterschiedliche Arten gibt, die dort jeweils denselben Job machen. Wenn dann irgendwo eine davon ausstirbt und somit wegfällt, kann die Lücke vielleicht noch von einer anderen ausgefüllt werden, die als Fachkraft von außerhalb einwandert.

Wobei Arten weniger zum Aussterben neigen, wenn sie eine hohe genetische Vielfalt unter ihren Mitgliedern haben. Denn dann ist es wahrscheinlicher, dass zumindest einige Individuen mit auftretenden Umweltveränderungen zurechtkommen. Ganz egal, welche das sein mögen – neue Krankheiten, Naturkatastrophen, der Klimawandel, irgendwelche tollen Ideen von uns Menschen ...

Und damit wären wir wieder bei «meiner» Krise, der Biodiversitätskrise. Denn leider ist die genauso eine Tatsache wie der Klimawandel. Genauso groß, genauso schrecklich, genauso menschgemacht. Das ist die zweite große Lektion zur Vielfalt des Lebens, und es ist die bittere: Die Biodiversität nimmt rapide ab. Auf allen Ebenen, weltweit, quer durch alle Organismengruppen, in ungeahntem Ausmaß. Arten verarmen genetisch und sterben aus,

Lebensräume verschwinden. Und ich beziehe mich damit nicht auf ein paar anekdotische Erzählungen esoterisch angehauchter «Ökos», sondern auf faktische Forschungsergebnisse einer Riesenmenge von Kolleg*innen. Derjenigen, die im Weltbiodiversitätsrat mitarbeiten. Und all jener, deren Forschungsergebnisse von diesem Gremium berücksichtigt wurden und werden. Aber halt, Weltbiodiversitätsrat?

Den meisten dürfte wohl nur der Weltklimarat ein Begriff sein. Mittlerweile gehört es zur Allgemeinbildung zu wissen, dass der alle paar Jahre einen tausende Seiten starken «Sachstandsbericht» veröffentlicht. In ihm steht letztlich immer das Gleiche, nur jedes Mal präziser und durch mehr Daten untermauert: Wir steuern rasant mitten in eine Klimakatastrophe hinein, deren Auswirkungen uns nicht gefallen werden. Der Weltbiodiversitätsrat IPBES (für «Intergovernmental Science-Policy Platform on Biodiversity and Ecosystem Services», also Zwischenstaatliche Plattform für Biodiversität und Ökosystem-Dienstleistungen) wurde erst 2012 gegründet und ist noch weit weniger bekannt als der Weltklimarat – aber kein Stück weniger relevant. Mit seinem ersten globalen Bericht[1] veröffentlichte er 2019 ein Monumentalwerk, in dem rund 150 Haupt- und gut doppelt so viele weitere Autor*innen ein düsteres Bild zeichnen. Demzufolge schnellen die weltweiten Aussterberaten spätestens seit der Mitte des 20. Jahrhunderts nach oben und sind heute locker 1000-mal höher, als sie es natürlicherweise wären. Seit dem Jahr 1500 sind allein innerhalb der Wirbeltiere (bei denen wir das am besten überblicken) schon fast 700 Arten ausgestorben, und hunderttausende Spezies quer durch alle Organismengruppen sind auf dem besten Weg, ihr Schicksal zu teilen. Und dabei reden wir nur von den vergleichsweise wenigen Arten, die wir kennen. Mist.

«Schön und gut», könnte man nun sagen, «aber was hat das mit mir zu tun?» Ganz einfach: sehr viel. Denn das ist die dritte Lektion in Sachen Biodiversität, die die Wissenschaft gelernt hat: Wir sind nach wie vor ein Teil dieses großen Ganzen. Auch wir sind abhängig von funktionierenden Ökosystemen alias Lebensräumen und ihren Bewohnern, weil wir alle die von ihnen gratis und frei Haus erzeugten Ökosystem-Dienstleistungen in Anspruch nehmen: Seien das nun regulatorische Funktionen wie saubere Luft mit genügend Sauerstoff zum Atmen und trinkbares Wasser, materielle Nutzen wie Nahrung, Rohstoffe und Medikamente oder immaterielle wie Erholung und Inspiration. Das stellt der Weltbiodiversitätsrat in seinem globalen Bericht auch gleich zu Anfang klar: Die natürliche Vielfalt auf der Erde ist und bleibt unser aller Lebensgrundlage. Und wir sind es, die ihren Niedergang verursachen. Durch Umweltverschmutzung, Übernutzung, eingeschleppte Arten, den Klimawandel und – allen voran – die Zerstörung von Lebensräumen. All das muss sich folglich ändern, wenn wir Menschen nicht bald selbst zu den ausgestorbenen Arten zählen wollen. Und es kann sich ändern, denn wir Menschen sind clevere Alleskönner – davon zeugen allein schon die übrigen Kapitel in diesem Buch. Für jeden der genannten Aussterbe-Treiber wissen wir, was zu tun wäre, und haben teilweise schon vielversprechende Lösungsansätze in der Schublade.

Als Feld-, Wald- und Wiesenbiologe und Vielfaltversteher werde ich mich im Folgenden auf den Bereich konzentrieren, der mir am nächsten liegt – und als das Übel Nummer eins identifiziert wurde: die Lebensraumzerstörung durch unseren ungeheuren Flächenbedarf. Die ist zwar schon weit vorangeschritten und scheint in vielen Fällen unaufhaltsam, aber noch ist nicht alles verloren. Wie meine Bio-Kollegin Lydia in ihrem Kapitel ganz richtig fordert, müssen wir wirklich alles daransetzen, die letzten noch existierenden natürlichen Lebensräume zu erhalten. Sofort. Und es ist auch schon viel geschehen: Natur-, Umwelt- und Artenschutz wurden nicht erst gestern erfunden und konnten schon manchen Erfolg verbuchen. Die weltweite Fläche von Schutzgebieten hat sich über die letzten Jahrzehnte vervielfacht. Aber das reicht bei Weitem noch nicht. Wir brauchen mehr!

Ja, der Naturschutzgedanke ist in der breiten Öffentlichkeit angekommen und kaum ein vernünftiger, gebildeter Mensch des 21. Jahrhunderts würde sich gegen bestehende oder zusätzliche Schutzgebiete aussprechen. Aber bei all dem sind wir reichlich inkonsequent, fast möchte man sagen, widersprüchlich. Denn gleichzeitig mähen wir unseren Rasen kurz, brennen Unkraut aus Pflasterritzen oder umgeben uns gleich mit «hippen» Schottergärten. Dabei sind diese und ähnliche Gewohnheiten ziemlich unangebracht, weil fiese Vielfaltskiller. Genauer gesagt Lebensraumzerstörer oder -abwerter. Wobei, solange wir den Regenwald, das Grönlandeis oder das Great Barrier Reef schützen, werden wir zu Hause ja wohl noch ein paar Quadratmeter schottern dürfen, oder? Soll ja manierlich aussehen, und ist auch viel pflegeleichter. Außerdem ist das nächste Naturschutzgebiet nicht allzu weit weg, und die Familie Meier-Müller schräg gegenüber hat ja schon einen Naturgarten und lauter Insektenhotels darin.

Aber halt, Vielfalt braucht Platz! Leben braucht Raum. Nicht nur in Schutzgebieten, sondern insbesondere dazwischen. Denn Individuen müssen wandern können, wenn ihre Art überleben soll – um sich genetisch auszutauschen oder mit dem Klimawandel mitzuhalten. Dafür brauchen sie geeignete Korridore oder wenigstens Rastplätze – und zwar so viele wie möglich, wo immer möglich. Und auch wenn sie mal überhaupt nirgends hinwandern wollen oder können, brauchen alle Lebewesen einen Ort, an dem sie Lebewesen sein können. Zum Leben eben, mit allem, was dazugehört. Sei es, um dort zu wachsen und zu gedeihen, ihre Eier abzulegen, etwas zum Fressen zu finden oder was auch immer. Und bei all den vielen Arten, mit denen wir uns diesen einen Planeten teilen, kommt eine ganze Menge Raum zusammen, der gebraucht wird. Mit anderen Worten: Wir können das nicht allein den bestehenden oder noch entstehenden Schutzgebieten und der Familie Meier-Müller überlassen. Nein, wir alle sollten zusehen, dass wir unseren Teil zu mehr Lebensraumvielfalt beitragen. Überall, und sei dieser Beitrag noch so klein. Kleinvieh macht bekanntlich auch Mist, auf die Menge kommt es an.

Auch da hat die Wissenschaft etwas Wichtiges gelernt: dass biologische Vielfalt und allgemeine Strukturvielfalt zusammenhängen. Mal ganz vereinfacht und in aller Deutlichkeit heißt das, dass wir alles tun sollten, um jeder Art von Gleichförmigkeit entgegenzuwirken. Im Namen der Vielfalt, nieder mit der Ordnung! Im Prinzip nichts leichter als das, denn schließlich lehrt uns ja die Physik, dass jedes System immer der größtmöglichen Unordnung zustrebt (ich glaube, das war der 2. Hauptsatz der Thermodynamik). Aber wenn wir jetzt abwarten, bis das von alleine geschieht, verlieren wir wertvolle Zeit. Zeit, die wir nicht mehr wirklich haben. Deswegen sollten wir schnellstmöglich aktiv werden. Keine Sorge: Es tut bestimmt nicht weh, ist oft sogar ganz einfach umzusetzen und lohnt sich allemal. Deshalb gibt's auf den folgenden Seiten ein paar simple Ideen für sinnvolle Vielfalt-Elemente.

Mein persönlicher Favorit sind Haufen. Ganz im Ernst! Klingt simpel und ist es auch, aber dabei auch extrem wirkungsvoll: Komposthaufen, Holzstapel, Laubhaufen, Steinhaufen, Reisighaufen, gemischte Haufen. Da konnte ich mich in den letzten Jahren als selbsternannter Vielfalt-Beauftragter in einem Gartengrundstück aus meinem familiären Umfeld richtig austoben. Dort gibt es jetzt entlang der Grundstücksgrenze spätestens alle fünf Meter einen respektablen Haufen, der Unmengen verschiedenster Tiere als Unterschlupf, Wohnung, Sonnenbank, Nahrung oder Kinderstube dienen kann. Alles, was ich tun musste, war, vorhandene oder bei der Gartenarbeit anfallende Dinge an bestimmten Flecken anzuhäufen, fertig. Warum ich das nicht in meinem eigenen Garten gemacht habe? Ganz einfach: Ich habe keinen. Damit bin ich nicht alleine. Die meisten von uns wohnen in Städten, und die wenigsten haben dort einen eigenen Garten.

Da bietet sich eine Alternative im öffentlichen Raum an: Baumscheiben. So nennen Pflanzenkundler diese weder gepflasterten noch asphaltierten Bereiche, in denen Straßenbäume wurzeln. Kennt man: halber bis ganzer Meter breit vom Bordstein aus in den Bürgersteig hinein, anderthalb bis drei, vier Meter lang, Baum in der Mitte, Erde drumrum. Auf so einer Baumscheibe kann man sich herrlich austoben, und in vielen Städten sieht man das hier und da auch schon. Allerdings haben diese Kleinflächen weit mehr Potenzial, als nur das übliche Dutzend Blümchen zu beherbergen. Wenn man sich einer solchen Baumscheibe annimmt, wäre es zu allererst sinnvoll, für ein bisschen Bodenvielfalt zu sorgen. Also hier ein bisschen Sand einarbeiten, dort ein wenig Komposterde. Und dann mindestens einen Totholzhaufen, besser noch einen aus Reisig oder Steinen dazu stapeln. Das kann man ja auch dekorativ anrichten. Und dann können die Pflanzen kommen.

Denn in Sachen Strukturvielfalt gibt es seit jeher dieses eine universelle Zauberwort: Pflanzen! Sie sind selbst Lebewesen und somit per se pflanzenswert. Und Pflanzen sind bekanntlich noch für andere Dinge gut: Sauerstoff raushauen, Kohlendioxid und Schadstoffe binden, Verdunstungskühle erzeugen, Tiere satt machen – in all diesen Punkten macht den Pflanzen so schnell niemand was vor. Logische Konsequenz: Wir alle sollten unsere Umgebung unbedingt grüner machen! Je grüner, desto besser. Und je vielfältiger grün, desto besserer. Und je mehr heimisches Grün statt käuflicher Zuchtsorten, desto noch mal viel besserer – denn damit können so viel mehr Tiere so viel mehr anfangen, sei es nun Nektar schlürfen, Saft saugen oder Blätter anknabbern.

Tatsächlich passiert das vielerorts schon: Seitdem das Insektensterben in aller Munde ist, tut sich was. Hinz und Kunz säen plötzlich Wildblumenmischungen aus, wo sie vorher Primeltöpfchen gesetzt hätten. Und wirklich toll finde ich, dass auch die öffentliche Hand mithilft! Denn die hat schließlich wesentlich mehr Mittel und Möglichkeiten als die meisten von uns. Seit einigen Jahren nehme ich immer öfter wahr, dass auf mehr und mehr Randstreifen, Verkehrsinseln und ähnlichen Flächen nicht die klassischen Zierpflanzen oder Rasenflächen prangen, sondern heimische Arten wild durcheinanderwuchern. Das bewirkt einiges, zumal solche wunderbar bunten Wildwuchs-Flächen typisch deutsch oft noch von Schildern begleitet werden, die erstaunten Rasengärtnern erklären, dass diese Unordnung gewollt ist.

Aber es muss nicht gleich eine kilometerlange Straßenböschung sein, auch im Kleinen können wir alle ein bisschen mehr Grün erzeugen. Auf jedem Balkon, ja selbst auf der Fensterbank oder den Dachziegeln drumherum ist allemal Platz für ein, zwei Pflänzchen. Das braucht weder einen grünen Daumen noch größere Investitionen, sondern kann mit den passenden Pflanzen total easy sein. Moos ist ja oft sowieso schon da und darf natürlich bleiben. Für Neupflanzungen, gerade für kleinräumige in Steinwüsten, ist meine Lieblingspflanze der Mauerpfeffer: Das ist eine Gattung von typischerweise eher kleinen Pflanzen, die ziemlich hart im Nehmen sind. Bei uns heimisch und klein genug für jede Fensterbank sind vor allem der Scharfe und der Falsche Mauerpfeffer, beide mit gelben Blüten, und der Weiße Mauerpfeffer mit, na, raten Sie mal. Gerade Letzterer wächst wild an Straßenrändern und Bahngleisen, teilweise wirklich massenhaft in dichten Polstern. Da eine Handvoll Triebe mitzunehmen schadet dem Bestand nicht wirklich. Und die mitgenommenen Triebe bringt auch so schnell nichts um: Mauerpfeffer ist weitgehend hitze- und trockenresistent, weil er Wasser speichert und kaum welches verbraucht. Vor allem aber braucht er keinen besonderen Boden – nomen est omen – und lässt sich super verpflanzen: einfach ein paar Triebe am gewünschten Wuchsort irgendwie feststecken, unter ein Moospolster klemmen wäre schon Luxus. Dann vielleicht am Anfang ab und zu ein paar Tropfen Wasser, damit die kleinen Würzelchen, die sich sehr bald bilden werden, es leichter haben, das Pflänzchen zu verankern und nach und nach Schmodder zwischen sich anzusammeln. Ab da sind Mauerpfeffer sehr zähe Pflänzchen. Und hübsch dazu, auch bevor sie ihre verhältnismäßig großen Blütenstände bilden.

Was ich mit diesem ausufernden Loblied auf den Mauerpfeffer eigentlich nur sagen will: Auch kleine Bepflanzungen machen Sinn. Genauso wie kleine Unterschlupf-Möglichkeiten. Allerorten.

Es muss ja nicht immer ein kubikmetergroßer Reisighaufen sein, der auf viele Balkone gar nicht passen würde. Kleiner geht auch, und damit wären wir beim Verkaufsschlager unserer Tage angekommen: den Insektenhotels. Wobei diese landläufige Bezeichnung grob falsch ist für das, was üblicherweise so genannt wird: Diese Gebilde mit Löchern und Röhren, die neuerdings allerorten bewundert und auch gekauft werden können, sind ja speziell als Nisthilfen für Wildbienen gedacht. So eine Wildbienen-Kinderstube lässt sich im Prinzip schnell und einfach selbst bauen, kann durchaus dekorativ gestaltet werden und macht definitiv Sinn. Zumindest für die Handvoll Wildbienen-Arten, die tatsächlich in solchen Röhren nisten. Wenn man sich allerdings vergegenwärtigt, dass weit mehr als die Hälfte der heimischen Wildbienen ihre Nester in lockeren Sandboden graben, wird einem schnell klar, dass mit dem «Bienenhotel» nicht allen geholfen ist. Und den anderen zigtausend Arten heimischer Insekten, die keine Wildbienen sind, mitnichten.

Ich glaube, damit ist die Zeit für einen Appell gekommen, der mir persönlich am Herzen liegt: Lasst uns unsere Gunst nicht allzu ungleich verteilen! Wir neigen dazu, sehr selektiv mit unserer Sympathie um uns zu werfen. Das kann schnell speziesistische Züge annehmen. Neulich war ich in einem Meeting, in dem es um das Basteln von «Insektenhotels» ging. Ein Vorschlag war, neben den üblichen Röhren aus Schilfhalmen, Sonnenblumenstängeln, Bambus oder Pappe einen Teil der Krabbler-Unterkunft anders auszufüllen. Z. B. mit einem Wirrwarr aus kleinen Löchern und Gängen, in das sich kleine Tiere aller Art zurückziehen können. Also Holzwolle, Heu oder so etwas. Sofort wurde Kritik laut: In Holzwolle oder ähnlichen Knäueln verstecken sich ja gerne Ohrenkneifer (die übrigens niemanden in die Ohren kneifen). Und die fressen nicht nur Blattläuse und anderes «Ungeziefer», was sie bei Gärtnern grundsätzlich sehr beliebt macht, sondern gehen auch mal an eine Wildbienen-Niströhre, um dort die süßen kleinen Wildbienenbabys zu fressen. Das geht natürlich gar nicht. Halt, warum eigentlich nicht? Sind Wildbienen mehr wert als Ohrwürmer? In meinen Augen nicht. Wissenschaftlich gesehen auch nicht, denn so läuft das nun mal in der Natur: fressen und gefressen werden. Klar, Wildbienen sind gerade extrem populär. Weil das Insektensterben in aller Munde ist, und weil der Nutzen der Insekten schon länger sehr gerne (und gerne auch ausschließlich) mit ihrer Bestäubungsleistung veranschaulicht wird. Dafür gibt es erstaunliche Zahlen: Hunderte Milliarden Dollar soll die Bestäubung unserer Nutzpflanzen durch Insekten weltweit jedes Jahr wert sein, wenn wir Menschen dafür bezahlen müssten. Wow. Da lassen wir doch besser Sechsbeiner ran, die machen das für umme. Und Bestäubung assoziieren wir nun mal mit Bienen, deshalb: Bienen = super. Ohrenkneifer hingegen sieht man selten um Blüten summen, die bestäuben wohl nix. Dabei machen Insekten noch so viel mehr! Abfall verwerten, andere satt machen, sich gegenseitig im Zaum halten ... Ich will hier auf keinen Fall schlecht über Wildbienen sprechen – ich möchte nur betonen, dass auch andere Arten mit ihren Jobs wichtig sind. Wir erinnern uns: JEDE Art ist eines dieser kleinen Zahnrädchen im Getriebe. Jede einzelne hat eine Aufgabe und damit eine Daseinsberechtigung.

Und da sind wir bei des Pudels Kern: Es ist zwar super, wenn ich auf meiner Fensterbank etwas für Wildbienen tue, aber das allein reißt das Ruder nicht rum. Erstens sollte ich etwas tun, das möglichst vielen Wildbienen hilft. Und zweitens sollte ich auch darüber nachdenken, ob andere meine Hilfe nicht genauso verdient hätten.

Und selbst wenn ich nichts aktiv für sie tun möchte, vielleicht, weil ich sie nicht mag (das geht vielen Menschen bekanntlich bei Spinnen so), dann sollte ich sie wenigstens tolerieren. Sie in Ruhe ihr Ding drehen lassen, ihnen ihr Existenzrecht zugestehen: dem Moos zwischen den Steinplatten genauso wie der Kreuzspinne vor meinem Fenster. Denn auch sie sind Teil der Vielfalt des Lebens. Egal ob ich sie mag oder nicht, sie gehören dazu und leisten wertvolle Arbeit. Letztlich zum Wohle aller.

Und das ist dann wirklich mein letzter Punkt: Der absolute Hammer wäre es, weniger emotional motiviert oder meinungsbasiert irgendetwas schützen zu wollen, weil man es gerade nett findet, sondern lieber faktenbasiert und wertneutral das große Ganze im Blick zu haben. Bitte nicht falsch verstehen: Es bleibt dabei, jedes bisschen Strukturvielfalt mehr und jedes Pflänzchen, wo vorher keins war, sind auf jeden Fall spitze! Aber statt «einfach irgendwas» zu machen, sollte man sich ein wenig informieren und mit Hilfe von frei verfügbarem Wissen noch ein bisschen mehr aus den eigenen guten Absichten herausholen! So können heimische Tiere in aller Regel mit heimischen Pflänzchen viel mehr anfangen als mit irgendeiner hübschen Zierpflanzensorte, und mit lockerem Sandboden im Blumentopf hilft man mehr verschiedenen Wildbienenarten als mit einem Insektenhotel aus dem Baumarkt. Wieder einmal zeigt sich: Wissen ist Macht, und Bildung ist der Schlüssel.

Also, langer Rede kurzer Sinn: Um selbst als Art mittelfristig überleben zu können, müssen wir den Verlust an biologischer Vielfalt aufhalten, den wir selbst so machtvoll angestoßen haben. Dabei sind Ausbeutung, Umweltverschmutzung und Klimawandel wichtige Vielfalts-Killer, die wir schnellstmöglich deutlich reduzieren müssen. Aber die schlimmsten Feinde lebendiger Vielfalt sind der Mangel und die fortschreitenden Verluste an Räumen, in denen sie sich im wahrsten Sinne des Wortes ausleben kann. Lebensräume eben. Ohne viele, vielfältige und vernetzte Lebensräume kann Leben nicht in angemessener Vielfalt existieren. Aber zum Glück lässt sich da was machen! Sie und ich können ohne großen Aufwand einiges tun, um lebendige Vielfalt zu erhalten und zu fördern. Jetzt. Hier. Überall.

Weiterreise

Es könnte um uns herum alles so schön sein. Grün und wild und mit Baumscheiben voll Mauerpfeffer. Und tatsächlich: Als ich wieder nach Hause komme, wächst er da schon. Ein bisschen verloren, direkt vor dem Fenster (vielleicht ja auch bei Euch irgendwo, googelt das mal). Auch der Rest von Sebastian Lotzkats Tipps klingt doch umsetzbar. Anscheinend beinhaltet er, dass wir die Erde *direkt* vor unserer Haustür in Angriff nehmen oder Gartenabfälle *nicht* wegfahren. Was wollen wir denn noch? Einfach mal den Anfang machen, die Natur schafft die bessere Welt bereitwillig für uns. Jedenfalls, wenn wir ihr die Chance dazu geben. Da fängt die eigentliche Herausforderung wahrscheinlich an. Beim *Nicht*-Bebauen, *Nicht*-Versiegeln. Mut zur Lücke!

Der Mauerpfeffer ist schon da.

Eigentlich kennen wir den Wert von naturbelassenen Flächen. Immerhin setzen wir uns am Wochenende freiwillig in diverse Formen von Blechkisten, um in etwas zu fahren, das sich «das Grüne» nennt. Im Sommer fahren wir dafür bis nach Schweden und opfern Moskitos *mehrere* Liter Blut. Auch Bhutan hat auf der Suche nach dem Bruttoinlandsglück vorsichtshalber 70 Prozent des Baumbestandes stehen gelassen und ist unter anderem deswegen das weltweit einzige Land mit einer negativen CO_2-Bilanz. (Außerdem, soweit bekannt, sehr geschickt im Umgang mit Corona. Mit einer höheren Impfquote als NRW.) Aber wenn die Berliner das Tempelhofer Feld nicht bebauen wollen, gucken alle pikiert. Dabei brüten dort 40 Prozent der Berliner Feldlerchen! Der Vogel des Jahres 2019. Insgesamt zählt man auf dem Gelände des ehemaligen Flughafens rund 25 Brutvogelarten und 200 000 Besucher die Woche. Trotzdem muss man da doch irgendwie *mehr* draus machen können … man könnte ja auch was … *Ökologisches* draufsetzen, aus Holz und Glas, modern, nachhaltig *und* klimaneutral bis spätestens 2050. In unserer Nachhaltigkeitspalette scheint «leer lassen» als Option ziemlich hintenanzustehen. Schön zusammengefasst in der Weltbank-Einschätzung, dass Bhutan seine Umweltführung noch besser ausbauen könnte, wenn es einen Teil seines Waldes in Bauholz umsetzt.[1] Das passt auch zu dem, was uns immerhin schon mal ein Ökonomie-Nobelpreisträger erklärt hat: Die Frage ist nicht, was wir zerstören, sondern ob wir es *ersetzen* können. Das Bienensterben ist nicht so schlimm, wenn es stattdessen aufregende Miniaturdrohnen gibt.[2] Und auch wenn der Dodo für immer verschwunden ist, stelle ich ihn mir vom Verhalten sehr ähnlich vor wie unseren Staubsaugerroboter.

Wir haben, freundlich ausgedrückt, wirklich eine interessante Art, über Ressourcen nachzudenken.

Dabei ist «Leerlassen» natürlich noch der einfachere Schritt. Nichts im Vergleich zum «Niederreißen». Also z. B. einen laufenden Flughafen zu schließen. Eine Straße aufzubrechen, um ein Flussbett zu befreien. Oder einfach eine etablierte Gewohnheit aufzugeben, wie unsere Liebe zu Schottergärten, Laubbläsern, tropischen Balkonpflanzen und ratzekurzem Rasen. Spätestens wenn jemand «Einfamilienhaus» sagt, geht es auf die Barrikaden. Niemand von uns gibt gern auf, was er immer so gemacht hat. Was die wichtige Frage aufwirft: Warum hängen wir eigentlich so sehr am Status quo?

Wir mögen den doch nicht mal. Aber wenn uns jemand bittet, etwas davon aufzugeben, reagieren wir trotzdem ungefähr so entsetzt, als hätte man uns aufgefordert, unseren Kleiderschrank auszumisten. Wir können doch nicht einfach auf diesen Pulli verzichten, nur weil wir ihn seit 2015 nicht mehr getragen haben! Irgendwann kramen wir ihn bestimmt wieder raus. Kurz bevor uns einfällt, dass er kratzt.

Mit dem Unterschied, dass der Pullover in unserem Beispiel nicht nur kratzt, sondern unsere Städte zerstört. Das japanische Kino könnte wahrscheinlich einen tollen Film daraus machen. Oder wir könnten einsehen, dass der Status quo noch viel unsinniger organisiert ist als unser Kleiderschrank.

Bei der Klimawandelperspektive wird das besonders deutlich:[3] Immerhin besteht der Status quo hier auf einem System, bei dem wir täglich 4 *Millionen* Fässer Öl verbrennen, um große schwere Containerschiffe um den Planeten zu schicken, von denen 40 Prozent selbst nur Brennstoffe transportieren, die wir dann in PKW pumpen können, damit darin 70 Prozent dieser Energie verpuffen. Hin und wieder läuft eins der Schiffe auf Grund und zerstört mehrere Korallenriffe und Strände. Und wenn jetzt jemand auf dieses Gesamtkunstwerk zeigt und uns fragt, ob da irgendwo Luft für Veränderung drin ist, gucken wir drauf und sagen «Pfffmhhhjaaaa, wüsst' ich jetzt auch nicht»? Der fossile Status quo ist so ineffizient, dass wir vieles davon ungefähr so sehr vermissen werden, wie die dritte Strumpfhose mit einer Laufmasche. Aber statt das einfach zuzugeben und die Energie, jetzt wo das endlich geht, einfach da aufzusammeln, wo sie vom Himmel fällt, statt sie unter enormem Energieaufwand um den Planeten zu schippern, setzen wir uns lieber in Talkshows und grummeln irgendwas über die Seelenlosigkeit von E-Autos. Oder wir debattieren endlos über Geld und Ressourcen, die wir für die Veränderung bräuchten, anstatt dagegen zu halten, wie viel davon wir für unseren Normalzustand täglich in Brand stecken. Dagegen dreht sich der Stahl für Windräder immerhin noch ziemlich lange im Kreis, Lithium lässt sich im Gegensatz zu Palmöl zumindest theoretisch recyclen und das Geld für die Energiewende ist danach im Gegensatz zu Ölmilliarden nicht weg, sondern ein Wasserkraftwerk. Trotzdem diskutieren wir mal wieder nur die Veränderung. Denn Veränderungen sind uns suspekt.

Die Status-quo-Bias finden wir in allen möglichen Zusammenhängen und Debatten. Es ist z. B. die gleiche Denkfalle, die uns in ellenlange Monologe über die Unsinnigkeit des Wortes «Studierende» verfallen lässt, die doch in den Semesterferien gar nicht *studierend*, sondern eher *faulenzend* sind (jedenfalls damals, in den 70ern, als wir studiert haben), nur um uns danach, in der Kantinenschlange stehend, als «Vorsitzender» vorzustellen. Wieder legen wir nur die Neuerung auf die Goldwaage. Dabei ist das wirklich nicht, wie Waagen funktionieren. Der Sinn besteht schließlich darin, dass man damit Dinge gegeneinander *aufwiegt*. Wenn man die eine Waagschale mit einem «Is' halt so» freilässt, sieht die Veränderung immer schwerer aus, als sie ist. Und nicht nur deshalb.

1. Menschen gewichten das, was es zu verlieren gibt, immer schwerer als das, was sie gewinnen könnten, nicht nur an Schrankraum.[4] Das heißt, wir sind oft nicht bereit, zehn Euro zu opfern, um potenziell 20 zu gewinnen, und einen Becher, für den wir vorher maximal fünf Euro zahlen wollten, geben wir danach höchstens für acht wieder her. Was eigentlich nicht viel anders ist, als zu sagen: «Der Status quo ist Mist, aber wenn die Veränderung nicht 37-mal besser ist, können wir sie lassen.» Außerdem finden wir die möglichen Konsequenzen unserer Handlungen im-

mer gruseliger als die unserer Nicht-Handlungen (das nennt die Wissenschaft Omission Bias, auch bekannt als «Was soll das heißen, das Gegenteil von Impfnebenwirkungen ist nicht *keine* Nebenwirkungen, sondern ungeschütztes Corona?»). Der Status quo verlangt von uns nie Handlungen! Jedenfalls keine, die wir nicht schon kennen. Unsere Abneigung, irgendetwas anders zu machen, steigt außerdem proportional zu dem Geld, das wir schon in die Sackgasse gesteckt haben. Die Sunk Cost Fallacy oder «Hey, ich hab in diesen SUV 50 000 Euro und mein komplettes Selbstwertgefühl investiert!». Unternehmen sind da natürlich nicht so sentimental wie Menschen. Sie sind viel anstrengender. Ob wir versuchen, die Sklaverei abzuschaffen, Kinderarbeit, Sieben-Tage-Wochen, Durchgangsverkehr oder Minimallöhne – Geschäftseigentümer sind sich sicher, sie gehen *sofort* pleite seit 1806.

2. Die gute Nachricht an unserer Status-quo-Bias ist: Viele Konflikte lassen sich auflösen, indem man einfach mal macht. Manchmal reicht es schon, temporär die Möglichkeit zu bieten, den Zeh ins Wasser zu stecken, bis es uns gar nicht mehr so kalt vorkommt und unser Aufquietschen im Nachhinein betrachtet etwas melodramatisch wirkt. So, wie am Anfang nur 40 Prozent eine autofreie Innenstadt wollen, aber wenn man Leuten zehn Jahre später anbietet, die Bäume wieder wegzuasphaltieren, sind plötzlich 97 Prozent dagegen (so gesehen in Ljubljana, Slowenien[5] und nach fast jedem autofreien Projekt). Ein Hoch auf Experimente mit Bürger*innen-Beteiligung!

Auch sonst können wir das Bewusstsein um die Status-quo-Bias für uns nutzen, indem wir wissen, worauf wir uns bei der Überzeugungsarbeit besser *nicht* fokussieren: So können sich z. B. Leute, die beim Kohleausstieg partout auf keinen gemeinsamen Nenner kommen, sehr wohl darauf einigen, den Erneuerbaren Priorität einzuräumen.[6] Das heißt, wenn wir dringend eine Brücke bauen müssen, sollten wir eher von dem reden, was wir *er*schaffen statt davon, was wir *ab*schaffen wollen.

3. Die kompliziertere Nachricht ist, dass allein die Fragestellung «Wollt ihr den Status quo behalten?» mittlerweile ziemlich irreführend ist, denn er schwindet ja längst vor unseren Augen. Weniger Insekten, weniger Urwälder, weniger Wirbeltiere, weniger Schnee. Seitdem die menschliche Lebenserwartung wächst, geht es mit den Pottwalen bergab. Lange haben wir das genauso effektiv ausgeblendet wie den Klimawandel. Und wenn wir doch mal daran gedacht haben, dann gingen uns zumindest die Folgen nichts an: Hochdotierte Ökonom*innen sind in ihren Modellrechnungen davon ausgegangen, dass der Klimawandel nichts und niemandem schadet, wo ein Dach drüber ist. Alles, was drinnen passiert, läuft einfach so weiter, allen voran die Produktion, meinte man. Ein Nobelpreisträger empfahl 1992 noch drei Grad Erwärmung als ideale Wachstumstemperatur für das Kapital.[7] Aber jetzt trocknen in China die Flüsse aus, die Wasserkraftwerke streiken und mit ihnen auch die Kühlung – und in ungekühlten Hallen produziert es sich schlecht. Die Konsequenzen des Nichtstuns auszublenden, um nur die der Veränderung zu diskutieren, ist also ein bisschen, als ob man gerade festgestellt hätte, dass das Hotel in Flammen steht, und sich erst mal aufs Zimmer begibt, um in Ruhe die Hotelbewertungen der Nachbarschaft durchzulesen. Es wird so oder so bald sehr unbequem werden. Aber vielleicht können wir noch was daran ändern.

Kurzum, die Veränderung ist längst in vollem Gange. Die eigentliche Frage ist, ob wir sie selbstbestimmt gestalten. Es würde helfen, wenn wir den Status quo weniger als stabilen Normalzustand sehen als als das, was er ist: ein Punkt auf einer ziemlich steil abfallenden Linie. Dass wir uns bei all dem Schwund um uns herum nicht im freien Fall begreifen, liegt auch am *Shifting Baseline Syndrome*, mit dem wir jeden Punkt auf der Linie wieder neu zu unserem Referenzrahmen erklären. So, wie sich von Tag zu Tag gesehen nichts verändert, aber dann ist plötzlich schon wieder Weihnachten und die Kinder sind erwachsen. Wenn wir sehen wollen, wie sich unser Ökosystem verändert und bereits verändert hat, gehen wir am besten an einen Ort, an dem man beides noch sehr gut nachvollziehen kann: Wir besuchen Lydia Möcklinghoff.

Ich hoffe, es haben alle ihre Wanderstiefel mitgebracht?

LYDIA MÖCKLINGHOFF

Just another day in Paradise: Was Ameisenbären mit dem Überleben von Homo sapiens zu tun haben

Lydia Möcklinghoffs Forschungsgebiet erstreckt sich über grob geschätzte 200 000 Quadratkilometer, von denen sie 100 Quadratkilometer regelmäßig durchquert. Dafür braucht man Pferde, Geländewagen und Kanus. Körperliche Anstrengung, Buschmesser und Geschicklichkeit. Es ist das Gegenteil von Neurowissenschaften.

E in Kapitel über das Artensterben soll es werden. Die Deadline sitzt mir im Nacken und ich gebe zu, ich tue mich schwer mit dem Einstieg. Ich bin nicht so die Theoretikerin. Am liebsten bin ich: Im brasilianischen Busch, so wie jetzt gerade, als ich diese Zeilen schreibe. Die Abendsonne steht tief über der weiten Ebene aus gelbem Gras. Verstreut liegen einige Inseln aus hohen Palmen, in denen die dunkelblauen Hyazinth-Aras, eine Papageienart, müde krächzen. In einem Gebüsch direkt vor mir knistern trockene Blätter unter langsamen Schritten: Irgendwo hinter den Zweigen sucht Ameisenbärin Clawdia im sandigen Boden nach Ameisen.

Ich bin im Pantanal, einem riesigen Tier- und Naturparadies in Südamerika. Dieses Feuchtgebiet ist der Ort meines Herzens. Hierhin führt mich meine zoologische Forschung, in deren Zentrum der Große Ameisenbär steht, seit über einem Jahrzehnt. Hier

fühle ich mich wohl – und vielleicht muss ich das Thema Artensterben und Artenschutz gar nicht von der theoretischen Seite aus beginnen. Nicht vom Großen und Ganzen aus, das sowieso unübersichtlich ist und deshalb abstrakt bleibt. Sondern von hier, vom Pantanal, einem der größten Binnenfeuchtgebiete dieser Erde. Denn im Pantanal ist der Stress, unter dem die Bewohner unseres Planeten zunehmend stehen, unmittelbar sichtbar.

Das Pantanal gilt als Biodiversitäts-Hotspot, also als Ort mit besonders großem Artenreichtum, und wurde von der UNESCO als Weltnaturerbe eingestuft. Es reicht vom Westen Brasiliens bis nach Bolivien und Paraguay. Auf einer Fläche so groß wie die Bundesrepublik Deutschland vor der Wiedervereinigung erstreckt sich ein dichtes Lebensraummosaik aus Wäldern, durch die Jaguare streifen, dornigem Buschland, in dem Tapire nach Früchten suchen und Savannen, in denen Gürteltiere ihre Löcher graben. All das ist durchzogen von zahllosen Seen und Flüssen. Einmal im Jahr, zur Regenzeit, läuft die Tiefebene des Pantanal voll wie eine Suppenschüssel. Dann füllen sich Seen und Flüsse – die Pegel können um mehrere Meter steigen. In den steilen Uferböschungen am Fluss werden die Bruthöhlen der Eisvögel für einige Monate zu Fischnestern, bis die Sonne und der trockene Wind das Wasser wieder verdunsten lassen, der Zyklus von vorne beginnt und die Eisvögel die Erdlöcher wieder von den Fischen zurückerobern.

Dieser Flutpuls ist der Atem des Pantanal. Er hält das reiche und dynamische Ökosystem in der Balance. In den letzten Jahren stockte dem Naturparadies dieser Atem aber immer häufiger: Seit nunmehr fünf Jahren sind die Regenzeiten weitestgehend ausgefallen. Längere Dürrephasen gab es zwar schon öfter, heute fehlt der Regen aber immer häufiger. Die Phasen der Erholung durch eine ordentliche Flut werden seltener. Klimaprognosen sagen voraus, dass das Pantanal bis 2050 um 30 Prozent trockener und um sieben Grad wärmer werden könnte. Irgendwann wäre das Feuchtgebiet dann keines mehr. Wichtig ist mir hier allerdings der Konjunktiv, denn wir sollten nie die Hoffnung aufgeben, dass doch noch alles anders kommt. Sonst bräuchten wir ja gar nicht mehr anfangen mit der Weltrettung. Dazu kommen wir aber später noch.

Um einen Vorgeschmack davon zu bekommen, welche Folgen ein langfristiges Ausbleiben von Regen im Pantanal hat, muss ich mich nur umschauen: In der Senke links neben mir müsste eigentlich ein See sein, in dem Wasserschweine baden, Rosa Löffler nach Krebsen im Schlick stochern und Kaimane am Ufer die Wärme vom letzten Sonnenlicht genießen. Aber da ist nur staubiger Sand, der langsam von Gras überwuchert wird. Genau wie hunderte andere Seen ist auch dieser in der gnadenlosen Dürre nach und nach ausgetrocknet. Mit ihm sind die Tiere verschwunden, die dort eigentlich leben: die Sumpfhirsche habe ich seit dem Vertrocknen der Sumpflandschaften nicht mehr gesehen, und auch die Schneckenweihe ist weg – und demnach vermutlich auch die Schnecken. Wo sie alle hin sind? Wir wissen es nicht. Teilweise gestorben, aber vor allem wohl abgewandert. Kaimane können Wasser kilometerweit riechen und haben sich vom Inland Richtung Fluss aufgemacht, der noch nicht ganz trocken ist. Dort sehen die Strände jetzt aus wie auf Mallorca zur Hochsaison – nur dass hier statt Urlaubern Reptilien auf dem Sand liegen.

Nicht nur im Pantanal, sondern überall auf der Erde sind Tiere auf Wanderschaft, verschieben Pflanzenarten ihren Verbreitungsraum. Denn, wie Maria-Elena Vorrath in ihrem Kapitel beschreibt, verändern sich durch die Klimakrise Niederschläge, Temperaturen und damit eben auch die Tier- und Pflanzenwelt. Durch die Erderwärmung verschieben sich Ökosysteme vom Äquator weg in südliche und nördliche Richtung. Die Lebewesen reisen der klimatischen Zone und damit dem Lebensraum, an den sie angepasst sind, hinterher. Das Problem: Diese Wanderungen sind endlich.

Lemminge in Grönland brauchen beispielsweise einen langen Winter, um in ihren Nestern unter der Schneedecke viele Generationen in einem einzigen Jahr großzuziehen. Je länger der Winter, desto mehr Lemminge gibt es im Sommer. Sie bilden wiederum eine wichtige Nahrungsgrundlage für Schneeeulen, Polarfüchse und andere Tiere, die der kargen Natur der Arktis trotzen. Um weiterhin schön lange unter dem Schnee ihrer Reproduktion frönen zu können, verschieben die Lemminge ihren Lebensraum immer weiter in den arktischen Norden. Ihre Räuber ziehen ihnen hinterher. Denn aus dem Süden kommt die Wärme und mit ihr kürzere Winter. Viel Platz für Umzüge haben die Tiere aber nicht mehr, denn ganz oben im Norden wartet rund um den Nordpol nur noch das arktische Meer – nicht sehr einladend für Landsäugetiere …

Ein ähnliches Problem haben Tiere, die in Bergregionen leben. Einige Kolibri-Arten sind beispielsweise an eine ganz bestimmte Höhenlage angepasst. Das konnte ich im Bergregenwald Panamas beobachten. Klettert man dort die Hänge hoch, sieht man in der einen Höhe eine spezifische Kolibri-Art, wenige Meter weiter oben verschwindet sie dann und weicht einer anderen. Die kleinen Vögel halten sich so präzise an Höhengradienten, als hätten sie eine winzige Smartwatch am Fußgelenk, die die Höhe über dem Meeresspiegel misst. Mit der Erderwärmung verschieben sich die Lebensräume die Bergflanken hoch. Die Kolibris schwirren ihrer Heimat hinterher, immer höher die Hänge hinauf. Zumindest, soweit das möglich ist, denn irgendwann erreichen sie die Bergspitze – und dann ist im wahrsten Sinne des Wortes, wie für den Lemming an den nördlichsten Spitzen unserer kontinentalen Landmassen, Ende Gelände.

Es wird also eng. Neben diesen natürlichen geografischen Grenzen stellen sich den Lebewesen auf ihrer Wanderschaft aber noch völlig neue Barrieren in den Weg: Seit Mitte der 1970er Jahre hat sich die Menschheit verdoppelt und der Platz für wilde Tiere und Pflanzen dramatisch verringert. Überall entstehen Straßen, Städte, Monokulturen, Zäune und Mauern. Eisbären sind ein Beispiel für eine Tierart, die in der Vergangenheit bereits gewandert ist und plötzlich auf menschliche Grenzen stößt. Seit es Eisbären auf dieser Erde gibt, wurden sie schon mehrfach mit Warmzeiten, dem Verschwinden der Eisdecke und dem damit verbundenen Kampf ums Überleben konfrontiert. Das zeigen genetische Untersuchungen: Verglichen zu einem Genom, das aus einem etwa 130 000 Jahre alten Eisbären-Kieferknochen extrahiert wurde, weisen heutige Eisbären eine deutliche genetische Verarmung auf. Die Tierart ging also mindestens einmal durch einen sogenannten genetischen Flaschenhals. So nennt man Phasen, in denen eine Art sehr selten wurde. In dieser Zeit hing ihr Überleben von wenigen Tieren und damit nur wenigen unterschiedlichen Genomen ab. Wenn sich die Art danach wieder erholt, dauert es lange, bis sie wieder einen großen genetischen Reichtum entwickelt.

Eisbären haben in der Vergangenheit also schon ums Überleben gekämpft, weil sich, ähnlich wie heute, die klimatischen Bedingungen änderten und damit das Packeis als Lebensraum verschwand. Ihre Überlebensstrategie damals glich ebenfalls der von heute: Die Eisbären wanderten auf das Festland ab, suchten beispielsweise im heutigen Kanada nach Nahrung. Das weiß man ebenfalls aus genetischen Untersuchungen. Diese zeigen, dass Eisbären sich damals wie heute mit Braunbären kreuzten, also schon früher in deren Verbreitungsgebiet auf dem Festland der subpolaren Zone unterwegs waren. Verglichen mit ihrer Situation vor einigen tausend Jahren gibt es heute aber einen entscheidenden Unterschied: Und der sind wir Menschen. Überall haben wir die Natur nach unseren Wünschen verändert. Dabei haben wir viele Lebensräume unserer planetarischen Mitbewohner schlichtweg vernichtet und gleichzeitig künstliche Grenzen errichtet, die es vor wenigen tausend Jahren noch nicht gab. Tiere, die ihren Lebensraum aus diesem oder jenem Grund verlieren, können sich nicht mehr einfach so einen neuen suchen. Wo früher ein Eisbär sein Verbreitungsgebiet an die klimatischen Bedingungen anpassen konnte, wird er heute, wenn er in Alaska in ein besiedeltes Gebiet spaziert, bestenfalls verjagt, schlechtestenfalls erschossen.

So wie Bruno, der «Problembär», der es vor einigen Jahren wagte, seine Tatze über die deutsche Grenze zu strecken, und in Bayern einige Schafe riss und Hühner tötete. Schließlich wurde er erschossen. Je näher wilde Tiere und Menschen zusammenrücken, desto größer ist das Konfliktpotenzial. Hier im brasilianischen Busch ist es der Kampf zwischen mir und den Weißbartpekaries – südamerikanische Wildschweine, die neben unserem Haus dreimal am Tag die Mülltonne umwerfen (es wurde noch keins erschossen). In Deutschland heißt es «Jagdgemeinde gegen den Wolf» (hier wurde jemand erschossen), in Sambia und anderen afrikanischen Ländern sind es Kleinbauern im Krieg gegen Elefanten. Letzteres ist ungleich dramatischer. Es gab Todesfälle auf beiden Seiten. Viele. Allein 2021 starben 533 Menschen und viele tausend Elefanten. Denn Elefanten können aggressiv sein und in kürzester Zeit ganze Felder und damit die Lebensgrundlage ganzer Dörfer vernichten. Die Bauern wehren sich, verständlicherweise.

Solche und ähnliche Konflikte werden sich in Zukunft häufen, denn die klimatischen Veränderungen machen natürlich nicht vor Schutzgebieten halt. Der wichtige Lebensraum einer bedrohten Tierart, um den heute vielleicht ein Zaun zu seinem Schutz gezogen wurde, könnte sich morgen verschieben und den Zaun obsolet oder sogar zu einem Hindernis machen. Haben die Tiere aus dem Schutzgebiet doch die Möglichkeit zu wandern und suchen sie Alternativen zu ihren verlorenen Lebensräumen, kann das, je nachdem, wer wohin wandert und auf wen er trifft, schlecht ausgehen. Für beide Seiten.

Es ist also zu eng auf diesem Planeten. Für die Frage der Fragen – was muss passieren, um unsere Natur zu schützen? – können wir schon mal notieren: Wir müssen Wege finden, der Natur wieder mehr Raum zu geben. Auch, um Kollisionen und Konkurrenz zwischen uns Menschen und anderen Arten zu verringern. Es muss Korridore zum Wandern von wilden Tieren und Pflanzen geben und ihre Lebensräume müssen geschützt und neue geschaffen werden. Einige Ansätze dazu, wie man die Weltbevölkerung ernähren und gleichzeitig die exklusiv landwirtschaftlich genutzte Fläche reduzieren kann, können Sie im Kapitel von David Spencer nachlesen. Es kann aber nicht nur auf ein Entweder-oder hinauslaufen: Schutzgebiete *oder* Menschen. Wir müssen meiner Ansicht nach wieder lernen, enger mit der Natur zusammen zu leben.

Dass das funktionieren kann, sehe ich hier im Pantanal. Während ich noch vor dem Gebüsch knie, in dem der Ameisenbär raschelt, kommen die Cowboys auf ihren Pferden vorbeigetrabt. Ihr Equipment: Strohhüte, Sättel aus Schaffell, Zaumzeug und selbst geflochtene Lassos aus Leder. Sie haben den ganzen Tag bei den Rinderherden gearbeitet und reiten jetzt in der Abendsonne nach Hause. Das Feuchtgebiet des Pantanal ist kein reines Schutzgebiet für wilde Tiere, hier leben auch Menschen. Vor allem Rinderzüchter und ihre Rinderherden. 98 Prozent des südlichen Pantanal sind in Privatbesitz. Tatsächlich ist das Pantanal, so wie wir es heute kennen, eine jahrhundertealte Kulturlandschaft. Vor 300 Jahren kamen die ersten Siedler über die Flüsse aus Paraguay, Uruguay und Argentinien in das Feuchtgebiet. Sie nutzten das Land, wie sie es schon in ihrer Heimat getan hatten, und begannen, Rinder zu züchten. Die weiten Savannen, die durch den jährlichen Flutpuls zur Regenzeit auf natürliche Weise freigehalten werden, boten ideale Bedingungen.

Heute ist die Bewirtschaftung noch dieselbe wie vor hunderten von Jahren. Zumindest tief im Pantanal. Wenige Menschen, wenige Rinder, viel Raum für Natur. Anstatt Flächen abzuholzen, werden für die Rinderzucht die natürlichen Schwemmflächen genutzt, anders als Rinderzüchter im Amazonasgebiet, die Brandrodungen im Regenwald betreiben.

Die Menschen hier verteidigen die Natur und ihre Kultur gegen Wilderer, moderne Landwirtschaft und mit zunehmender Verzweiflung gegen die Dürre und die damit einhergehenden Buschfeuer. Dabei schützen sie ihre Rinder, aber auch die Wildtiere. Seit einigen Jahren hilft Ökotourismus, die traditionelle Form der Landnutzung weiterhin ökonomisch konkurrenzfähig zu halten. So beweist man heute und seit Jahrhunderten, dass durchaus ein Miteinander von Mensch und Natur möglich ist. Es muss nicht immer das eine *oder* das andere sein.

Die mächtige Natur im Pantanal macht es uns dabei nicht immer leicht. Beim Mittagessen fiel mir kürzlich eine Schlange aus dem Baum auf den Teller, das Gürteltier gräbt unsere Vorgärten um und der Tapir frisst den Gemüsegarten auf. Man hasst sich, man liebt sich, fast wie in einer Ehe.

Leider haben wir in den Industrienationen weitestgehend verlernt, inmitten der Natur zu leben und können uns viel vom Pantanal abgucken. Natur findet in Deutschland hauptsächlich dort Platz, wo sie nicht im Weg ist und nicht stört. Und selbst dann ist dieser Platz begrenzt, eingehegt. Gerade mal 6 Prozent der Landesfläche in Deutschland sind als Naturschutzgebiet ausgewiesen, und diese Gebiete sind noch dazu meist sehr klein. Aber es müssen ja nicht nur Schutzgebiete sein! Es ist haufenweise Platz für Natur vorhanden, und zwar genau vor unserer Nase. Man muss nur mal mit offenen Augen durch seinen Wohnort gehen. Wie viel Fläche es gibt, die man für das vielfältige, wilde Leben freigeben und gestalten könnte! Brachflächen, Parks, (Vor-)Gärten, Balkone ... Egal wie klein. Wie wir dort anstelle trockener Rasenflächen Raum für eine reiche Natur schaffen können, erzählt Sebastian Lotzkat in seinem Kapitel (#fanclub_mauerpfeffer). Auch wenn echte Natur unserem Empfinden nach weniger ordentlich aussieht und vielleicht auch manchmal stört: Wir müssen aufhören, ein Exklusivrecht auf Lebensräume auszurufen, in denen ausschließlich Gäste willkommen sind, die sich an unsere Umgangsformen als vermeintliche Gastgeber halten. Natürlich gehen Tiere uns auch mal auf den Sack. Wie hier das Gürteltier oder in Deutschland der Maulwurf, der den Rasen umgräbt. Aber eins kann ich Ihnen versprechen: Ohne eine funktionierende Natur wird es noch unbequemer. *Sehr* viel unbequemer als Erdhaufen im Garten. Nichts weniger als das nackte Überleben unserer eigenen Art hängt von unserer Bereitschaft ab, diesen Planeten wieder gerecht zu teilen. Denn nur eine stabile Natur liefert kostenlos sauberes Wasser, saubere Luft und Nahrung. Gerät sie aus der Balance, wird es erst schwierig, dann sehr teuer und schließlich unmöglich, uns mit diesen Grundpfeilern unserer Existenz zu versorgen. Dabei gilt ganz allgemein: Je artenreicher ein Ökosystem ist, umso stabiler ist es auch und desto eher kann es beispielsweise auf den Klimawandel reagieren. «Viel ist besser» – Sie erinnern sich an das Kapitel von Sebastian Lotzkat? Dabei sollten wir uns auch klar machen, wie wenig wir die komplexe Statik unseres Ökosystems überblicken und wie unberechenbar die Folgen sind, wenn ein Element fehlt. Was Biodiversität, also Artenreichtum, mit der Widerstandsfähigkeit der Natur zu tun hat, erkläre ich darum gerne am Beispiel des *Jenga*-Turms. *Jenga* ist das Spiel, in dem man aus einem Turm aufgeschichteter Holzklötzchen eines nach dem anderen herauszieht. Bricht der Turm zusammen, hat man verloren. Stellen wir uns vor, die Klötzchen wären Tier- oder Pflanzenarten, die gemeinsam ein Ökosystem bilden – den Turm. Das mag der Wald vor Ihrer Tür sein, ein Feuchtgebiet in Südamerika oder das nordfriesische Wattenmeer. Egal. Wie die Klötzchen im Turm aufeinander liegen, sind in einem Ökosystem auch alle Arten von den anderen abhängig. Manche direkter, manche indirekter. Zieht man nun das erste Klötzchen raus, passiert meistens erst mal … nichts? Na ja, irgendwie schon. Der Turm bleibt zwar stehen, mit dem ersten Klötzchen hat er jedoch schon an Stabilität eingebüßt. Je mehr Klötzchen fehlen, desto wackliger wird die

Angelegenheit. Genauso schwindet in einem Ökosystem mit jeder verlorenen Art die Stabilität und mit ihr die Widerstandsfähigkeit gegen die Veränderungen, denen unser Planet unterliegt. Wie der *Jenga*-Turm haben auch Ökosysteme den einen Punkt, an dem sie einfach und sehr plötzlich zusammenklappen, der sprichwörtlich gewordene Kippmoment oder das Kippelement, denen Sie auch schon im Kapitel von Maria-Elena Vorrath begegnet sind. Sie können eintreten, wenn die Menge verlorener Arten zu groß wird oder wenn eine Schlüsselart verschwindet. Also eine Art, von der vieles abhängt, wie z. B. ein wichtiger Bestäuber oder eine Pflanze, die das ganze Jahr über Früchte trägt und Nahrungsgrundlage vieler Tiere ist. Heute schwanken die Türme unserer Ökosysteme weltweit oder sind längst zusammengeklappt. Zu viele Tiere und Pflanzen sind viel zu schnell verschwunden.

Viel zu schnell. Gutes Stichwort. Schwindende Lebensräume, fehlende Ausweichmöglichkeiten und allgemeiner Platzmangel sind nämlich nur einige der zentralen Gründe für die instabilen *Jenga*-Türme unseres Planeten. Ein anderer ist die Zeit. Inwiefern? Wenn sich ein Lebensraum verändert, bleibt seinen Bewohnern neben den Wanderungen noch die Möglichkeit der Anpassung. Also Verhaltensanpassungen, denen im Laufe der Evolution vielleicht körperliche Anpassungen folgen. Im Kleinen kann das im Pantanal z. B. heißen, dass die Wasserschweine, wenn die Seen trockenfallen, erst mal die Abkühlung im Schatten der Bäume suchen, anstatt dem Wasser direkt hinterherzuwandern. Sie fangen an, Gras anstelle von Wasserpflanzen zu fressen. Und vielleicht, rein hypothetisch, sind diese Anpassungen so erfolgreich, dass ein Umzug gar nicht mehr nötig ist und aus dem Wasserschwein im Laufe der Evolution ein Trockenschwein wird. Sehr hypothetisch, denn dazu braucht es Zeit. Viel Zeit. Jahrmillionen. Und die haben weder wir noch die Wasserschweine, wie wir schon an anderer Stelle in diesem Buch gesehen haben.

Aber knien wir uns noch mal in das dürre, lange Gras des Pantanal, wo Ameisenbärin Clawdia mittlerweile wieder aus dem

Gebüsch trottet. Erst schiebt sich ihr bananenförmiger Kopf mit misstrauischen Augen aus den Dornenbromelien, dann die weißen Vorderbeine, gefolgt von struppigem, dunkelbraunem Fell und dem buschigen Schwanz. Insgesamt ist so ein Großer Ameisenbär etwa zwei Meter lang. Clawdia fummelt mal hier und mal da mit den Krallen im sandigen Boden herum, immer auf der Suche nach einem Snack aus Ameisen und Termiten. 30 000 dieser Krabbeltiere frisst ein Großer Ameisenbär pro Tag. Ausschließlich. Darum sehen sie auch so komisch aus mit ihrer langen Schnauze, die man gut in Löcher stecken kann, ihrer noch längeren Zunge (60 Zentimeter!), die man noch besser in Löcher stecken kann, und den gewaltigen Klauen an den Vorderbeinen (darum auch der Name: Clawdia), um diese Löcher überhaupt erst mal zu graben. Hinzu kommt noch ihr buschiger Schwanz als tragbare Decke – denn selbst in großen Mengen liefern die Ameisen als Nahrung nicht viel Energie. Der Ameisenbär ist daher eher eine Frostbeule und muss sich immer fein zudecken, wenn er sich in einer kalten Nacht zum Schlafen zusammenrollt. Beim Mittagsschläfchen an heißen Tagen ist der Schwanz dann der tragbare Sonnenschirm. Praktisch. Es gibt Ameisenbären seit circa 60 Millionen Jahren. Sie sind Meister darin, sich den Gegebenheiten der Natur anzupassen. Anders als wir Menschen: Wir machen es genau andersherum und versuchen die Natur an uns anzupassen. Scheinbar kein sonderlich nachhaltiges Konzept: Die Gattung Homo gibt es erst seit etwa 2,5 Millionen Jahren auf diesem Planeten. Und, na ja, ich wage zu bezweifeln, dass es unsere Art schafft, so lange zu überleben wie der so trottelig erscheinende Ameisenbär.

Ich gebe zu: Jetzt wird es etwas deprimierend. Denn trotz seiner enormen Anpassungsfähigkeiten gerät der Ameisenbär heute zunehmend unter Druck: Straßenverkehr, Lebensraumverlust, Klimawandel ... Die Welt verändert sich schnell, der Ameisenbär kommt nicht mehr mit, und so steht er heute auf der Roten Liste bedrohter Tier- und Pflanzenarten, die jährlich durch die Weltnaturschutzunion (IUCN) herausgegeben wird. Und das geht nicht nur ihm so. Ein Viertel der Säugetierarten, jede achte Vogelart und mehr als 30 Prozent der Haie und Rochen sind beispielsweise bedroht. Neben Lebensraumverlust und Klimawandel gibt es weitere zentrale Faktoren, auch Treiber genannt, die Tier- und Pflanzenarten ums Überleben kämpfen lassen. Dazu gehört die Übernutzung der natürlichen Ressourcen unserer Erde – wie die Überfischung der Meere und die direkte Jagd. Der internationale (und meist illegale) Handel reißt nicht nur Lebewesen aus ihren Lebensräumen, er trägt auch dazu bei, dass sich Krankheiten auf dem ganzen Planeten verbreiten. Dazu gehört ein Hautpilz, der zum massenhaften Aussterben von Amphibienarten beiträgt. 40 Prozent sind heute vom Aussterben bedroht. Invasive Arten machen sich dort breit, wo sie eigentlich nichts zu suchen haben. Der Dunkle Tigerpython aus Asien hat in den Everglades in Florida beispielsweise 98 Prozent der natürlichen Säugetierfauna vernichtet.

Ein weiterer Treiber sind Dünge- und Pflanzenschutzmittel. Sie bringen Gewässer aus der Balance und tragen zum aktuellen Insektensterben bei: Wenn ich in den 1980ern mit meinen Eltern mit dem Auto in den Urlaub nach Italien fuhr, mussten wir alle 200 Kilometer bei einer Tankstelle die Windschutzscheibe putzen – so viele Insekten waren daran zerklatscht, dass man kaum noch durchschauen konnte. Mittlerweile muss selbst der größte Reinlichkeitsfanatiker nicht mehr einen solchen Aufwand betreiben. Denn in Deutschland ist in weniger als drei Jahrzehnten die Gesamtmasse der Insekten um 75 Prozent zurückgegangen.

Das Verschwinden von Arten im Laufe der Evolution ist normal. Heute geschieht es jedoch in 1000- bis 10 000-facher Geschwindigkeit. Wir befinden uns mitten in einem Massensterben erdgeschichtlichen Ausmaßes. Aber, genau wie klimatische Veränderungen, gab es auch solche großen Aussterbeereignisse bereits mehrfach in der Erdgeschichte. Genau genommen fünf Mal. Zuletzt, als vor etwa 66 Millionen Jahren ein Meteorit den Dinosauriern auf den Kopf fiel. Neu ist aber die atemberaubende Geschwindigkeit: Bisher erstreckten sich diese Aussterbeereignisse über Hunderttausende oder sogar mehrere Millionen Jahre. Ebenfalls neu ist, dass das heutige Massensterben durch eine einzige Tierart, nämlich *Homo sapiens*, also uns Menschen, verursacht wird.

Während sich die Weltbevölkerung verdoppelte, hat sich die Zahl der Wirbeltiere in den letzten 50 Jahren um 60 Prozent reduziert. Es wird geschätzt, dass aktuell 150 bis 200 Tier- oder Pflanzenarten täglich und unwiederbringlich von unserer Erde verschwinden. Oft passiert das still und heimlich. Viele Arten verschwinden von der Erde, ohne dass wir überhaupt etwas von ihrer Existenz wussten. Dann finden wir nur noch ihre Überreste und können uns fragen, wie sie wohl so war. Wie sie gelebt und was sie für dieses Ökosystem bedeutet hat. Manchmal passiert es aber auch direkt vor unserer Nase bzw. im Vogelhäuschen auf unserem Balkon: Ohne dass wir es direkt merken, wird eine uns gut bekannte Art langsam immer seltener und ist irgendwann verschwunden, wie z. B. die Kohlmeise. Sie hatte ihre Brutzeit perfekt mit den ersten Frühlingstagen synchronisiert. Wenn die Jungvögel schlüpften, waren gerade massenweise Raupen im jungen Grün der ersten warmen Tage unterwegs. Ausreichend Futter für den Nachwuchs! Jetzt verschiebt sich der Frühling aber immer weiter nach vorne. Die Insekten haben es geschafft, sich daran anzupassen. Die Kohlmeisen nicht. Zumindest hinken sie den Raupen ein paar Tage hinterher. Dadurch verpassen sie den Höhepunkt der Verfügbarkeit von Insektenlarven und haben einen geringeren Bruterfolg. Für diese asynchrone Anpassung gibt es verschiedene Gründe: Zum einen reagieren kleinere Lebewesen viel sensibler auf Temperaturveränderungen und können darauf schneller reagieren. Zum anderen gilt auch: Je einfacher ein Organismus, desto schneller gelingt die Anpassung des genetischen Programms. Das diktiert beispielsweise, im Zusammenspiel mit äußeren Faktoren, wann die Paarungszeit zu beginnen hat. Die Kohlmeise, ein komplexeres Wesen als ihre Beute, braucht demnach deutlich länger zur Anpassung ihrer Gene. Viele Vogelarten haben ein ganz ähnliches Problem wie die Kohlmeise, wieder andere ganz andere Probleme – z. B. damit, dass 40 Prozent der Fläche Europas landwirtschaftlich genutzt werden. Dadurch ist sie nur bedingt oder gar nicht als Lebensraum geeignet. In den Städten fehlen Nistmöglichkeiten. Die Gründe sind also vielseitig, das Ergebnis fatal: Heute leben in Europa 600 Millionen Vögel weniger als noch im Jahr 1980.

Was können wir also tun, damit die Jenga-Türme dieses Planeten nicht zusammenbrechen und, noch besser, vielleicht sogar an Stabilität zurückgewinnen?

Während der Heimfahrt mit dem Jeep durch das mittlerweile nächtliche Pantanal habe ich gefühlt hundert Varianten im Kopf entwickelt und verworfen, wie ich hier auf diesen letzten Seiten beschreiben kann, was wir unternehmen können. Schlaue Menschen haben schlaue und sehr umfangreiche Bücher zu diesem Thema verfasst: Sie enthalten wissenschaftliche Studien mit Handlungsoptionen, politischen Lösungsansätzen und Abkommen und haben einen gesellschaftlichen Impetus. Sie auf diesen weniger Seiten wiederzugeben, ist unmöglich – und hätte auch wenig mit mir und meiner Expertise zu tun. Ich komme gerade in Staub und Schweiß paniert aus dem Feld. Ameisenbärin Clawdia war dann irgendwann im Wald verschwunden und bereitete mir damit meinen Feierabend. Ich kenne die vielen Tiere und Pflanzen hier an diesem wunderschönen Ort voller wilder Natur besser als die politischen Abkommen.

Aber vielleicht ist das eine wichtige Erkenntnis: Es gibt sie noch, die Naturparadiese unserer Erde, und wir sollten alles dafür tun, sie zu bewahren. Sind sie erst weg, dann ist das endgültig. Wir sollten wieder mehr Natur in unser Leben lassen, auch wenn das für uns einen Verlust unseres Lebensstandards bedeutet (tun wir es nicht, geht der über kurz oder lang so oder so verloren). Und wir sollten, das lesen Sie nicht zum ersten Mal in diesem Buch, unseren Konsum massiv einschränken. Wir müssen uns klarmachen: Jedes Smartphone, jeder Fernseher, jedes einzelne Teil, das wir neu kaufen, besteht aus Rohstoffen, die irgendwo irgendwann aus der Erde geholt worden sind. An einem Ort, den zuvor ein Mensch oder ein Tier sein Zuhause nannte. Es gibt schon so viel Zeug in der Welt – können wir nicht einfach mehr teilen, mehr das nutzen und erhalten, was bereits da ist? Stichwort: Kreislaufnutzung. Das wäre natürlich vor allem für die Ressourcennutzung in der globalen Industrie wünschenswert, aber wir können auch bei uns im Küchenschrank anfangen. Muss z. B. wirklich jeder ein Waffeleisen zu Hause haben? Wäre nicht ein Schrank im Treppenhaus des Mehrfamilienhauses viel besser, in dem die Hausgemeinschaft Sachen für alle zur Verfügung stellt, die man nicht ständig braucht?

Vielleicht klingt das zu profan angesichts des rasanten Massensterbens, dessen Anfang wir gerade live mitverfolgen und in dessen Verlauf auch unsere eigene Art unter die Räder kommen wird. Aber: Es muss nicht immer gleich die ganz große Geste sein. Es ist ja auch nicht diese eine große Verkackung, die unseren ökologischen Fußabdruck in den Industriestaaten auf Clown-Schuhgröße anschwellen lässt. Sondern es sind viele kleine Dinge. Warum nicht einfach mit vielen kleinen Dingen beginnen, die Welt zu retten? Wenn wir bei jeder unserer Handlungen überlegen, ob es nicht eine Alternative gibt, die unserer Wohngemeinschaft auf diesem Planeten mehr Zeit und mehr Raum schenkt, dann ist schon viel gewonnen.

Und es lohnt sich! Hier im Pantanal ist es gleich mehrfach gelungen, Tierarten am Rande des Aussterbens ein Comeback zu verschaffen. Dazu gehören beispielsweise die Kaimane. Bis in die 1970er Jahren waren sie fast verschwunden. Kaum zu glauben, wenn man sieht, wie sie gerade bergeweise die Flussufer belagern. Und auch von den Hyazinth-Aras, die am Anfang dieses Kapitels müde von den Bäumen herunter krächzten, waren vor einigen Jahrzehnten nur noch 3000 Individuen in freier Wildbahn übrig. Als die Bestände zusammenbrachen, wurde in Brasilien ein generelles Jagdverbot für sämtliche Wildtierarten erlassen. Der Erlass von 1967 gilt noch heute und war zumindest damals ziemlich einzigartig auf diesem Planeten. Heute haben einige Länder nachgezogen. Etwas später kam das Washingtoner Artenschutzabkommen dazu, also das *Übereinkommen über den internationalen Handel mit gefährdeten Arten freilebender Tiere und Pflanzen.* Das verbot den Handel mit bedrohten Arten wie Hyazinth-Aras komplett oder schränkte ihn ein. So wurde der politische Boden zum Schutz der Tiere bereitet. Klar: Illegalen Handel gab und gibt es noch heute in Brasilien – und an vielen anderen Orten auf der Welt. Hier im Pantanal, wo die Einheimischen ihr Land gegen Wilderer verteidigen, ist davon jedoch wenig bis nichts zu spüren. Die Kaimane erholten sich dementsprechend, die Hyazinth-Aras nicht. Warum, wusste keiner. Da trat die Wissenschaft auf den Plan. Forschende fanden heraus, dass in den vergangenen Jahren viele Palmen zweier Arten gefällt worden waren, die aber die Nahrungsgrundlage für die Papageien darstellen. Bäume mit großen Nisthöhlen fehlten auch. Nachdem das klar war, machten sich die Einheimischen daran, die entsprechenden Palmen wieder aufzuforsten und Bäume mit weichem Holz zu pflanzen, in das die Vögel eines Tages ihre Bruthöhlen schnitzen können würden. Bis die groß genug waren, wurden überall im Pantanal Nistkästen aufgehängt. Und: Es gelang. Durch eine Teamarbeit von Politik, Wissenschaft und die engagierte Bevölkerung stieg die Zahl der Hyazinth-Aras wieder deutlich an. Zumindest hier, tief im Feuchtgebiet. Wenn ich gleich den Computer zuklappe und ins Bett gehe, muss ich mir keinen Wecker stellen. Die Papageien werden mich wie jeden Morgen zu Sonnenaufgang zuverlässig aus dem Bett brüllen. Und auch wenn ich wirklich gerne einmal ausschlafen würde: Es könnte schöner nicht sein.

Weiterreise

Die Bilder wirken noch länger nach. Die Abendsonne über dem Grasland, die Bruthöhlen der Eisvögel, Sumpfhirsche im Staub der ausgetrockneten Seen. Und plötzlich taucht ein anderes Zukunftsbild vor meinem inneren Auge auf, das zwar mit Science Fiction zu tun hat, aber wenig mit fliegenden Autos und nur sehr bedingt mit Marsmissionen. Es ist Arthur Dent aus «Per Anhalter durch die Galaxis», wie er im ganzen All nach einem Planeten sucht, der auch nur annähernd so vielfältig ist wie die Erde. Die im Buch, wie wir alle wissen, zerstört wurde, um einem intergalaktischen Highway Platz zu machen. Es stimmt schon, dass unser kleiner blauer Planet verdammt wunderbar ist. Dass wir unendliche Weiten haben, Aras und Ameisenbären. Wieder zu Hause, sitzt eine grobmotorische Hummel auf dem Mauerpfeffer. Während ich das schreibe, summen die Bienen auf dem Balkon um den Lavendelbaum und krabbeln so tief in die Löwenmäulchen, dass nur noch die Beine in der Luft wedeln. Ein Kohlweißling hat sich hierher verirrt, in den xten Stock. Krähen stapfen im Dickicht der Dachbegrünung umher, als hätten sie einen Kriminalfall zu lösen, und Spatzen besuchen uns in regelmäßigen Kleingruppen zum Kaffee wie Rentner holländische Grenzstädte. Es ist wirklich schön hier. Dagegen würde die Landschaft des Mars zu dem es unsere Milliardäre so dringend zieht, im Aldi-Reisekatalog nicht mal auftauchen. Vielleicht ist das ein besserer Slogan als «Es gibt keinen Planeten B»: Es gibt ihn, aber er sieht aus wie Wolfsburg. Wenig Landschaft, viel Industrie. Und das Wetter ist miserabel.

Wie schön zu wissen, dass wir gar keinen ganzen Planeten wiederfinden müssen, sondern mitunter nur eine von zwei Arten von Palmen. Im Yellowstone Nationalpark haben 14 Wölfe gereicht, um die Rehpopulation wieder ins Gleichgewicht zu bringen, die Anzahl der Bäume zu verfünffachen, Biber zurückzuholen, dadurch den Flusslauf zu stabilisieren und so die Erosion zu begrenzen. Danach kehrten Füchse, Fische, Enten und Habichte zurück.

Wir müssen uns auch nicht mit intergalaktischen Verkehrsplanern anlegen und noch nicht mal mit irgendwelchen Spezies, die größer sind als wir und scharfe Zähne besitzen, sondern nur mit uns selbst. Homo sapiens, die *einzige Tierart, die das aktuelle Massenaussterben verursacht.* Oh Gott.

Es ist alles nicht einfach. Gefühlt manchmal unmöglich. Aber dann liest man, dass es Menschen gibt, die sich bemühen, dass das Zusammenleben funktioniert, mit uns und den Aras; die Wilderei verbieten, Bäume pflanzen und das sogar auf privatem Land. Vielleicht ist es doch gar kein Naturgesetz, dass wir Menschen alles zerstören müssen, was sich uns in den Weg stellt. Vielleicht können wir auch anders.

Also, was bestimmt eigentlich, wie wir mit dem umgehen, was uns alle angeht? Mit Wäldern und Feldern und unserem CO_2-Budget?

Wenn Forschung um die Welt reist, sehen wir, dass Menschen eigentlich eine Menge öffentliche Güter teilen, Flächen, die gemeinschaftlich bewirtschaftet werden, Notfallkassen, in die alle einzahlen, Rinder, um die jeder bitten darf, der Not leidet. Wir teilen Wasser, Werkzeug und Nahrung (wenn auch viel zu selten Waffeleisen) und zahlen oft gerade dann in Gemeinschaftstöpfe ein, wenn das Überleben für Einzelne eng wird.[1] Ganze soziale Strukturen sind darum gebaut, solche sozialen Netze zu erhalten.

Im wissenschaftlichen Experiment, wo es solche sozialen Regeln nicht gibt, ist die Frage, wie wir mit Gemeinschaftstöpfen umgehen, dagegen vor allem eine von Erwartungen. Was denken wir über den Gewinn und was über die anderen? Unsere Tendenz sagt: «Nix Gutes». Unser Verdacht ist, dass die anderen nix in den Topf geben, nur um später davon zu profitieren, wenn wir ihn an alle ausschütten, und diesem empörend unsozialen Verhalten kommen wir zuvor, in dem wir … selbst nichts einzahlen. Es ist kein funktionierendes System. Außerdem eine ganz eigene Bias: naiver Zynismus. «Alle denken an sich, nur ich denke an mich (und meine Oma).» Unser Misstrauen wächst mit der Erfahrung, der Aufforderung, über das Verhalten der anderen nachzudenken, und jedem Semester, das wir Ökonomie studieren. Kein Wunder: Das Modell vom Homo oeconomicus geht davon aus, dass am Ende jeder an sich selbst denkt, sodass an sich selbst denken nur rational ist. Und dem Neoliberalismus gefällt das. Wissen Sie, wer dagegen beim Gemeingutdilemma abräumt? Kinder.[2] Die sehen den Gemeinschaftsgewinn, der aus dem Topf rauskommen könnte, und schmeißen einfach alles, was sie haben, hinein. Ohne sich allzu viele Gedanken über das Verhalten der anderen zu machen. Und das ist in einer Win-win-Kooperation genau der richtige Ansatz. Auch Schimpansen stürzen sich in dieser Konstellation auf die gemeinsame Beute, ohne sich je fragend nach den anderen umzusehen. Nur wir Erwachsenenmenschen verspielen allen möglichen Gewinn und nennen das dann noch gerissen. Eine gute Erinnerung daran, dass Zynismus zwar schlauer aussieht als Naivität, aber nicht unbedingt schlauer *ist*.

Dabei gibt es natürlich durchaus Situationen, in denen unser Misstrauen gegenüber unserer eigenen Spezies gerechtfertigt ist. Lang anhaltende Pandemien gehören anscheinend dazu. Oder, etwas allgemeiner formuliert: Überall da, wo unser Eigeninteresse dem der Gemeinschaft *entgegensteht*. In solchen Momenten denkt mindestens ein Drittel von uns noch mal über seine ethischen Grundsätze nach.[3] Das ist jedenfalls die Zahl derer, die ihren Partner in einem Gedankenexperiment namens Gefangenendilemma bei der Polizei verpfeifen würden, um selbst mit weniger Strafe davonzukommen. Nur ist das vielleicht nicht die allerbeste Metapher für Umweltschutz. Zum einen, weil Bankräuber nicht unbedingt die idealen Vorbilder für Vertrauensfragen sind, zum anderen, weil sich unsere Interessen hier diametral entgegenstehen, und wer sich sozial verhält, immer verliert. Bei Gemeinschaftsgütern ist es das Gegenteil! Wir *wollen* alle das Gleiche. Sauberes Wasser, ein lebenswertes Zuhause und Ameisenbären. Und wir gewinnen am meisten, wenn sich alle maximal einbringen. Die Frage ist nur, ob es alle *genug* tun.

Wenn unsere Interessen zusammenlaufen statt gegeneinander, ist das eigentlich genau die Art von Zusammenarbeit, die uns liegt und die wir seit Millionen Jahren sehr erfolgreich betreiben. Wir jagen zusammen und essen gemeinsam Großwild, wo ein Einzelner nur auf Karotten kommt. Heute wären es vielleicht Falafel – aber auch dafür mussten Leute Salz gewinnen, Kichererbsen anbauen und Kreuzkümmel bis hierher schleppen. Das Prinzip bleibt immer das gleiche: Wer Ressourcen zusammenlegt, hat mehr, weil die Gemeinschaft mehr schafft als die Summe ihrer Teile. Und weil, wer nichts teilt, ziemlich schnell alleine und hungrig dasteht – spätestens wenn Jagd oder Ernte mal nicht gut gehen. «Sozial sein» heißt ziemlich oft «gegenseitige Abhängigkeit verstehen». Dagegen soll Margaret Thatcher mal gesagt haben: «Es gibt keine Gesellschaft. Es gibt individuelle Männer und Frauen und es gibt Familien», und da hätte sie mit ihrer Familie ja mal den Anfang machen können, irgendwo in der Tundra.

Der Punkt ist: Wir sind es eigentlich sehr gewöhnt, uns um gemeinschaftliche Güter und gemeinschaftliches Wohl herum zu organisieren. Einfach, weil wir nicht allzu viel Wahl haben. Insofern sollten wir für Gemeingutaufgaben gemacht sein. Sie liegen uns auch tatsächlich weitaus eher als z. B. altruistische Großzügigkeit.[4] Kinder verstehen Räuberleitern, lange bevor sie freiwillig von ihrer eigenen Schokolade abgeben. Erwachsene sind beim Teilen von Gemeinschaftsgewinn weitaus weniger anfällig für Ausflüchte und Ausreden. Mehr jedenfalls, als wenn es um den Inhalt ihres eigenen Portemonnaies geht. Wenn wir an solchen Win-win-Gemeinschaftsaufgaben dennoch scheitern, dann liegt es vielleicht an der Größenordnung, fehlender Kommunikation, oder sehr ungleich verteilten Besitz- und Abhängigkeitsverhältnissen. Oder eben daran, dass wir uns selbst ein Bein stellen.

Vorzugsweise, weil wir mit den falschen Erwartungen rangehen, etwa weil wir ein Gemeingut wie einen Privatbesitz ansehen, den uns jemand wegnimmt. Also z. B. das Wissen aus öffentlicher Forschung hinter Paywalls verriegeln, anstatt froh zu sein, wenn sich jemand damit beschäftigt. Oder indem wir die Debatte immer nur um das drehen, was wir für das Gemeingut *hergeben* müssten, ohne überhaupt je darauf einzugehen, was es dadurch zu gewinnen gibt. Dann reden wir z. B. immer wieder vom «Verzicht aufs Auto», statt in regelmäßigen Abständen vorzurechnen, was wir bekommen könnten, für jede Milliarde, die wir nicht mehr für Individualverkehr ausgeben. Sprich, wie viele Überlandbusse, E-Taxis, Fahrräder und Bahncards für alle. Oder Nachtzüge! Wie viel mehr Geld wir dadurch auch im Gesundheitssektor hätten! Von den Einsparungen im CO_2-Budget ganz zu schweigen. Wussten Sie, dass laut WHO 99 Prozent der Weltbevölkerung schlechte Luft atmen?[5]

Und wo wir schon dabei sind, warum spekulieren wir so viel lieber, wie sich 3,5 km² Tempelhofer Feld besser nutzen ließen als die 17 km², die in der gleichen Stadt für das Parken *privater* PKW draufgehen?[6]

Es ist schon merkwürdig, wie erfolgreich sich das Narrativ vom umweltbewusst schlechteren Leben durchgesetzt hat, wenn so oft das Gegenteil der Fall ist. Oder, etwas bildhafter gesagt (denn Bilder bleiben in unserem Gehirn grundsätzlich besser hängen): Auf der Rückseite unseres Hauses, da, wo es keinen Mauerpfeffer, keine Hummeln und eigentlich gar kein Grün gibt, verläuft dröhnend die Berliner Stadtautobahn, direkt neben einer sechsspurigen Straße, die von einer achtspurigen Straße gekreuzt wird. Wenn morgen eine davon implodieren würde, hielte sich mein Verzichtgefühl in Grenzen. Wahrscheinlich ähnlich wie das von über 50 Prozent der Berliner Innenstädter*innen,[7] die kein Auto besitzen. Vielleicht gäbe es Platz für Tischtennisplatten und man könnte im Sommer die Straßenseite wechseln, ohne auf der Betoninsel zwischen drei von sechs Spuren spontan zu verglühen.

Bevor jetzt jemand was über Latte macchiato trinkende Prenz-lauer-Berg-Bewohner*innen sagt, die sich für «die Umwelt» in-teressieren, weil sie sonst keine Probleme haben («Und danach sortier' ich meine Lastenräder nach Farben»), sollte ich vielleicht erwähnen, dass die A100 da gar nicht langläuft. Sie versucht es und hat sich auf dem Weg dahin schon durchs arme Neukölln gepflügt, nur jetzt müsste sie erst an den Friedrichshainer*innen vorbei. Aber vor allem: Wenn wir deutschlandweit eine Bevöl-kerungsgruppe suchen, bei denen die Kein-Auto-Besitzer*innen in der Mehrheit sind, dann sind das laut Umweltbundesamt die Haushalte mit sehr niedrigem Einkommen.[8] Unter denen mit hohen und sehr hohen Einkommen gibt es weit weniger Haus-halte ohne Auto, dafür aber 40 Prozent mit zweien. Womit wir bei einem anderen Teil von Verzicht und Gewinn im Sinne der Gemeingüter wären: Sie sind nicht gleich verteilt. Alle Fahrten mit dem 9-Euro-Ticket zu erledigen, wäre für die einen ein Geschenk, für die anderen eine ganz schöne Umstellung. Das heißt, Investi-tionen in Gemeingüter nutzen vor allem denen, die wenig eigene haben. Wer schon ein Haus mit Garten hat, ist auf den Stadtpark zumindest nicht angewiesen. Und wer sich eine gut angebundene Wohnung leisten kann, profitiert auch weniger vom Öffi-Ausbau. Andersrum wird eher ein Schuh draus: Wer viel hat, muss auch viel reduzieren. Denn natürlich bedeutet «viel haben» im Schnitt auch weitaus mehr Emissionen. Man spricht auch vom Carbon-Dinosaurier, weil die Grafik bei den 10 Prozent sehr langhalsig ansteigt. Das lag lange fast ausschließlich am unfairen Gefälle zwischen den reichen und armen Ländern, von denen Erstere den weit größeren Schaden anrichten und Letztere den weit größeren Schaden ausbaden. Allerdings rechnet eine neue Studie vor, dass auch die Ungleichheit *innerhalb* der Länder immer relevanter wird.[9] Besonders wenn man die Folgen klimaschädlicher Inves-titionen mitrechnet, sind die Emissionen des reichsten Prozent seit den 90er Jahren noch um ein Viertel angestiegen und die des oberen Zehntausendstels um satte 80 Prozent. Unterdessen ist der Ausstoß der Mittelschicht in den reichen Ländern sogar leicht gesunken. Was vielleicht weniger über ökologisches Bewusstsein sagt als über die Situation des Mittelstands. Das heißt nicht, dass das Thema die Mittelschicht nichts angeht. Jede Tonne zählt – vor allem in den reichen Ländern. Was es aber heißt, ist, dass man mit wohlüberlegten (CO_2-)Steuern massiv Emissionen eindämmen und Investitionen in eine klimafreundliche Richtung umlenken kann, ganz ohne damit den ärmeren Teil der Bevölkerung zu tangieren. Außer vielleicht im positiven Sinne, wenn man die Einnahmen aus solchen Steuern – wie in den meisten Ländern, in denen es sie gibt – wieder an die Bevölkerung zurückgibt. Sodass alle, die weniger Emissionen produzieren als der Durchschnitt, am Ende mit *mehr* dastehen. Es gibt noch mehr wunderbare Möglichkeiten, den Gewinnaspekt für Einzelne zu steigern: Wie in Großbritannien z. B., wo die Anwohnenden von Windparks weniger für ihren Strom zahlen müssen. Genauso wie übrigens hier in den bezahlbaren Genossenschaftswohnungen mit den Solarplatten auf dem Dach.

Das heißt, arme Leute vorzuschieben, wenn es um Gemeingüter und gegen Klimaschutz geht, ist eigentlich ein Taschenspielertrick. Ein Rechnen mit Durchschnittswerten, die die eigentliche Realität verzerren. Ähnlich wie bei den vielen Debatten um *degrowth* und das Ende des Wachstums, die auch gern als allgemeine Schrumpfkur dargestellt werden, obwohl es ja eigentlich um eine zielgerichtetere Verteilung der Ressourcen geht. Wer dagegen wirklich etwas erreichen will für den Schutz unserer Gemeingüter, muss den Fokus wieder geraderücken und die Situation so darstellen, wie sie ist. Eine, in der unsere Interessen zusammenlaufen und die meisten von uns bei allen Investitionen verdammt viel zu gewinnen haben. Selbst diejenigen, die unterwegs mehr abgeben müssen, bekommen als Kleinigkeit eben immer noch einen bewohnbaren Planeten. Idealerweise einen, auf dem sich noch ein paar mehr Arten tummeln und nicht nur die mikroskopisch kleinen Bärtierchen, die wahrscheinlich jede

Apokalypse überleben, aber dafür ein bisschen aussehen wie ein Staubsaugerbeutel.

Aber das ist ja nur die kleine Privatpersonen-Perspektive, die die wirklich großen Fragen außen vorlässt: die nach der «Wirtschaft». Also nach dem, was im Hintergrund weiterrattern muss, um uns Tischtennisplatten und das ganze Gedöns erst zu ermöglichen. Die Wirtschaft steht bekanntlich immer in Konkurrenz zu der anderer Länder. Kommen wir hier also endlich zu unserem Interessenkonflikt? Zumindest wird sich ziemlich oft aufs Gefangenendilemma berufen, wenn wir versuchen, unsere Untätigkeit in Sachen Gemeingüter zu erklären. Jahrzehntelang sah es auch wirklich so aus. Wachstum und CO_2-Ausstoß liefen in zwei parallelen Linien nebeneinander. Wenn der CO_2-Ausstoß mal ein bisschen schwächelte, dann waren die Gründe dafür selten erbaulich: Öl- und Finanzkrisen oder der Zerfall ganzer Staatenbünde. Da liegt die Annahme nahe, dass CO_2 sparen ziemlich gleichbedeutend ist mit Verlust. Wer die Gemeingüter schützt, schneidet sich ins eigene Fleisch. Und in einem Wirtschaftssystem, das Haus und Hof auf Wachstum verwettet, braucht man bei dem Gedanken erst mal mehrere Cognac. *Brauchte!* Denn inzwischen hat sich das Bild gewandelt. Immer mehr Länder haben es geschafft, die beiden Linien zu entkoppeln. Sie wachsen, während der CO_2-Ausstoß sinkt. Bei *Our World in data,* da, wo wir anfangs schon geguckt haben, welche Länder endlich ihre Emissionen senken, können wir auch dieses Rennen verfolgen: Wer hat sein Wachstum schon erfolgreich vom CO_2 gelöst?[10] (Spoiler: Deutschland ist diesmal gut mit dabei.) Damit haben wir dann zwar immer noch ein Wachstums- versus Ressourcenproblem, aber das hätten wir auch mit Kohle.

Auch das macht den aktuellen Moment anders als alles, was vorher dagewesen ist: das Zeitfenster, in dem wir den Verlauf der Klimakatastrophe gerade noch beeinflussen können und gleichzeitig realisieren, dass wir dabei die Wirtschaft nicht mal auf den Grunde eines Sees stürzen müssen. Wenn man bedenkt, wie erfolgreich «die Wirtschaft» Politik bestimmt, ist diese Erkenntnis sehr wertvoll. Und es ist wichtig, dass sie dort auch ankommt: Wir *sind* nicht in einem Gefangenendilemma. Der technologische Fortschritt hat einen Großteil unseres Interessenkonflikts aufgelöst. Zumal er ja schon vorher sehr kurzfristig kalkuliert war. Noch mal: Wenn die Welt brennt, ist der Quartalsbericht auch egal. Und natürlich macht auch «die Wirtschaft» mit funktionierenden Gemeingütern jede Menge Gewinn. Es fällt uns nur nicht leicht, das in unsere aktuellen Modelle mit einzubeziehen, auch wenn eine neue, aufregendere Generation von Ökonom*innen durchaus nach Wegen dafür sucht.[11] Kosten sind immer einfach zu beziffern, aber der Nutzen davon, in Land und Luft zu investieren, erscheint uns passenderweise wolkig. Dann müssen erst Expert*innen kommen und uns vorrechnen, dass es uns schätzungsweise 36 400 000 000 000 Dollar spart, wenn wir das Pariser Klimaabkommen einhalten.[12] Oder dass der Amazonas allein für die brasilianische Wirtschaft Dienste im Wert von 8 300 000 000 Dollar erbringt.[13] Was die Bienen bringen, haben wir bei Sebastian Lotzkat schon gehört, und wenn hier Ökonom*innen mitlesen, könnten sie das vielleicht noch mal für Ohrenkneifer durchrechnen? Wer's konkreter mag, kann auch die Kalifornier fragen, deren Kostenvoranschlag für die Renaturierung eines brandgefährlich ausgetrockneten Flussbetts bei einer Million Dollar für zehn Jahre Arbeit lag, bevor ein paar Biber den Job für 58 000 in ein paar Monaten übernahmen (Kosten für Damm und Logis).[14] Im Berliner Tiergarten hat ein Biber schon mehrfach versucht, den Fluss umzuleiten, und ich finde, wir sollten ihn einfach mal machen lassen.

Schritt eins des Gemeingutdilemmas ist also schon mal geklärt: Wir verstehen, dass der mögliche Gewinn groß ist (spätestens beim zweiten Lesen, oder wenn es jemand noch mal sehr laut sagt). Kommen wir zu Schritt 2: unseren Erwartungen an das Verhalten der anderen. Auch deren Tendenz, sich sozial zu verhalten, steigt natürlich deutlich mit der Gewinnerwartung. Bleibt nur die Frage: Trauen wir ihnen zu, diesen Gewinn wirklich zu sehen?

Da wird es schon schwieriger, denn tendenziell halten wir unsere Mitmenschen für nicht halb so erleuchtet wie uns. So, wie 80 bis 90 Prozent der Amerikaner*innen glauben, nur eine Minderheit würde den Klimaschutz befürworten – in Wirklichkeit sind 66 bis 80 Prozent dafür.[15]

Auch das ist eine Bias: Wir gehen eben immer davon aus, dass die anderen um eine Ecke weniger denken als wir. Dann fahren wir an den Urlaubsort, den unsere Tageszeitung als «Geheimtipp» empfiehlt, und ärgern uns dort über die ganzen deutschen Touristen. Wer andere für besonders doof hält, kommt wahrscheinlich selbst nicht sehr weit. Genauso rufen wir bei den Gemeingütern so lange «Aber was ist mit China?!», bis es für uns alle zu spät ist. Im Nachhinein ist uns das ein bisschen peinlich, denn inzwischen hat China neben seinen gigantischen Emissionen ein Solar- und Wasserkraftprojekt ausgerollt, das alles bisher Dagewesene in den Schatten stellt (einschließlich sich selbst). Schon 2020 leistete es die Hälfte der weltweit zugebauten Windkraftkapazität, und 2019 hat es mehr Photovoltaikkapazität zugebaut als die EU und USA zusammen. Auch die notorisch bremsenden USA haben gerade ein einzigartiges 369-Milliarden-Dollar-Investitionspaket beschlossen (und schon 2020 zehnmal mehr Windkraft zugebaut als Deutschland). In Indien steht inzwischen der größte Solarpark der Welt, vor Thailand schwimmt ein Solarkraftwerk mit 150 000 Modulen, und wenn Sie im Emissionsrechner nach Dänemark suchen, können Sie bewundern, wie es aussieht, wenn man die große Kurve Energiewende schon seit dem letzten Jahrtausend kriegt.[16] Der Autor Jan Hegenberg zählt in seinem Buch «Der Weltuntergang fällt aus» eine ganze Reihe solcher weltweiten Entwicklungen auf, aber die vielleicht eindringlichste Zahl, um zu verdeutlichen, wie viel Energieausbau um uns herum stattfindet, ist diese: 2021, im weltweiten Rekordjahr in Sachen Erneuerbare, lag der deutsche Anteil bei 0,5 Prozent. Von wegen «Aber die anderen!». Die anderen sind bei der Arbeit. Und das nicht aus Opferbereitschaft (die USA z. B. bauten in ihr Paket durchaus auch ein paar Zugeständnisse für Ölfirmen ein), sondern weil das Eigeninteresse am Gemeinschaftsziel immer offensichtlicher wird. Mancherorts ist es jetzt schon *günstiger*, neue Solaranlagen zu bauen, statt alte Kohlekraftwerke am Laufen zu halten.[17] Auch in China, wo die Emissionen trotz allem noch steigen und tatsächlich noch *neue* Kohlekraftwerke geplant und gebaut werden, geht ihr Anteil am Strommix in der Praxis eher zurück. Man sieht: Es ist nicht einfach, das Verhalten unserer Mit-Akteure eindeutig einzuschätzen. Außer vielleicht das der Ölmagnaten und ihrer Lobbyisten, für die Klimaschutz eben doch einen Interessenkonflikt darstellt und die gerade im November 2022 mit dazu beigetragen haben, die Klimakonferenz der UN zu einem ergebnislosen Ende zu bringen. Umso wichtiger, dass sich alle, denen es anders geht, zusammenschließen. Anscheinend sind das weitaus mehr, als man denkt. Und selbst wenn wir nie genau wissen, was wird und ob's reicht, wär's schon unangenehm, unseren Enkel*innen erzählen zu müssen, wir hätten es aus taktischen Gründen nicht mal versucht.

In Gemeingüter zu investieren lohnt sich also. Ob es nun um monetäre Werte geht oder einfach nur um die Chance, nicht irgendwann wie Arthur Dent umherzuirren auf der Suche nach dem verlorenen Planeten.

Mit dem Bewusstsein können wir uns gleich einer anderen Lebensgrundlage zuwenden, die wir bis jetzt eher ignoriert haben, obwohl sie so dicht dran ist: das Meer. Wir machen uns also auf an die Atlantikküste und schippern rüber, nach Italien. Bloß nicht zu tief nach unten gucken. Da schwimmt gruseliges Zeugs. Zum Glück treffen wir Ann-Kathrin Vlacil an Land.

ANN-KATHRIN VLACIL

Life in plastic – it's fantastic: Von Mikroplastikpartikeln, die sich nicht (nur) in Luft auflösen

Ann-Kathrin Vlacil trägt Laborkittel und arbeitet am Mikroskop – endlich mal Wissenschaft genau so, wie man sie sich vorstellt. Auch inhaltlich, denn ihre Aufgabe ist es, Verborgenes ans Licht zu bringen. Allerdings nicht immer das, was uns gefällt.

O b sich Barbie in unserer Welt wohlfühlen würde? Mittlerweile begegnet uns Plastik in den buntesten Farben und beliebigsten Formen: Ob als Spielzeug, Tragetasche oder Peelingkügelchen – durch die schier unendlichen Anwendungsmöglichkeiten hat Plastik die Industrie revolutioniert. Hier preist man besonders seine Langlebigkeit an. Doch gerade die «Vorteile» dieser Langlebigkeit werden seit Kurzem von Wissenschaftler*innen infrage gestellt. Nachdem kleinste Mikroplastikpartikel an den entlegensten Orten dieser Welt und sogar in kleinen Tiefseekrebsen nachgewiesen wurden, wird deutlich, dass ihre Verbreitung außer Kontrolle geraten ist. Der Ruf nach einer Risikobewertung wird lauter. Denn was in den Ozeanen von Meerestieren aufgenommen wird, könnte auch in den menschlichen Organismus eindringen. Wie setzen wir uns, in den meisten Fällen unbewusst, dem Mikroplastik aus? Werden diese Partikel aufgenommen oder nur durchgeschleust? Und welche Folgen haben diese blinden Passagiere für unsere Gesundheit? Vieles deutet darauf hin, dass uns das jahrzehntelang angehäufte Mikroplastik nicht nur im Gesicht eine Abreibung verpasst.

Mikroplastik – das klingt sehr klein, und das ist es auch. Eine allgemeine wissenschaftliche Definition existiert noch nicht. Ein erster Hinweis darauf, dass das Thema dieses Kapitels ziemlich jung und unerforscht ist. Erstmals 2004 so genannt, verstehen die meisten Wissenschaftler*innen unter Mikroplastik kleine Polymerpartikel mit einer Größe von 1 Mikrometer bis 5 Millimeter.[1] Alle kleineren Partikel werden Nanoplastik genannt, alle größeren Makroplastik. Wir produzieren alle erdenklichen Sorten an Plastik, im Bereich der Lebensmittelverpackung sind das vor allem Polyethylen (Plastiktüten), Polypropylen (Plastikverschlüsse) und Polystyrol (Joghurtbecher). Solches Makroplastik gibt entweder durch Abnutzung oder Einwirkung von z. B. UV-Einstrahlung oder Salzwasser kleinste Mikroplastikpartikel in unsere Umwelt ab. Man stelle sich den Plastikmüll am Strand einer weit, weit entfernten Insel vor oder werfe den Blick in einen Graben, der an eine beliebige Autobahnauffahrt grenzt. Irgendwann sind diese Partikel nicht mehr mit bloßem Auge erkennbar. Doch leider gilt hier nicht «aus dem Auge, aus dem Sinn», sondern vielmehr «aus dem Auge, in den Organismus»! Denn vor allem diese kleinsten Partikel stehen im Verdacht, mühelos biologische Barrieren wie z. B. unsere Schleimhäute zu überschreiten.

Jährlich werden etwa 368 Millionen Tonnen neues Plastik hergestellt,[2] Tendenz steigend. Damit könnten wir ganz Baden-Württemberg innerhalb eines Jahres mit einer 1 Zentimeter dicken Plastikschicht versiegeln. Diese enorme Menge ist vor allem auf die Vielseitigkeit dieses Werkstoffs zurückzuführen. Um zu erkennen, dass es für Plastik scheinbar unendliche Einsatzmöglichkeiten gibt, muss man sich nur einmal umschauen: Jetzt in diesem Moment, in dem ich hier an meinem Schreibtisch sitze, sehe ich auf Anhieb eine aus Plastik bestehende Computermaus, ein Laptopgehäuse, ein Telefon, einen Bürostuhl, eine Atemmaske ... alles Ausgangsmaterial für Mikroplastik. Zwar in weitaus geringerem

Umfang, aber nicht zu vergessen, wird Mikroplastik außerdem gezielt hergestellt und teilweise immer noch in der Kosmetikindustrie als «Abriebstoff», also Peelingzusatz oder kostensparendes Füllmaterial eingesetzt. Schweden, Italien und Großbritannien sind hier Vorreiter und haben den Verkauf von Kosmetikprodukten, die Mikroplastik enthalten, bereits verboten. Wenn Sie mehr über die Plastikproduktion und mögliche Alternativstoffe wissen möchten, blättern Sie zu meinem Kollegen Simon McGowan, der kennt sich da aus.

Egal ob Makro oder Mikro, früher oder später landen die kleinen Partikel in unserer Umwelt. Und verbleiben dort. Voraussichtlich für immer. Doch was bedeutet das eigentlich für uns und andere Lebewesen?

Achtung, jetzt wird es wissenschaftlich.

Dass sich Mikroplastik in unserer Umwelt anhäuft, ist lange bekannt und ebenso lange politisch und gesellschaftlich hingenommen worden. Taucht man in die Fachliteratur ein, sind es vor allem Umweltbiolog*innen, die ab der Jahrtausendwende das Vorkommen von Mikroplastik an verschiedenen Küstenregionen der Welt beschreiben. Pionierarbeit hat hier eine britische Forschungsgruppe geleistet, die 2004 erstmals auf die Verschmutzung der Weltmeere und die Aufnahme von Mikroplastik durch Meerestiere in die Nahrungskette hinweist.[3] Weitere Studien folgten, und so wissen wir heute u. a., dass Mikroplastik von Meeresalgen aufgenommen wird und sowohl deren Fotosyntheserate als auch ihr Wachstum reduziert. Es leuchtet ein, dass im Meer auf das Phytoplankton folgend alle weiteren Stationen der Nahrungskette bis zum Wal und Hai dem Mikroplastik ausgesetzt sind. Dabei scheint es egal, ob der Organismus auf der Wasseroberfläche treibt oder sich in der Tiefsee aufhält. Eine erst 2020 beschriebene Krebsart, die man in etwa 6500 Meter Tiefe einfing, hatte bereits eine 0,6 Millimeter lange PET-Faser in sich – daher verlieh man ihr den Namen *Eurythenes plasticus*.[4] Dieser Krebs entdeckte unsere Produktionsrückstände, bevor wir ihn entdeckten. Ob und welche Folgen diese Kontamination für Meerestiere hat, ist vor allem mithilfe verschiedener Modellorganismen untersucht worden. *Daphnia magna,* ebenfalls ein Flohkrebs, dessen Organe ich in meinem Biologiestudium gegen das Licht von außen bestaunt und abgepaust habe, ist hier das Versuchstier der Wahl. Daphnien, die in mit Mikroplastik versetztem Wasser leben, zeigen eine geringere Überlebensfähigkeit und Aktivität. Was aber vor allem überrascht: Sie produzieren eine geringere Anzahl an Nachkommen, das Mikroplastik wirkt sich also direkt auf die Fruchtbarkeit aus. Und das sogar über Generationen hinweg: Selbst wenn die Nachkommen unserer Versuchsflohkrebse (man sagt hier die «F1-Generation») anschließend in Wasser ohne Mikroplastik gehalten werden, haben sie selbst ebenfalls eine geringere Nachkommenschaft.[5] Der Markt für Mikroplastik als generationenübergreifendes Verhütungsmittel für Flohkrebse ist hier ein heißer Anlegertipp.

Eine der wichtigsten Erkenntnisse wurde 2008 dank der gemeinen Miesmuschel erlangt: Wenn man sie, statt mit Weißwein zu kochen, mit Mikroplastik füttert, kann sich das ein oder andere Partikel später in ihrer Lymphe (dem «Blut» der Miesmuschel) wiederfinden.[6] Was erst einmal unspektakulär klingt, schüchtert einen Gedanken weiter schon ein: Nicht alle Mikroplastikpartikel, die die Miesmuschel über die Verdauung aufgenommen hat, sind auch hinten wieder rausgekommen. Manche haben die biologische Barriere des Darms überschritten und sich im Organismus niedergelassen. Ob und wann diese Partikel den Organismus wieder verlassen, welche Folgen die Aufnahme hat, ob das Mikroplastik Immunreaktionen auslöst, sich in einem Organ vermehrt anhäuft ... alles Fragen aktueller wissenschaftlicher Anstrengungen. Von der Miesmuschel und nachfolgenden Studien wissen wir allerdings schon, dass es eben doch auf die Größe ankommt: Je kleiner die Mikroplastikpartikel sind, desto eher können sie biologische Barrieren überschreiten. Das gilt für das Darmepithel, also die Zellschicht des Darms, die mit unserem Essen in Berührung kommt, ebenso wie für die Lungenschleimhaut. Gleiches wurde in Säugetieren beobachtet. Und zwar mit Polystyrol, das wir aus Joghurtbechern kennen. Walczak et al. waren unter den Ersten, die in ihren Versuchen mit Ratten zeigten, dass sich Polystyrol-Partikel im Rahmen des Verdauungsprozesses in der Leber ablagern.[7] Wie sich die Partikel im Blut verhalten und in die Leber gelangen, ist größtenteils noch unklar. Während meiner Postdoc-Zeit an der Philipps-Universität Marburg habe ich herausgefunden, dass auch eine bestimmte Art von Immunzellen, die Neutrophilen, Polystyrol-Partikel im Blut aufnehmen.[8] Normalerweise werden Neutrophile von Krankheitserregern wie Bakterien angelockt, welche sie in sich aufnehmen und zerstören. Dass sie nebenbei auch Mikroplastik aufsammeln, ist neu.

Sogar im Blut selbst können diese Partikel schon Einfluss auf die Zellen unserer Blutgefäße haben. Da sind z. B. die Endothelzellen, die unsere Gefäßwand von innen auskleiden und so in direktem Kontakt mit dem Blut und dort befindlichen Immunzellen stehen. Im Experiment habe ich untersucht, was passiert, wenn man Kulturen dieser Zellen mit Polystyrol-Mikroplastik stimuliert: Sie zeigen eine verstärkte Entzündungsreaktion. Das heißt auch, dass Immunzellen vermehrt daran binden.

Ganz ähnlich wie bei einem Schnitt am Finger, der rot wird und aufgrund einwandernder Immunzellen anschwillt, kommt es also zur Entzündung der Gefäßzellen unter Mikroplastikeinfluss. Auch hier gilt: Einmal ist quasi kein Mal. Aber wenn das andauernd über Jahre hinweg passiert, können diese Entzündungen genauso wie andere sogenannte Risikofaktoren (Rauchen, Diabetes, Bluthochdruck) zu kardiovaskulären Erkrankungen führen, Herzinfarkt und Schlaganfall eingeschlossen.

Unser Körper ist dem Mikroplastik aber keinesfalls schutzlos ausgeliefert: Nur ein Bruchteil der eingeatmeten oder über die Nahrung aufgenommenen Partikel ist klein genug, die Schleimhäute und Epithelzellen zu durchdringen. In Lunge und Darm liegt die magische Grenze bei etwa 1 Mikrometer, also einem Tausendstel Millimeter. Alle größeren Partikel werden im besten Fall einfach wieder ausgeschleust. Auch am Beispiel Lunge macht die Dosis das Gift: Eine hohe Belastung mit Nylonfasern oder Polystyrol wird mit chronischen Lungenentzündungen und dem Auftreten von Lungenkrebs in Verbindung gebracht.[9,10] Noch fast druckfrisch und besorgniserregend sind die Studienergebnisse von Kwon et al.: Mikroplastik kann tatsächlich die Blut-Hirn-Schranke überschreiten. Die Forscher*innen beobachteten im Mausmodell die Aufnahme der Polystyrolpartikel nicht nur vom Darm ins Blut, sondern auch vom Blut ins Gehirn.[11] Diese Barriere ist eigentlich strengstens reguliert, damit unser delikates Gehirn vor jeglichen schädlichen Einflüssen geschützt bleibt. Ob die Grenzgänger beispielsweise Alzheimer begünstigen, wird momentan heiß diskutiert.

Umso wichtiger sind Folgestudien, die untersuchen, welche Rolle Mikroplastik in Bezug auf die Gehirnentwicklung, -leistung oder bei neurologischen Erkrankungen spielt.

Mit der Erfindung des Plastiks haben wir uns also nicht nur ein günstiges und leichtes Allzweckmaterial, sondern auch biomedizinische Fragestellungen geschaffen, die uns die nächsten Jahrzehnte beschäftigen sollten. Ob mit Hinblick auf die potenziellen Mehrkosten für unser Gesundheitssystem das Plastik immer noch als günstig bezeichnet werden kann, bleibt jedenfalls abzuwarten.

«Halt, stopp!», ruft spätestens an dieser Stelle der erste Kritiker, nicht ganz zu Unrecht. Einer der wichtigsten Datenpunkte fehlt uns noch: die tatsächliche Mikroplastikbelastung des Menschen. Bisher existieren nur (waghalsige) Hochrechnungen. Durch Studien unserer österreichischen Kolleg*innen wissen wir aber, dass Mikroplastik in unserem Stuhl zu finden ist.[12] Selbst Ungeborene scheinen den Partikeln ausgesetzt zu sein, denn Mikroplastik kann die Barriere der Plazenta überschreiten und ist ebenfalls im ersten Stuhl des Neugeborenen gefunden worden.[13] Während ich diesen Text schreibe, macht mich mein Publikationsalarm auf den nächsten wissenschaftlichen Paukenschlag aufmerksam: Forschende aus Amsterdam weisen erstmals Mikroplastik in unserem Blut nach.[14] Es wäre blauäugig und vermessen gewesen, davon auszugehen, dass wir unter allen Lebewesen eine Ausnahme darstellen, was die Aufnahme von Mikroplastik angeht. Diese Publikation sollte nun auch die letzten Kritiker überzeugen, dass nicht nur unsere Mitwelt, sondern auch wir direkt von unserem Abfall betroffen sind. Doch warum kommt diese Studie erst jetzt? Warum ist es so schwer, Mikroplastik nachzuweisen?

Das hat ganz unterschiedliche, vor allem technologische Gründe: Wissenschaftler*innen benutzen in ihren Studien meist modifiziertes Mikroplastik, das bei Anregung durch Licht einer bestimmten Wellenlänge strahlt oder «leuchtet». Diese sogenannte Fluoreszenz ermöglicht es uns erst, die kleinsten Partikel unter 1 Millimeter in verschiedenen Geweben relativ mühelos aufzuspüren. Das Mikroplastik, das wir in unserer Umwelt anhäufen, hat diese Eigenschaft natürlich nicht. Daher sind wir momentan noch auf spezielle Nachweismethoden, beispielsweise die Raman-Spektroskopie, angewiesen. Dabei wird der zu untersuchende Stoff mit Licht einer bestimmten Wellenlänge bestrahlt. Es kommt zur Wechselwirkung und einer für das Material spezifischen Verschiebung der Wellenlänge des Lichts, der sogenannten Raman-Verschiebung. Anhand dieser kann man, ähnlich einem Fingerabdruck, Rückschlüsse auf die Zusammensetzung des unbekannten Stoffes ziehen und z. B. herausfinden, mit welcher Plastikart man es zu tun hat. Deren Auflösung lässt aber momentan die Detektion der kleinsten Mikroplastikpartikel, die im Verdacht stehen, leichter in den Organismus zu gelangen, (noch) nicht zu. Die Kolleg*innen der Physik, Chemie und Biologie kennen das Problem und arbeiten momentan an alternativen Nachweismethoden. Das Team aus Amsterdam konnte durch die Kombination von verschiedenen Methoden Partikel im Blut nachweisen, die 700 nm groß und größer waren. Das ist so groß wie das größte bisher beschriebene Virus (*Megavirus chilensis*).

Außerdem ist Mikroplastik nicht gleich Mikroplastik: Abgesehen von der variablen Größe der Partikel kann es aus vielen verschiedenen Quellen stammen, wie z. B. Polyethylen, Polypropylen, Polystyrol, Polyurethan etc. Darüber hinaus ist es frivol polygam, geht also Verbindungen mit ganz unterschiedlichen Stoffen ein. Genannt seien hier Pestizide, Weichmacher und andere potenziell toxische Stoffe, die an die Mikroplastikpartikel gebunden in die große weite Welt getragen werden. Not so fun fact: Ergebnisse aus Tier- oder Zellkulturversuchen kommen zu eventuell milderen Ergebnissen, als es in der Realität der Fall ist, denn das wissenschaftlich genutzte Mikroplastik ist meist klinisch rein, trägt die oben genannten möglichen toxischen Stoffe also nicht.

Ich fasse zusammen: Wissenschaftler*innen versuchen einen Partikel im menschlichen Organismus nachzuweisen, dessen Größe wir nicht genau kennen. Wir wissen, dass er aus einer von 13 Plastikarten besteht (außer, wir haben ein Gemisch vorliegen, Gott bewahre). Es könnte sein, dass sich der Partikel in einen Mantel aus Proteinen, Weichmachern, Pestiziden und anderen Trittbrettfahrern hüllt. Oder dass er von Zellen aufgenommen wurde und nur in ihnen gesichtet werden kann. Und, nicht zu vergessen, die Menge an Mikroplastik im menschlichen Körper wird sehr gering sein, womöglich im Bereich von ein paar Mikro- oder Nanogramm. In jeglicher Hinsicht benötigen wir also Mess- und Detektionsmethoden mit sehr hoher Auflösung. Neben den zu klärenden gesundheitlichen Fragen, was Mikroplastik in unserem Körper anrichtet, steht also auch noch eine bessere Analytik auf unserer wissenschaftlichen To-do-Liste.

Das Plastikproblem ist aber auch ein Multi-Level-Problem. Nicht nur, dass es in unseren Meeren bereits in allen Schichten, von der Meeresoberfläche bis in die Tiefsee, zu finden ist. Es vereint darüber hinaus politische, wirtschaftliche, gesellschaftliche, technologische und ökologische Aspekte. Beispielsweise hat die europäische Plastikproduktion einen wirtschaftlichen Umsatz von etwa 330 Milliarden Euro jährlich und gibt 1,5 Millionen Menschen eine Arbeit. Sie gilt als eine der wichtigsten Industrien in

Europa, gleichauf mit der Pharmabranche. Und dennoch darf sie sich ihrer umweltpolitischen Verantwortung nicht entziehen und muss, wenn nötig mit politischem Druck, zum Umlenken bewegt werden.

«Nachhaltigkeit» heißt das Schlagwort – also so handeln, dass wir nichts zerstören, was der Planet nicht wieder regenerieren kann. Schaut man sich allerdings die Entscheidung der EU-Kommission an, Gas- und Atomkraft als nachhaltig einzustufen, oder betrachtet das Greenwashing von Firmen durch angeblich umweltbewusste Label (MSC für nachhaltige Fischerei, der angebliche «clean diesel» und darauffolgende Skandal, «conscious collection» diverser Modelabel etc.), fragt man sich, wie Nachhaltigkeit genau definiert ist. Wenn man dann noch das Statement der europäischen Plastikhersteller liest, ihr Produkt «schütze(n) Menschen ... und biete(n) gleichzeitig nachhaltige Lösungen», kommt man doch ins Grübeln. Sollte Plastik so «nachhaltig» langlebig sein, dass sich auch noch unsere Urururenkel über unseren Plastikverbrauch ärgern, weil er das marine Ökosystem vernichtet hat?

Wo können wir also ansetzen, wenn wir den Begriff Nachhaltigkeit ernst nehmen? In den Ozeanen gibt es riesige schwimmende Plastikinseln, die wir aufspüren und ihre Bewegung nachverfolgen können. Dabei helfen mittlerweile Satellitenbilder des Copernicus-Programms der Europäischen Weltraumorganisation ESA, das der Erdbeobachtung dient. Diese Daten geben uns Wissenschaftler*innen und den Entscheidungsträger*innen wichtige Einblicke in das Ausmaß der Plastikvermüllung und die Dringlichkeit, dieses Problem anzugehen. Die Plastikinsel im Nordpazifik sprengt dabei alle Rekorde: Ihre Größe wird auf das Dreifache Frankreichs geschätzt. Doch nicht nur das bereits bestehende, sondern auch das zukünftig produzierte Plastik muss stärker reguliert werden. Wir brauchen eine globale Plastik-kreislaufwirtschaft, eine begrenzte Neuproduktion, verstärkte Wiederverwendung und nebenbei eine komplette Revolution im

Bereich alternativer Kunststoffe. Denn Plastik per se sollte nicht verdammt, sondern verbessert werden. Wer dazu mehr erfahren möchte, blättert weiter zu Simon McGowans Kapitel.

Wo können, wo müssen wir noch ansetzen? Sie ahnen es, bei uns selbst, bei Ihnen und mir. Je mehr ich mich mit der Klimakrise beschäftige, desto öfter läuft es aus meiner Sicht für uns Verbraucher*innen vor allem auf einen zu betätigenden Hebel hinaus, den ich als Wissenschaftlerin mit der Wahlheimat Italien nur zögerlich benenne: Essen. Wir sind leider nicht wie die Raupe Nimmersatt, deren maßloses Fressen nur ihre Verwandlung in einen schönen Schmetterling zur Folge hat. Mal ganz abgesehen von dem enormen Einfluss, den unsere Nahrungsmittelproduktion auf die Treibhausgasemission (siehe Maria-Elena Vorraths Kapitel), die Nutzung der vorhandenen landwirtschaftlichen Fläche (blättern Sie hier weiter zu David Spencers Beitrag), die einseitige Überdüngung unseres fruchtbaren Bodens, das Tier- und unser eigenes Wohl hat, macht es auch aus Sicht der Plastikverschmutzung Sinn, unsere Essgewohnheiten umzustellen. Und warum nicht gleich mit einer Klappe mehrere Schmeißfliegen der Klimakrise erwischen? Der Verzicht auf beispielsweise Meerestiere hat nicht nur den schönen Nebeneffekt, dass wir unseren Körper nicht mit den darin enthaltenen Schwermetallen und Arzneimittelrückständen belasten, sondern führt vor allem auch zur Reduktion der Plastikverschmutzung in den Meeren. Denn einen Großteil dieser Verschmutzung machen nicht nur die häufig abgelichteten PET-Flaschen oder Plastiktüten aus, sondern Fischereigeräte wie beispielsweise kaputte Netze (sogenannte Geisternetze), die meist aus Polypropylen oder Nylon bestehen. Dieses zersetzt sich über Jahrzehnte hinweg in Mikro- und Nanoplastik. Letztlich geht der Fisch also nicht mehr ins Netz, sondern das Netz in den Fisch.

Eine Studie der Welternährungsorganisation FAO bemisst die Menge der Geisternetze auf 25 000 pro Jahr – allein im Mittelmeer.[15] Neben dieser vermeidbaren Plastikflut hätte unser Verzicht auf Meerestiere weitere ökologische Folgen, denn die Überfi-

Das unterschätzte Problem

schung hat gravierende Auswirkung auf marine Ökosysteme. Um Treibhausgase wie CO_2 zu senken, benötigen wir intakte Ozeane. Dieser Sachverhalt ist auch unserer Bundesregierung klar, sie kündigte im Februar 2022 eine «Meeresoffensive für Artenvielfalt und Klimaschutz» an. Bundesumweltministerin Lemke plädierte für einen «Beginn der Verhandlungen über ein rechtsverbindliches UN-Abkommen gegen Meeresmüll und Plastikverschmutzung.»[16] Diese Initiative ist lobenswert, bleibt bis jetzt aber nur eine Initiative, ein erster Anfang. Weitere Anstöße, Aufklärung, Diskussionen – und vor allem Handeln! – dürfen nicht verzögert werden oder gar ausbleiben.

Unsere Meere speichern 20-mal mehr CO_2 als alle Böden und Wälder der Erde zusammen. Seit der industriellen Revolution haben unsere Ozeane etwa ein Viertel der von uns emittierten CO_2-Massen gebunden.[17] Verantwortlich dafür sind laut Wissenschaftlern der ETH Zürich vorrangig zwei Prozesse: CO_2 löst sich im Wasser und wird aufgrund der sogenannten physikalischen Kohlenstoffpumpe in der Tiefsee gespeichert. Die biologische Kohlenstoffpumpe beruht auf dem Phytoplankton, das nicht nur durch Fotosynthese Sauerstoff erzeugt (wenn es nicht gerade mit

Mikroplastik verschmutzt ist), sondern dafür auch CO_2 aufnimmt. So wandelt es CO_2 in kohlenstoffreiche Biomasse um und dient entweder als marine Nahrungsgrundlage oder sinkt auf den Meeresboden ab.[18] Phytoplankton sichert das Überleben der gesamten marinen Nahrungskette, vom kleinsten Krebstier bis zum größten Fisch. Wir würden gut daran tun, das nicht zu ändern oder sogar umzukehren.

Durch unseren Konsum unterstützen wir jedoch die industrielle Fischerei und nehmen auf eine weitere wichtige Stellschraube negativen Einfluss. Denn weniger Fischreichtum bedeutet auch weniger Fischkot. Und das führt ebenfalls zu einer verringerten Speicherung von Kohlenstoff: Im Kot gebundener Kohlenstoff sinkt vergleichsweise schnell in die Tiefen der Meere ab und verbleibt dort aufgrund der langsamen Ozeanzirkulation mehrere Jahrhunderte. Aus wissenschaftlicher Sicht liegt die Lösung also auf der Hand und ist zum Greifen nahe: Mit unserem Verzicht können wir sowohl der globalen Verschmutzung durch Plastikmüll als auch der sinkenden Speicherung von Treibhausgasen wie CO_2 entgegentreten. Dass sich unser Verzicht im Bereich Essen nicht nur auf Fisch beschränken sollte und warum, erfahren wir in Janina Ottos Kapitel.

Falls Ihnen wegen unserer kleinen To-do-Liste bereits der Kopf brummt, schnappen Sie sich eine Tasse Tee (kein Nylonbeutel!) oder drehen Sie eine Runde auf dem Rad. Letzteres sollte in naher Zukunft sowieso Ihr bester Freund werden: Mit der Aussage, dass Autofahren schlecht fürs Klima ist, werde ich hoffentlich niemanden mehr vom Hocker hauen. Hier ergibt sich aber wieder eine «Zwei-Fliegen-mit-einer-Klappe»-Situation: Wenn wir das Auto stehen lassen, vermeiden wir nicht nur die Produktion umweltschädlicher Abgase, sondern auch mit Mikroplastik versetzten Feinstaub. Laut Fraunhofer-Institut[19] entstehen in Deutschland jährlich 46 000 bis 69 000 Tonnen Reifenabrieb allein durch die PKW-Nutzung. Reifenabrieb setzt sich vor allem aus Synthesekautschuk, also Polystyrol, zusammen und zählt zu den größten

Mikroplastikquellen. Die wichtigsten Faktoren für die Freisetzung von Mikroplastik in Form von Reifenabrieb seien Beschaffenheit der Straße und des Reifens sowie die Fahrgeschwindigkeit. Ein generelles Tempolimit würde also nicht nur mehr Sicherheit und weniger Emissionen, sondern auch weniger Freisetzung von Mikroplastik zur Folge haben. Der ADAC plädiert in seinen «Tipps für umweltbewusste Autofahrer» für eine regelmäßige Kontrolle des Reifendrucks und vorausschauendes Fahren. Die effektivste Gegenmaßnahme, das Auto gar nicht erst zu nutzen, schien wohl zu offensichtlich.

Leider wird dieses Problem durch den Trend zu immer größeren PKWs verstärkt und durch den Wechsel zu E-Autos nicht gelöst. Wir benötigen eine echte Mobilitätswende mit stark ausgebautem öffentlichen (Schienen-)Nahverkehr, besserer Vernetzung von Stadt und Land und letztlich weniger Autos auf unseren Straßen. Das würde ganz nebenbei auch dem städtischen Platzmangel, der Wohnungsnot und den explodierenden Mietpreisen entgegenwirken.

Natürlich möchte ich niemanden enttäuscht zurücklassen, der/die die Hoffnung hatte, in meinem Kapitel von Unverpacktläden und Bambuszahnbürsten zu lesen. Es gibt mittlerweile zig alternative Produkte, um Plastik im Alltag zu vermeiden. Um ehrlich zu sein, setze ich allerdings den Jutebeutel beim Einkauf oder die wiederverwendbare Flasche beim selbstständigen, vernünftigen Mitmenschen voraus.

Unsere Politik kennt das Problem der Plastikverschmutzung und hat erste Gegenmaßnahmen beschlossen: Seit Juli 2021 ist der Verkauf von Einweg-Plastikprodukten in der EU verboten.[20] Diese Regelung zielt auf Verpackungsmüll wie Fastfood-Styroporbehälter oder Plastikbesteck ab. Was wenige wissen: Auch Zigarettenfilter oder Hygieneartikel wie Feuchttücher enthalten oft Plastik. Aufgrund des Mangels an «ökologisch sinnvolleren Alternativen» komme ein Verbot dieser Produkte allerdings nicht infrage. Hier setzt die EU auf einen weiteren Warnhinweis, der die Verbraucher*innen darüber informiert, dass das Produkt Plastik enthält und sie es doch bitte korrekt entsorgen möchten (siehe «Einwegkunststoffkennzeichnungsverordnung»).

Neben einem übersichtlicheren Müllsystem, bei dem alle wissen, was in welche Tonne gehört, muss unsere Politik auch echtes Recyceln realisieren, ohne Verschiffung unseres Mülls in andere Länder. Wir als Bürger*innen müssen unseren Konsum aber auch eigenständig und kritisch hinterfragen. Setzen wir den Hebel in Bewegung, der am stärksten Wirkung zeigt und ganze Industrien leitet: unser Kaufverhalten. Ohne unsere Nachfrage, ohne unser Geld ist jedes Angebot hinfällig.

Weiterreise

Dann also Mikroplastik. Noch so ein massives Problem, das man lieber wieder in eine Ecke des Gehirns schiebt, obwohl es offensichtlich schon weit draußen in der Welt ist. Es ist wirklich, wie Jonas Betzendahl gesagt hat: Wir rufen ständig hilfreiche Geister, ohne einen Plan, wie man sie wieder loswird. Gerade hatte man noch einen praktischen Stoff, aus dem man leichte Flaschen, Badeanzüge und Herzstents macht, und im nächsten Moment sorgt man sich um den Entzündungszustand einer Miesmuschel. Oder um den unseres eigenen Gehirns.

Denn aus der Perspektive der Hirn- und Hormonforschung ist wirklich alles, was es ungefragt durch die Blut-Hirn-Schranke schafft, ziemlich bedenklich. Das ist immerhin ein sehr exklusiver Club. Nicht mal Darm-Serotonin darf da rein, weil das Gehirn lieber sein eigenes produziert – und jetzt schafft's im Mausmodell Mikroplastik? Einfach so, ohne Lichtschranken und Kofferkontrolle und ohne sich die Schuhe auszuziehen? Das sind keine guten Nachrichten von dem Ort, an dem uns lieber nichts durcheinandergerät. Was, wenn sie zum Beispiel BPA einschmuggeln, den Plastikstoff, der in unserem Hormonsystem überall andockt? Ähnlich beunruhigend ist die Vorstellung, dass diese Partikel durch die Plazenta gehen. Der Schutzwall, der uns gerade dann schützt, wenn wir am verletzlichsten sind – nämlich während sich Gehirn und Körper noch entwickeln. Gerade am Anfang unseres Lebens sind wir auch noch sehr schlecht darin, solche Störstoffe abzubauen, sodass sich die höchsten BPA-Konzentrationen oft in Kindern finden.[1] Manchmal liegt das an wichtigen medizinischen Gründen – eine hohe Belastung mit Plastikstoffen findet sich z. B. bei Neugeborenen auf der Intensivstation, weil viele medizinische Schläuche und Gerätschaften aus Plastik gemacht sind.² Da kann man zwar nach Alternativen suchen, weiß aber auch, dass Überleben auf jeden Fall vorgeht. Wie schon gesagt: Wir müssen Plastik nicht verteufeln, sondern verbessern! Aber die Begründung klingt natürlich etwas kleinlauter als Rechtfertigung für einen Thunfischsalat. Überhaupt ist die Schieflage hier ziemlich erschütternd – ausgerechnet in Italien, wo das Meer so schön funkelt, dass Deutsche jahrzehntelang Kind und Käfer in Bewegung gesetzt haben, um dort ein paar Sommertage zu verbringen. Der Autoabrieb liegt hier bestimmt noch irgendwo rum. Oder der Regen hat ihn weggewaschen. Aber da ist ja auch schon Mikroplastik drin.

Wir Menschen haben wirklich einen ziemlichen Lauf darin, all das Wunderbare um uns rum in irgendeiner Form toxisch oder ungenießbar zu machen. Die Böden, das Wasser, die Luft. Unseren eigenen Körper. Ich google spontan «Wo weit entfernt weg Leben von Menschen», und ein Washington-Post-Artikel empfiehlt Russland. Nun ja. Immerhin bin ich mit meinem Impuls nicht alleine. Die *Google*-Suchen nach «live off the grid» steigen eigentlich schon seit zehn Jahren, und wenn wir denen nach «Vanlive» folgen, können wir sehen, wie viele Leute exakt nach Trumps Amtseinführung beschlossen haben, aufzugeben und einfach in ihrem Auto zu leben (Tendenz steigend). Dabei wissen wir ja schon, dass eine einsame Insel keine Option ist.

Aber manchmal möchte man sich bei all den Krisen trotzdem einfach nur hinterm Sofa verstecken. In Corona-Anfangszeiten war das sogar einigermaßen ratsam. Aber das ist natürlich kein Lebensort (auch, wenn hier wahrscheinlich noch irgendwo eine Chipstüte rumliegt).

Außerdem können wir anscheinend wenigstens das Plastikproblem unseres Meeres ziemlich geradeheraus in Angriff nehmen. Wir reduzieren die Nachfrage nach allem, wofür es ein Netz braucht. Top! Ein Großteil des Mülls weg. Dann müssen wir zwar immer noch überlegen, was wir stattdessen essen wollen, aber darum kümmern wir uns dann.

Nächstes Thema: Plastikprodukte. Da wimmelt es immerhin schon mal überall von Mut machenden Logos: Diese Shampoo-flasche ist zu 40 Prozent aus recyceltem Material hergestellt, für jene haben wir eigenständig 27 Makrelen aus Netzen befreit (und dann aufgegessen)! Für diesen Pullover erst recht! Trauen tun wir natürlich keinem davon. Wir sind ja nicht blöd. Aber immerhin wissen wir auch hier wieder, was wir auf jeden Fall meiden müssen: Peelings.

Überhaupt fällt es uns grundsätzlich leichter, etwas zu boykottieren oder vor etwas wegzulaufen, anstatt uns *für* etwas auszusprechen oder etwas aufzubauen. «Discounter böse» ist als Aussage aus gutem Grund weitaus weniger riskant als «Bio-laden gut». Und so reagieren wir auf die erste Aussage, indem wir ab sofort sehr konsequent zu einem ... anderen Discounter gehen! Problem gelöst. Auf jeden Fall kann uns so niemand Naivität vorwerfen oder was über die esoterisch verschwörungsideologische Produktpalette einiger Biomarken erzählen. Oder noch schlimmer: Die Avocado in unserem Jutebeutel bemerken und uns *scheinheilig* nennen. Immerhin brauchen 156 Avocado-Bäume 1,6 Mal so viel Wasser wie 677 vernünftige. Und auch das gehört zu den akuten Risiken, wenn man sich *für* irgendwas engagiert. Also, nicht die Avocados, Diskussionen über Scheinheiligkeit. So, wie uns die Containerschiffe vor allem dann interessieren, wenn sie auch Veganern was mitbringen («Noch mehr Avocados! Ich hab's ja gewusst!»). Oder, wie seltene Erden in unserem Handy Usus sind, aber in einer Solarplatte eine Schlagzeile («Was sagst du zu diesem Erdloch, Greta?»). Im Handy werden sie dafür dann relevant, wenn jemand was über soziale Gerechtigkeit schreibt («Höhö, vom *iPhone* gesendet»). Dabei stellt nie jemand die Folgefrage, wie eigentlich die Liberalen das Internet auf ihr Handy kriegen – schließlich ist das ein Produkt öffentlicher Forschung. Das GPS-Signal auch, wo wir schon dabei sind. Aber die Botschaft ist ja eh klar: Die Kritik geht da los, wo jemand es mit dem «Besser-Machen» probiert. Mit dem praktischen Nebeneffekt, dass wir damit unser eigenes schlechtes Gewissen sehr effizient dämpfen. Wie, ich soll was tun? Andere tun was und guck, wo das *hinführt*! Dann sagen wir noch was über Heuchler, und wenn wir dabei sehr gekonnt eine einzelne Augenbraue hochziehen, fragt uns hoffentlich niemand nach Alternativen. Toll. Solange wir im Negativmodus bleiben, sind wir auf der sicheren Seite.

Das Problem damit liegt darin, dass wir theoretisch natürlich alles hinterfragen sollten, uns aber praktisch auch immer mal wieder *für* irgendwas entscheiden *müssen*. Für die richtigen Masken, Baustoffe oder Antidiskriminierungsleitlinien. Ansonsten gewinnt wieder nur der Status quo – und wir wissen alle, wo der hinführt.

Zynismus taugt als Haltung eigentlich nur hier, hinter dem Sofa («Ich bin sicher, dass hier noch irgendwo ein Lakritzhering rumliegt!»). Aber was heißt das konkret, hier und jetzt vor dem Shampooflaschenregal? Wie und wofür sollten wir uns entscheiden? Um diese Frage zu beantworten, fahren wir am besten nach Hannover, zu Simon McGowan.

SIMON MCGOWAN

Kein (Bio-)Plastik ist auch keine Lösung

Simon McGowan gehört zu den Leuten, die für ihre Vorträge etwas Anschauliches mitbringen. In seinem Fall sind das große, schwere Platten aus verschiedenen Biokunststoffen, die er im Labor noch ins Wasserbad gelegt hat – also das, was Bioplastik-platten nicht mögen. Jetzt holt er aus, um damit einen Nagel einzuschlagen ... *krach*. Die erste Platte zerbröselt in tausend Teile. Wissenschaft heißt auch rauszufinden, was *nicht* funktioniert. *Krach*. Die zweite Platte zerschellt. Bleibt noch eine. Und *bähm ... bähm, bähm, bähm*. Die Platte gewinnt gegen den Nagel. Der Saal tobt.

Simon würde natürlich sagen, dass das allein die Platte nicht unbedingt besser macht. Es kommt auch auf den Nutzen an. Manchmal *wollen* wir Dinge, die sich in tausend Teile auflösen, wenn sie zu viel Zeit im Wasser verbracht haben. Überhaupt ist die Welt der Bioplastikstoffe weitaus komplexer, als man denkt.

Ich arbeite als Wissenschaftler am IfBB. Das IfBB ist der Hochschule Hannover angegliedert und das kryptische Kürzel steht für «Institut für Biokunststoffe und Bioverbundwerkstoffe». Wie Sie richtig vermuten, möchte ich mit Ihnen über Kunststoffe bzw. Plastik reden. Über Biokunststoffe nämlich. Wie gesagt, ich bin Wissenschaftler. Genauer gesagt, Verfahrensingenieur im Bereich der Prozesstechnik, und die Bioplastikstoffe sind mein Fachgebiet. Eigentlich ging es in meinem Studium um alle möglichen Wege, wie man nachwachsende Rohstoffe bzw. deren durchaus ausgereifte Syntheseprozesse nutzen kann: von der Energieerzeugung mit Bio-Masse bis hin zur pflanzlichen Bio-Technologie und Bio-Reaktoren, die Bier oder Insulin gewinnen. Kurz gesagt ging es darum, alle stofflichen Nutzungsarten zu erforschen, abgesehen davon, sie aufzuessen (selbst dann, wenn wir es könnten). Viele Ideen dazu sind so jung wie der Studiengang, aber das Prinzip ist eigentlich ein alter Hut, denn die Menschen nutzen schon sehr lange nachwachsende Rohstoffe. Spätestens mit dem Übergang vom Jäger und Sammler zum Ackerbauern und Viehzüchter ist die Nutzung von nachwachsenden Rohstoffen ein fester Bestandteil der menschlichen Zivilisation.

Verliebt habe ich mich in die Biokunststoffe und die Frage, wie wir daraus nutzbare Produkte gewinnen, wie z. B. die Taste H auf einem Laptop, eine Türinnenverkleidung für ein Auto oder ein Fahrradhelm. Denn Biokunststoffe versprachen Lösungen für ein sehr aktuelles Problem – und vielleicht sollten wir damit anfangen: mit dem Problem unserer aktuellen Plastik-YOLO-Party.

Das Erdölproblem: Erdöl ist ein endlicher Rohstoff

- Kunststoffe werden in der Regel aus Erdöl hergestellt. Für ein Kilo Kunststoff brauchen wir etwa zwei Kilo Erdöl.
- Erdöl ist endlich! Zeithorizont: bald.
- Der Besitz von Erdöl wird in der kapitalistischen Wertegemeinschaft als vorteilhaft angesehen.
- Der Nicht-Besitz von Erdöl, bei gleichzeitigem Konsum, erzeugt gewisse politische Verpflichtungen.
- Putin
- Die Verbrennung von Erdöl oder Produkten aus Erdöl ist eine der treibenden Kräfte des Klimawandels. (Stellen Sie sich einfach vor, dass die Reiter der Apokalypse vom Pferd auf Geländewagen umgestiegen sind.)
- Dem Erlangen von Erdöl wird aufgrund der Direktive: Besitz von Erdöl = Macht + Geld, eine gewisse Priorität gegenüber anderen Bedürfnissen eingeräumt. Trotz der ständig steigen-

den Sicherheitsmaßnahmen kommt es immer wieder zu Unfällen mit verheerender Auswirkung auf die Menschen und ihren natürlichen Lebensraum (erinnern Sie sich nur an die Havarie des Öltankers Exxon Valdez oder die Explosion der Ölplattform Deepwater Horizon).

Das Abbauproblem: Kunststoffe sind beständige Werkstoffe

- Jedes Stück Kunststoff, das je hergestellt worden ist und nicht verbrannt wurde, ist noch da!
- Kunststoffe können durch keine Lebensform auf dem Planeten Erde verstoffwechselt werden und sind dadurch extrem langzeitbeständig.
- Kunststoffe können brechen, von mechanischen Kräften zerrieben oder durch Umwelteinflüsse wie Sonnenstrahlung stark beschädigt werden. Dabei wird in der Regel aber nur die Form verändert. Aus einem Stück Kunststoff werden unendlich viele kleine Stücke. Der Kunststoff bleibt dabei weiterhin Kunststoff, nur eben extrem klein. Je nach Größe dieser Stücke reden wir dann von Mikroplastik (mehr zum großen Problem mit kleinem Plastik finden Sie im Kapitel von Ann-Kathrin Vlacil).

Sicherlich lässt sich über diese Aufstellung wunderbar diskutieren: Ja! Die Arbeitsplätze sind wichtig und ja! Ich habe auch ein (kleines) Auto ... und coole Sneaker ... Ändert aber trotzdem nichts an den Problemen, das unsere wunderbaren Bioplastikstoffe lösen sollen. Das Material, aus dem wir die Zukunft bauen! Es trägt das Wort Bio ja schon im Namen. In der Regel macht uns das diese Kunststoffe schon mal sympathisch, denn Biokunststoffe sind wirklich bio. Aber eben anders bio ... oder nicht zwangsläufig «öko».

Überhaupt ist das alles eine Nummer komplizierter, als man so denkt. Ich versuche es mal mit einem Beispiel:

Wir gehen auf den Wochenmarkt, um Äpfel zu kaufen. Am

Stand des Apfelbauern unseres Vertrauens stehen zwei Kisten mit Äpfeln. In der einen Kiste befinden sich Bio-Äpfel und die andere Kiste enthält Äpfel aus konventionellem Anbau.

Die Äpfel der beiden Kisten sehen absolut identisch aus. Sie dürfen sogar probieren und stellen fest, dass die Äpfel beider Kisten sehr gut schmecken. Der Schutz der Umwelt und der Verzicht auf Pestizide sind Ihnen wichtig, und daher entscheiden Sie sich für die Bio-Äpfel. Obwohl Sie nicht alle Informationen zu den zum Kauf angebotenen Äpfeln besitzen, können Sie sich sicher sein, dass beim Anbau der Bio-Äpfel festgelegte Standards für ein Mindestmaß an Umweltverträglichkeit eingehalten worden sind. Hervorragend! Sie können also, ohne Vorkenntnisse zu besitzen, eine Kaufentscheidung treffen, die einen reduzierten negativen Einfluss auf die Umwelt garantiert. Ich finde das extrem sympathisch und äußerst praktisch noch dazu. Doch weiter mit unserem Beispiel. Sie haben sich also für die Bio-Äpfel entschieden, und der Verkäufer bietet ihnen für ihre Äpfel eine Tüte an. Sie haben die Wahl zwischen einer Tüte aus Kunststoff oder einer Tüte aus Biokunststoff. Da machen wir die Sache doch rund und lassen unsere Bio-Äpfel bitte auch in der Tüte aus Bio-Kunststoff verpacken. Nur leider trifft an dieser Stelle die Annahme, die uns den Apfelkauf erleichtert hat, nicht mehr zu. Das Präfix Bio hat bei den Biokunststoffen nichts mit den bekannten Bio-Siegeln zu tun. Es bedeutet lediglich, dass dieser Kunststoff aus biobasierten Rohstoffen wie z. B. Mais oder Zuckerrohr und/oder biologisch abbaubar ist. Und es kommt noch dicker: Ich könnte Ihnen nicht einmal sagen, welche der beiden Tüten umweltverträglicher ist, ohne mehr Informationen zu den beiden Tüten zu haben. Hier ein mögliches Beispiel:

Eine erdölbasierte Tüte aus recyceltem Kunststoff, die für einen mehrfachen Gebrauch ausgelegt ist und am Ende ihrer vom häufigen Gebrauch geprägten Lebensspanne im gelben Sack landet, hätte einen geringeren negativen Umwelteinfluss als eine bioabbaubare Tüte, die aber nach einmaliger Nutzung in der Bio-

Mülltonne landet und mühsam wieder aussortiert werden muss (bei der industriellen Kompostierung werden nämlich ALLE Tüten aussortiert!). Aber lassen Sie uns der Reihe nach vorgehen.

Zur besseren Übersicht habe ich da mal etwas vorbereitet. Die untenstehende Abbildung zeigt eine Grafik, die veranschaulicht, dass es mehrere Typen von Biokunststoffen gibt: Die Kunststoffe, die aus Erdöl hergestellt werden und nicht abbaubar sind, befinden sich unten links. Das sind die sogenannten konventionellen Kunststoffe. Wenn wir also bei diesen klassischen erdölbasierten und beständigen Kunststoffen starten und im Uhrzeigersinn weitergehen, haben wir drei verschiedene Typen von Biokunststoffen, die alle auf ihre eigene Art versuchen, es besser zu machen:

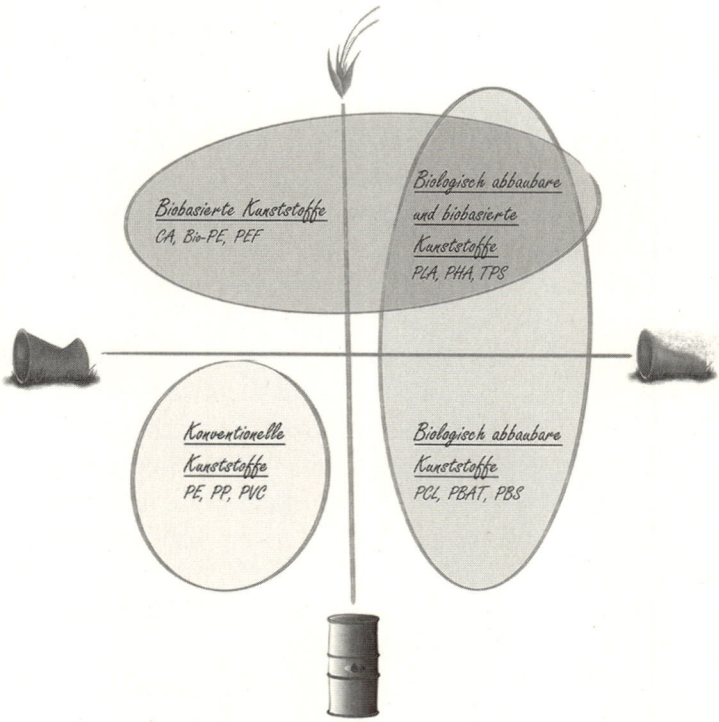

Unterscheidung zwischen Kunststoffen und Biokunststoffen (Quelle: IfBB)

1. Biokunststoffe auf Basis von Erdöl, die aber biologisch abbaubar sind. Ein ganz typischer Vertreter dieser Bio-Kunststoffklasse ist das PBAT. Wenn Sie sich im Supermarkt eine Rolle mit kompostierbaren Bio-Müll-Tüten kaufen, ist die Wahrscheinlichkeit sehr groß, dass sie zumindest teilweise PBAT enthalten. PBAT lässt sich einfach verarbeiten und in jeder Menge Bereichen anwenden, z. B. lässt sich aus PBAT relativ einfach Folie herstellen. Es lässt sich auch gut mit anderen (Bio-)Kunststoffen mischen und wird auch unter moderaten Umweltbedingungen vollständig biologisch abgebaut. Das erklärt auch, warum dieser Biokunststoff gut im Markt etabliert ist. Einziger Pferdefuß ist, dass zur Herstellung fossile Rohstoffe eingesetzt werden. Unser Erdölproblem haben wir damit also noch nicht gelöst.

2. Biokunststoffe auf Basis nachwachsender Rohstoffe, die biologisch abbaubar sind. Vermutlich ist es das, was sich die meisten Leute unter einem Biokunststoff vorstellen. Hier gibt es eine große Anzahl sehr verschiedener Typen. Wahrscheinlich haben Sie auch schon solche Biokunststoffe im Supermarkt gekauft. Ein gutes Beispiel ist das PLA (Polylactide oder Polymilchsäure). Es gibt immer mal wieder Gemüse, das in einer PLA-Folie verpackt ist. Man merkt es daran, dass die Folie lauter raschelt und etwas steifer ist. Auch einige Sichtfenster bei Sandwichverpackungen oder Kartonverpackungen sind aus PLA. Wir lösen also theoretisch unser Erdöl- und unser Abbauproblem. Aber bleiben Sie dran, bis es an die Praxis geht.

3. Biokunststoffe aus nachwachsenden Rohstoffen, die nicht biologisch abbaubar sind. Wir lösen also das Erdölproblem, aber nicht unbedingt das mit dem Abbau. Auch in dieser Gruppe gibt es zahlreiche Vertreter, mit denen Sie sicherlich schon Kontakt hatten. Schauen Sie mal bei eBay nach antiken Billardkugeln. Sie werden dann feststellen, dass diese früher aus Elfenbein waren. 1855 erfand dann John Wesley Hyatt das Celluloid und meldete im

Jahr 1865 seine Celluloid-Billardkugeln zum Patent an. Die Rohstoffbasis von Celluloid ist ganz grob vereinfacht Cellulose – also Holz. Damit war einer der allerersten Kunststoffe überhaupt ein Biokunststoff! Ziemlich spannende Geschichte, auf die ich leider nicht weiter eingehen kann. Aber wenn Sie mal Langeweile haben, googeln Sie «Schießbaumwolle». Ansonsten gibt es noch das Cellulose-Acetat, aus dem Zigarettenfilter hergestellt werden. Inzwischen gibt es auch zahlreiche neue Biokunststoffe, die zwar aus nachwachsenden Rohstoffen hergestellt werden, aber nicht biologisch abbaubar sind. Wenn Sie zum Gemüsekauf in die Gemüseabteilung von Discountern gehen und sich zum Abwiegen und anschließenden Transport eine dünne Folientüte von der Rolle ziehen, handelt es sich meist um Bio-PE. Vermutlich sagen Sie jetzt, dass es diese Tüten schon sehr lange gibt. Das stimmt. Hier hat es eine fast heimliche Umstellung auf Biokunststoffe gegeben, und zwar von PE auf Bio-PE. Wenn sich herkömmlicher Kunststoff so einfach durch biobasierten Kunststoff ersetzen lässt, nennt man das «Drop Inns». Dabei sind die Eigenschaften von beiden PE-Typen absolut identisch; das Gleiche gilt für ihre Verarbeitung. Sie können sich das so vorstellen: In einer Fabrik werden PE-Folien für Lebensmittelverpackung hergestellt. Zum Schichtwechsel am Dienstag wird statt des erdölbasierten PE einfach biobasiertes PE in die großen Vorratsbehälter der Maschinen gefüllt. Die Maschinen laufen weiter wie vor der Umstellung. Die Arbeitenden an den Maschinen würden den Unterschied nicht einmal bemerken. Das Erdöl-PE ist quasi baugleich zum Bio-PE. Es besitzt dieselbe Molekülstruktur. Lediglich die Herkunft der Molekülbausteine ist unterschiedlich: Bei dem einen stammen sie aus Erdöl, bei dem anderen aus Pflanzen. Daher können beide PE-Typen auch im gelben Sack entsorgt und problemlos zusammen recycelt werden. Dass ihre Verarbeitung vollkommen identisch verläuft, macht das Ganze sehr interessant für viele Hersteller von Kunststoffprodukten, die dadurch nichts umstellen müssen. Weder bei der Herstellung noch beim Bedrucken oder Versiegeln von Bechern mit Alufolie. Außerdem brauchen sie keine erneuten Prüfungen im Kontext von Verpackungssicherheit und Haltbarkeit. Das ABER an dieser Stelle ist der relativ hohe Einsatz an nachwachsenden Rohstoffen (in diesem Fall Zuckerrohr) und dass es weltweit nur einen Hersteller für Bio-PE gibt, was neben begrenzter Verfügbarkeit auch zu entsprechend hohen Preisen führt.

Zusammengefasst sind Biokunststoffe alle Kunststoffe, die *entweder* aus nachwachsenden Rohstoffen (biogene Rohstoffe) erzeugt werden können *und/oder* biologisch abbaubar sind.

Aber, wie Sie sehen, sind die Unterschiede zwischen diesen verschiedenen Varianten immens. Wenn jemand also sagt, er benutzt Bioplastikstoff, dann frage ich mich: Wie sind die abbaubar? Wurden die aus Erdöl hergestellt? Es ist ein großer Unterschied, ob ich über PBAT rede (aus Erdöl + biologisch abbaubar) oder über eine Bio-PE (aus Zuckerrohr und nicht abbaubar). Die nächste Frage, die ich stellen würde, ist: Wie viele Rohstoffe sind dafür draufgegangen? Besonders, wenn ich über Umweltverträglichkeit spreche, spielt die Rohstoffbasis und deren Herkunft schließlich eine gewichtige Rolle. Für ein Kilo von unserem Bio-PE wären z. B. 33,5 Kilogramm Zuckerrohr nötig. Für das gleiche Gewicht an PLA brauche ich nur zwei Kilo Mais. Das alles macht die Sache ganz schön schwierig – für alle Beteiligten. Beispiele gefällig? Nehmen wir den Activia-Joghurt-Becher, eines der bekanntesten Beispiele für Lebensmittelverpackungen aus PLA. Also aus einem Kunststoff, der relativ ressourcenarm, abbaubar *und* aus nachwachsenden Rohstoffen hergestellt ist! Danone war damals einer der ersten Lebensmittelhersteller, der sich für einen vollständigen Ersatz von konventionellen Kunststoffen durch Biokunststoff bei einer bestehenden Produktreihe entschieden hat. Aber anstatt zu einer Initialzündung für Biokunststoffe in Lebensmittelverpackungen zu werden, ist im Activia-Fall das genaue Gegenteil eingetreten. Danone bewarb den neuen Becher als umweltfreundlicher als den Vorläufer auf Erdöl-Basis und wurde daraufhin prompt von der Deutschen Umwelthilfe wegen Verbrauchertäuschung verklagt.

Dabei lässt sich die Haltung beider Parteien gut nachvollziehen, denn die Frage, was umweltfreundlicher ist, ist nun mal extrem kompliziert: Der PLA-Becher mag zwar besser sein als die Erdölvariante, aber nicht besser als andere Becher im Allgemeinen, und weil er kaum recycelt wird, ist er außerdem ein Beispiel für unsere Wegwerfkultur. Trotzdem könnte der Becher aus den bereits genannten Gründen umweltfreundlicher als der Erdölbecher sein. Im Endeffekt hätte man den ganzen Streit umgehen können, indem man die Vorteile des Biokunststoffbechers im Vergleich zum alten Modell sauber und transparent kommuniziert hätte. Aber bei der Interpretation von Bio-Kunststofflabels schießen wir eben gern mal über das Ziel hinaus. Am Ende haben sich die Streitparteien auf einen Vergleich geeinigt: Danone stimmte zu, auf die Aussage «umweltfreundlicher» zu verzichten. Der Streit hinterließ jedoch eine Menge verbrannte Erde und war ein großer Rückschlag für den Einsatz von Biokunststoffen im Bereich der Lebensmittelverpackung – andere Anbieter fürchteten statt Wettbewerbsvorteilen langwierige Rechtsstreitigkeiten und verzichteten darauf, ihre Produktion umzustellen. Aber klagen wir nicht weiter über verschüttete (Poly-)Milch(-Säure).

Anderes Beispiel dafür, dass es selbst den Profis manchmal schwerfällt, das Thema Biokunststoffe differenziert zu kommunizieren: Sie kennen bestimmt die Marke *Frosch*. Die Firma ist seit den 80er Jahren auf dem Weg, ihre Produkte (in erster Linie Putz- und Waschmittel) so umweltverträglich wie möglich zu gestalten. Im Bereich des mechanischen Recyclings, also dem Verfahren, um gebrauchte Kunststoffe für neue Produkte wieder nutzbar zu machen, und beim Einsatz dieser Kunststoffe hat Frosch eine echte Vorreiterstellung inne.

Weil ich mich auch mit dem Thema mechanisches Recycling beschäftige, folge ich *Frosch* auf Facebook. Leider werden auf der *Frosch*-Seite durchaus auch «Biokunststoff ist doof»-Parolen veröffentlicht, die mir die Zornesröte ins Gesicht treiben, z. B., dass die Monokulturen für den Bioplastikanbau den Regenwald zerstören. Vermutlich lässt sich die Behauptung irgendwie begründen, aber die Aussage suggeriert, dass sämtliche Rohmasse für alle Biokunststoffe ausschließlich auf brandgerodeten Regenwaldböden erzeugt wird – und das ist nicht richtig! Zum einen, weil Biokunststoffe ja aus ganz unterschiedlichen Rohstoffen hergestellt werden, von denen man gar nicht alle ausschließlich auf brandgerodetem Regenwaldboden anbaut. Zum anderen wird auf diesen Flächen im Regenwald kein Biokunststoff angebaut, sondern wahrscheinlich Mais, Soja oder Zuckerrohr. Damit lässt sich zwar auch biobasierter Biokunststoff herstellen, aber eben auch Viehfutter, Rum oder Brotaufstrich. Das Problem sind auch nicht die Biokunststoffe, sondern der Verlust des Regenwaldes. Und das, was wir kritisieren müssen, sind nicht die Biokunststoffe, sondern konkret die, die für ihren Biokunststoff Regenwaldmais benutzen. Ich kann selbstverständlich auch mit regional angebautem Bio-Mais Biokunststoffe herstellen. Der Post hätte also eher so lauten müssen: «Biobasierte Kunststoffe können nur dann einen Teil zum Umweltschutz beitragen, wenn die dafür benötigten Rohstoffe umweltverträglich angebaut und bereitgestellt werden können.» Ja, ich weiß ... viel zu lang und keine gute Parole. Was ich eigentlich mit den Beispielen zeigen will: Bei der Diskussion um die Biokunststoffe ist es immer notwendig, den Begriff Biokunststoff zu spezifizieren und zu überlegen, wofür wir sie sinnvoll einsetzen können und welche Rohstoffe dafür verbraucht werden müssen.

Wenn wir zu unserem Beispiel vom Anfang zurückkommen, stehen wir auf dem Markt vor zwei Tüten, von denen wir nicht wissen, woraus sie hergestellt sind oder wie sie abgebaut werden. Wir grübeln und recherchieren, und vielleicht entscheiden wir uns aus purer Nervosität dann einfach für einen Jutebeutel. Die heißgeliebte Ökohype-Mehrwegalternative zur Plastiktüte. Aber Achtung: Damit wir mit unserem Jutebeutel in den Bereich «umweltfreundlicher als Einweg-Plastiktüte» gelangen, müssen wir unseren lieben Beutel mindestens 50-mal zum Shoppen nutzen –

jedenfalls, wenn man nach dem CO_2-Fussabdruck geht. Merke: Nicht nur das Material ist entscheidend für die Umweltfreundlichkeit, sondern auch die Nutzdauer.

Ich gebe zu: Es ist alles nicht einfach. Dabei steht eine zentrale Frage zum Thema Biokunststoffe an dieser Stelle sogar noch aus: Können Biokunststoffe unser Plastikproblem lösen? Die Antwort haben Sie sicherlich schon fast erwartet: Nein! Nicht, solange wir viel konsumieren, wenig recyceln und nicht gleichzeitig auf jeder freien Fläche Mais anbauen wollen.

Trotzdem denke ich, dass sie einen Teil zur Lösung beitragen können. Immerhin besitzen sie immer noch zwei wesentliche Vorteile gegenüber den Standard-Kunststoffen: die Biobasiertheit und/oder Abbaubarkeit. Beide Optionen bieten viel Potenzial, um der anstehenden Herausforderung der nächsten Jahrzehnte zu begegnen.

Die Bioabbaubarkeit ist vor allem bei Produkten vorteilhaft, die wir schnell verlieren oder bei denen wir wollen, dass sie sich zersetzen. Denken Sie z. B. an die Mähfäden von Rasentrimmern oder die Plastikteile von Feuerwerksraketen. All das hat nur einen kurzen Nutzen und fliegt dann ewig in der Welt rum.

Also, wie sieht es aus, wenn wir im Labor versuchen, ein solches Produkt durch ein abbaubares zu ersetzen? Erst müssen wir uns fragen, welchen Zweck es erfüllt und wie lange es halten muss. Die meisten Menschen mögen es überraschenderweise z. B. nicht, wenn sich ihr Strohhalm schon beim Trinken zersetzt. Bei der Zersetzung spielt der Biokunststofftyp eine wichtige Rolle. Ein Joghurtbecher aus PHB wird sich bei gleichen Umgebungsbedingungen schneller zersetzen als einer aus PLA. Aber wir müssen auch die Produktgeometrie bedenken: Stellen wir uns vor, wir haben ein ein Kilo PLA. Aus der einen Hälfte machen wir eine Kugel und aus der anderen Hälfte machen wir 0,5 Millimeter dicke Folie. Beides kommt auf denselben Kompost. Die Folie würde deutlich schneller abbauen, da sie eine viel größere Oberfläche besitzt. Zuletzt spielen aber auch die Abbaubedingungen eine Rolle. Die optimalen finden wir in einem biologisch optimal zusammengesetzten Komposthaufen, warm, feucht und mikrobiell aktiv. Daraus folgt auch, welche Bedingungen einen biologischen Abbau stark verzögern: nämlich kalt, trocken und ohne Mikroorganismen. No-Fun-Fact: Das ist auch leider das Problem bei bioabbaubaren Kunststoffen in den Meeren. Etwa die Hälfte des Wassers der Ozeane hat eine Temperatur von unter 2 Grad, in diesen Bereichen geht leider nicht viel mit Bioabbau.

Eine spannende Herausforderung sind deswegen auch die sogenannte Dolly-Ropes. Das sind Kunststoffseile, die Fischernetze davor bewahren sollen, auf dem Meeresgrund durchzuscheuern – und dabei selbst abgenutzt werden. Die Dolly-Ropes landen also zum großen Teil als kleine Plastikpartikel im Meer. Häufig nutzen auch Seevögel die Kunststofffasern zum Nestbau, was niedlich klingt, aber für sie und ihre Nachkommen die Gefahr von Strangulation birgt. Aktuell läuft ein sehr spannendes Projekt am IfBB, das klären soll, welche bioabbaubaren Kunststoffe sich auch unter den relativ ungünstigen Abbaubedingungen im kalten salzigen Meerwasser voraussagbar zersetzen. In der Praxis sieht diese Arbeit schon mal so aus, dass wir 20 alternative Pommesgabel-Stoffe zu Beobachtungszwecken ins Aquarium hängen (habe ich schon erwähnt, dass die UV-Strahlung einen Einfluss auf die Zersetzung hat und damit die Nähe zur Wasseroberfläche?).

Und manchmal ist es auch ganz einfach, wenn jemand uns fragt, aus welchem Biokunststoff man seine Wäscheklammern idealerweise herstellen würde und wir antworten können: Kennen Sie *Holz*? Wer sich über alternative und sinnvolle Anwendungen von bioabbaubaren Kunststoffen informieren möchte, findet eine gute Übersicht auf der Homepage des Nova-Instituts (http://nova-institute.eu/biosinn). Das ist ein kleines freies Institut, das für diese Studie z. B. vom Bundesministerium für Ernährung und Landwirtschaft gefördert wurde.

Die Biobasiertheit dagegen bringt uns vor allen Dingen die Freiheit vom Erdöl. Also von jenem extrem nützlichen Rohstoff, der aber einen ganzen Rucksack voller Risiken und Nebenwirkungen auf seinem Kohlenstoffrückgrat mitschleppt. Ironischerweise wäre es ohne ihn aber momentan noch sehr schwer, die Klimakrise zu bewältigen, denn dafür sind wir auf Kunststoffe angewiesen: Windräder und Solarzellen bestehen zu einem großen Teil aus Kunststoff, und bei der Mobilitätswende werden Kunststoffe als leichtgewichtige Konstruktionselemente ebenfalls unverzichtbar sein. Durch lokalen Anbau der Rohstoffe und ihre direkte Weiterverarbeitung kann jedoch potenziell überall auf der Welt Kunststoff hergestellt werden. Und das ohne lange Transportwege und unabhängig von Erdöl.

Dennoch kann der Einsatz von Biokunststoffen nur einen kleinen Teil des Plastikproblems lösen. Alles, was auf unserem Planeten existiert, ist in irgendeiner Form begrenzt. Zwar lassen sich nachwachsende Rohstoffe theoretisch unbegrenzt herstellen, aber der Boden, der dafür zur Verfügung steht, ist im besten Fall eine gleichbleibend große Fläche. Wenn wir dann davon ausgehen, dass die Anzahl an Menschen kontinuierlich steigt und jetzt schon jeder zehnte Mensch auf der Erde an Hunger leidet, wird eigentlich allen klar, dass biobasierte Kunststoffe das Plastikproblem nicht lösen. Aber wie lösen wir es dann?

Es ist ein bisschen so, als würde uns ein SUV-Fahrer fragen, wie er seinen Spritkonsum in den Griff bekommt. Man könnte ihm jetzt raten, dass er im Sommer die Schneeketten aus dem Kofferraum nimmt, nur an bestimmten Wochentagen tankt oder vorausschauender fährt. Oder wir ziehen es durch und sagen: Alter! Kauf dir ein vernünftiges Auto und nutz auch mal dein Fahrrad!

Gleiches gilt für unser Plastikproblem: Wir müssen den maßlosen Bequemlichkeitskonsum beenden. Schauen Sie sich dafür die folgende Abbildung an. Grundsätzlich befinden sich keine geheimen neuen Erkenntnisse auf der Abbildung, aber manchmal ist es ungemein hilfreich, die Maßnahmen im Kontext ihrer Wirksamkeit so dargestellt zu bekommen:

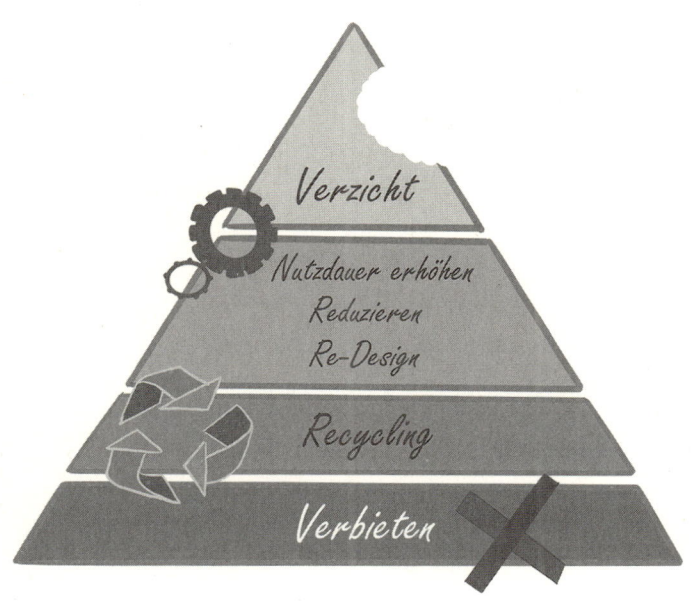

1. Verzicht

Sie erinnern sich bestimmt noch an unser Beispiel mit den Äpfeln und der Tüte? Der Königsweg ist hier ganz einfach: Verzichten Sie ganz auf eine Tüte. Ich persönlich hadere immer ein bisschen mit dem Wort Verzicht. Unter Verzicht verstehe ich immer etwas, das mit einem persönlichen Nachteil behaftet ist, aber allein die Tatsache, sich nicht entscheiden zu müssen, ist schon ein gewaltiger Vorteil. Insbesondere dann, wenn einem bewusst ist, dass eine Entscheidung für A oder B auf jeden Fall einen negativen Einfluss auf die Umwelt hat. Aktuell fällt mir leider kein schönes Wort oder treffende Beschreibung ein, aber bei vielen Dingen, die man umgangssprachlich als Verzicht bezeichnet, handelt es sich eher um das Ablehnen von Bequemlichkeitskonsum. Leider macht sich das weder als T-Shirt-Spruch noch als Aufkleber auf einem Lastenrad gut. Wer eine gute Idee hat, kann mir gerne schreiben. Wir teilen uns dann die Kohle für Nachhaltige-Parolen-Shirts.

2. Effizienter Konsum

Auch ein sehr holperige Wortkreation. Die Richtung passt aber. In dem Abschnitt unter dem Bereich Verzicht sind mehrere Bereiche zu finden. Das macht die Abbildung nicht mehr ganz so schön einfach, aber der Informationsgehalt steigt rasant. Es geht um drei Segmente.

- Nutzdauer erhöhen
- Reduzieren
- Re-Design

Für mich persönlich ist *Nutzdauer erhöhen* der wichtigste Punkt und vielleicht auch der, der sich am einfachsten umsetzen lässt. Wenn wir uns die Ökobilanzen von verschiedenen Produkten anschauen, zeigt sich deutlich, dass die Nutzdauer einen sehr großen Einfluss auf Umweltauswirkungen hat. Wissen Sie noch, dass rund 50 Einkäufe mit dem Jutebeutel nötig waren, um einen positiven Effekt auf den CO_2-Fussabdruck zu erzielen? Das bedeutet, dass Sie erst ab der 51. Einkaufstour damit beginnen, Ihren persönlichen CO_2-Fußabdruck zu verbessern.

Schauen wir uns das Beispiel von der anderen Seite an: Jeder Mensch, den ich kenne, ist im Besitz von mehreren Plastiktüten. Die meisten habe eine große Plastiktüte, in der die anderen Plastiktüten reingeknüddelt werden. Meistens befindet sich diese Tüten-Tüte unter der Spüle oder im Abstellraum. Wenn ich eine dieser Tüten mit zum Einkaufen nehme, beginne ich quasi direkt meinen CO_2-Fußabdruck zu verbessern. Wenn ich jetzt die Annahme treffe, dass ich diese eine Tüte 20-mal zum Einkaufen verwende, ist die CO_2-Bilanz der Tüte gar nicht mehr so übel. Ich möchte Sie jetzt nicht dazu verdonnern, mit Ihren alten Tüten einkaufen zu gehen. Wer möchte schon in der Straßenbahn von marodierenden Ökohipstergangs beleidigt werden? Sie dürfen weiterhin Ihren Rucksack, Ihren Jutebeutel oder die Fahrradtaschen nutzen. Die brauchen ja auch einen vernünftigen CO_2-Fußabdruck. Also, Nutzdauer erhöhen ist ein langer Hebel für mehr Umwelt-Verträglichkeit. Das gilt so ziemlich für alle Konsumgüter, egal, ob Spülmaschine, Handy oder Kleidung. Dabei steht im Vordergrund, dass die lange Gebrauchsdauer eine Neuanschaffung verzögert oder bestenfalls ganz verhindern kann. Hier noch eine Anregung: Manchmal ist es so, dass wir Dinge einfach nicht mehr brauchen. Einen alten Rasenmäher, einen Schlitten oder vielleicht ein altes Handy? Dann ist der beste Weg, diese Dinge weiterzugeben. In den sozialen Netzwerken gibt es häufig regionale Seiten wie z. B. *zu schade für die Tonne*. Ich bin immer wieder begeistert, wie gut diese Seiten funktionieren. Es gibt immer jemanden, der genau das brauchen kann, was für uns quasi nutzlos ist oder zu aufwendig, um es zu recyceln.

Reduzieren

Wenn ich ein Produkt länger nutze, reduziere ich selbstverständlich auch. In diesem Kontext meine ich aber etwas anderes. Es gibt extrem viele Lebensmittelverpackungen oder Verpackungen an sich, die absolut überdimensioniert sind. Des Weiteren werden überflüssige Funktionen eingebaut. Wofür brauchen Nudelpackungen bitte ein Sichtfenster? Damit die Nudeln mal rausgucken können? Artgerechte Nudelhaltung? Wir gestehen den Hühnern in Legebatterien kein echtes Tageslicht zu, aber die Nudeln in der Verpackung brauchen ein Fenster? Das Aussehen der Nudeln ist auf der Verpackung abgebildet! Genug gemotzt, ich denke, es ist klar, worauf ich hinaus möchte, obwohl ich noch gerne über Zahnbürsten mit gummiertem Antirutschgriff gepöbelt hätte. (Ja, Herr Doktor, ich bin von der Zahnbürste abgerutscht ... Ja! Voll ins Auge!)

Re-Design

Das Thema Re-Design schlägt ein bisschen in dieselbe Kerbe wie das Reduzieren. Ich bin sicher, dass es für viele Konsumgüter bessere Verpackungen geben könnte. Es muss doch möglich sein, ohne die Alufolie auf der Frischkäseverpackung auszukommen. Durch ein vollständiges Re-Design könnte man die Verpackung auf ihren vollständigen Lebenszyklus hin optimierten. Das heißt, das Design sollte so gewählt werden, dass die eingesetzten Materialien den kleinsten negativen Umwelteinfluss aufweisen. Des Weiteren sollten nur Materialien verwendet werden, die sich vollständig recyceln lassen, und zwar so, dass die Verpackung eine Maschinensortierung möglichst einfach macht. Sie kennen bestimmt die 500-Gramm-Joghurtbecher, die mit einer Papierbanderole umwickelt sind. Der eigentliche Kunststoffbecher ist sehr dünn und unbedruckt, also eine sehr clevere Verpackung. Allerdings können Becher und Banderole nur dann recycelt werden, wenn beide als solche erkannt und auch getrennt voneinander entsorgt werden: Banderole ins Altpapier und Becher in den gelben Sack. Diese Aufgabenstellung wird als «Design for Recycling» zusammengefasst, d. h. Werkstoffe einzusetzen, die vollständig recycelt werden können, und das Produktdesign auf die nachfolgenden Prozesse anzupassen. Kreislaufwirtschaft ist hier das oberste Gebot.

3. Recycling

Ich habe das Thema eben schon angerissen, und die Grenzen der von mir aufgezählten Punkte sind sowieso fließend. Ich habe den Punkt Recycling aber absichtlich eine Ebene tiefer gestellt. Denn: Den geringsten Umwelteinfluss hat der Kunststoff oder Werkstoff, der gar nicht erst zum Einsatz kommt. Für die Werkstoffe, die sich nicht in irgendeiner Weise einsparen oder weg-designen lassen, muss es die Möglichkeit zum Wiederverwerten geben. Hier spielt das eben erwähnte Design for Recycling eine große Rolle. Das Ganze ist auch eine echte Herausforderung für die Abfallwirtschaft: Sie muss sich vom Mülllogistiker zum Wertstoffverwalter entwickeln.

4. Verbieten

Wenn ich das Wort lese, kann ich es in meinem inneren Ohr mit einer sehr zornigen Betonung hören. Mit einem harten rollenden R.

Verrrrrbieten. Bei der letzten Landtagswahl in Niedersachsen hatte die FDP mehrere Plakate mit dem Slogan «Innovationen statt Verbote» aufgehängt. Da geht bei mir direkt der Puls hoch. Was bitte ist denn einer der stärksten Innovationsmotoren? Die Notwendigkeit einer Lösung. Wie kann ich eine Notwendigkeit gezielt erzeugen? Ja genau, durch Verbote. Ich will jetzt nicht mit einer nagelgespickten Verbotskeule losziehen, aber es gibt Produkte, die sind einfach Mist. Einwegstyroporbecher, Konfettikanonen mit glitzerndem Mikroplastik oder blinkendes Kinderspielzeug, bei dem die Elektronik samt Knopfzelle fest verklebt ist. Auf geht's! Einfach mal verbieten. Wenn die Menschen einen gesteigerten Wert auf diese Produkte legen, werden findige junge Liberale die entsprechenden Produkte schon umweltverträglicher machen und wieder auf den Markt bringen. Die meisten Firmen haben sogar bereits umweltverträglichere Lösungen in ihren Schubladen liegen – aber sie werden sie nur einsetzen, wenn sie müssen. Natürlich ist das immer mit einem gewissen finanziellen und organisatorischen Mehraufwand verbunden. Aber es funktioniert. Man sollte nie die innovative Energie unterschätzen, die freigesetzt wird, wenn es ums Geld geht.

Damit bin ich gezwungenermaßen am Ende. Jetzt, wo ich an diesem Punkt angelangt bin, fallen mir noch 1000 Sachen ein, die ich unbedingt hinzufügen möchte. Ich hätte gerne noch über Ökobilanzen geredet oder über modifizierte Blaualgen zur Herstellung von bioabbaubaren Kunststoffen ... Okay! Hier wenigstens mal ein kleiner Ausblick auf meine persönlichen Favoriten für zukünftige Gamechanger im Bereich der Biokunststoffe. Ein Forscherteam der Universität Tübingen forscht an einer Methode, die Blaualgen zur Herstellung von großen Mengen Biokunststoff animieren kann. Zwar produzieren auch andere Bakterien ohne fremde Hilfe eine Art von Biokunststoff, diese müssen dabei aber mit reichlich zuckerhaltiger Biomasse gefüttert werden. Der besondere Clou bei den Blaualgen ist, dass diese über Fotosynthese selbst Energie erzeugen können. Das bedeutet also, dass die modifizierten Blaualgen CO_2 aus der Atmosphäre nutzen, um damit Biokunststoff zu erzeugen, und die Energie für diesen Prozess kommt von der Sonne #Allesoyeah! Aktuell befindet sich das Ganze noch in der Entwicklung, aber schon jetzt ist die Politik in der Pflicht, sich mit solchen gentechnischen Verfahren auseinanderzusetzen und die Rahmenbedingungen zur Anwendung zu prüfen! Aber nun ist wirklich Schluss, und vielleicht greife ich das Thema bei einer möglichen Fortsetzung auf. Wie wäre es denn mit «Weltrettung braucht Wissenschaft Teil 2 – Der Anfang ist gemacht!» Bis dahin: Sauber bleiben.

Weiterreise

> *Okay, mit diesem Produkt unterstütze ich keine Großkonzerne oder Zuckerkonsum, und Glasflaschen sind ohnehin besser als Plastik. Aber vielleicht ist 11:30 Uhr doch zu früh für ein Bier?*

Welt retten wäre leichter, wenn es nicht so kompliziert wäre. Wenn schon ein Plastikforscher Schwierigkeiten hat, in unter fünf Minuten die nachhaltigste Wahl zu treffen, welche Chance bleibt dann uns? Außer natürlich die Hoffnung auf Blaualgen, der Hinweis, dass es durchaus möglich ist, Jutebeutel mitzunehmen, Spielzeuge mit verklebter Elektronik zu meiden, Joghurtbecher mit getrennter Papier- und Plastikhülle zu loben und Schokolade zu einer Party mitzubringen, die nicht in einzelne Plastik-Schoko-riegel verpackt ist. Das ist ja möglich. Und vielleicht können wir auch den politischen Druck aufbauen, hin und wieder mal was zu verbieten. Nudelsichtfenster z. B. Und wenn sich dunkle Sham-pooflaschen so viel schlechter recyceln lassen, warum stehen sie dann noch im Regal? Das wäre schon mal eine Entscheidung we-niger.

Schließlich wollen wir ja ökologisch entscheiden. Sonst könn-ten sich die gesammelten Marketingabteilungen dieser Welt diese ganzen schönen Recyclingsprüche ja sparen. Aber manchmal scheitern unsere sozialen Grundsätze eben weniger an unserer Bereitschaft als an unseren kognitiven Grenzen. Nicht nur, weil unser Gehirn nicht permanent konzentriert denken kann, es kann auch nicht permanent konzentriert *fühlen*. Entgegen allgemeinen Annahmen macht uns das Unglück unseres Konsums durchaus zu schaffen – von Plastik in den Meeren bis zu den Niedriglöhnen der Produzent*innen. Es gibt so viel, wozu wir eigentlich Stellung beziehen müssen. Und irgendwie trägt hier im Supermarkt wieder niemand Maske. Am Ende bleibt uns die Wahl zwischen Burnout und ... Abschalten. Uns selbst aus der Situation entfernen. Den durchdachteren Gehirnregionen fällt schon eine Begründung ein, warum das moralisch vertretbar ist.

Um uns davon nicht besiegen zu lassen und hin und wieder doch unseren Vorsätzen gerecht zu werden, basteln wir uns Hilfestellungen für den Alltag. Wenn die Plastiktüten-Plastiktüte an der Tür hängt, nehmen wir beim Gehen hoffentlich eine daraus mit, und wenn wir dazu noch einen Bambusbecher mit uns rumschlüren, müssen wir beim Bäcker keinen kaufen. Entscheidungshilfen sind auch nützlich: sogenannte Heuristiken, mit denen wir uns im Dschungel der Möglichkeiten zurechtfinden. 700 Gerichte, aber wenn es Tikka Masala gibt, nehmen wir Tikka Masala. Danach noch ein Lassi. Oder, wenn es um moralische Abwägungen geht: Wenn's Bio-Äpfel gibt, nehm' ich Bio-Äpfel, und wenn es nur Fisch gibt, nehm' ich gar nix. Einmal hart drüber nachgedacht, und für den Rest der Zeit können wir die Entscheidungslast klein halten. So schaffen wir es, mit dem eigenen Geldbeutel abzustimmen, ohne dass uns jeder Besuch im Supermarkt wie gelähmt zurücklässt. Wir müssen dafür nicht mal gegen unsere eigenen Impulse angehen. Im Gegenteil, Menschen können auch intuitiv sozial entscheiden. Oft sogar mehr, als wenn man uns Zeit für Ausreden lässt. Aber dabei hilft uns natürlich alles, was diese intuitive Entscheidung aus dem Bauch heraus ermöglicht: Leuchtfarben, Preissignale und hilfreiche Gütesiegel. Daran hangeln wir uns durch die komplizierte Welt. Manchmal klappt das sogar ziemlich gut. So, wie wir in Ann-Kathrin Vlacils Kapitel gelernt haben, dass wir einen Großteil der Meeresverschmutzung stoppen können, mit Verzicht auf *diese einfache Produktgruppe*. Oder wussten Sie, dass bei der Produktion unseres sprudeligen Mineralwassers so viele Emissionen entstehen wie beim innerdeutschen Flugverkehr?

Oder dass *Danone* via *Volvic* französische Flüsse leerpumpt? Um das zu ändern, müssen wir ja nicht mal verzichten. Nur eins von den lustigen Zischwasserdingern kaufen. Oder gleich aus dem Hahn trinken (Virchow und sein Einsatz für die Berliner Wasserleitungen lassen grüßen).

Wir können also doch so einige Bereiche steuern mit unserem Konsum, und es lohnt sich, dass wir uns anstrengen! In anderen Fällen lernen wir dann wieder, dass Bambusbecher doch nicht so wirklich gesund sind und Klimaneutral-Siegel nicht so zuverlässig wie wir denken, und wir kriegen eine Existenzkrise. Oder fühlen uns naiv. Dabei wollten wir genau das vermeiden. Das ist eben das Problem: Sozial entscheiden ist eine Teamaufgabe, die keiner von uns allein bewältigt. Wie jede Teamarbeit braucht sie die richtigen Voraussetzungen: Vertrauen, Regeln und hilfreiche Diagramme. Die gesamte Pyramide der Plastikvermeidung und eine ordentliche Portion Realismus. Eine soziale Strategie, die darauf aufbaut, dass Menschen ganz allein das Kleingedruckte jeder Einzelentscheidung lesen, ist von Anfang an zum Scheitern verurteilt.

Eigentlich wissen wir das und rühmen uns regelmäßig damit, in einem Wirtschaftssystem zu leben, das genau solche sozialen Überlegungen unnötig macht. Jedenfalls sagen wir das immer dann, wenn es um Regulierung geht: Der freie Markt sorgt schon dafür, dass jede*r im Eigeninteresse Gutes tut, einfach, weil sich Schlechtes schlechter verkauft. Er regelt. Und mehr verlangen wir von Unternehmen dann auch nicht, als dass sie im Eigeninteresse denken, im Sinne von Wirtschaftlichkeit und Arbeitskraft. Aber die Leute im Supermarkt sollen Kinderarbeit beenden.

... und wahrscheinlich würden das viele von ihnen sogar tun – wenn sie könnten. Es gibt schon ein krasses Ungleichgewicht in unserer Teamaufgabe «Soziales Entscheiden», wenn man z. B. Konsument*innen regelmäßig dazu anhält, keine Klamotten aus Ausbeutung zu kaufen, aber die Textilindustrie nicht verraten muss, welche das sind. Selbst das brandneue Lieferkettengesetz findet Recherche ab dem zweiten Mittelsmann zu viel verlangt. So haben wir beim Shoppen nur die Wahl, der Textilindustrie mehr Geld für teure Klamotten zu geben, in der vagen Hoffnung, dass auf dem Weg dahin irgendjemand besser bezahlt wurde. Oder wir bestellen uns online Klamotten mit Fair-Trade-Siegel. Aber dann gerät die Einzelhandelsgemeinschaft Bad Salzuflen in Panik und plant aus lauter Verzweiflung 27 verkaufsoffene Sonntage. Um was muss man sich als Konsument*in eigentlich nicht kümmern?

«Der Markt regelt» heißt eben oft «*Du* sollst das regeln». Wir lagern die ganze Arbeit von Staat und Industrie an die Kund*innen aus und das Gewissen gleich mit. Dabei sind das die mit der wenigsten Zeit und dem kleinsten Budget. Am Ende haben wir die Welt zwar kein Stück verbessert, aber gefühlt alle schon genug getan.

Manchmal ist genau das auch das Ziel. Als das Interesse am Klima z. B. zum ersten Mal aufflammte, machte der britische Ölkonzern BP sofort das einzig Richtige: den *individuellen* ökologischen Fußabdruck populär. Ach, Sie wollen uns für unseren CO_2-Ausstoß angreifen? Und das, während Sie *ausatmen*?

Auch *Coca-Cola* hat schon in den 70er Jahren einen amerikanischen Ureinwohner erklären lassen, dass Plastikverschmutzung durch Privatpersonen böse ist. Natürlich ohne darauf hinzuweisen, dass sie und andere Getränkehersteller hinter dieser Kampagne stecken, wer überhaupt diesen ganzen Verpackungsmüll produziert oder dass der Mann in der Werbung strenggenommen gar kein amerikanischer Ureinwohner ist, sondern Italiener. Die Strategie «Leute erst mal mit ihrem eigenen Kram beschäftigen» funktioniert deshalb so prima, weil Menschen ohnehin eine Tendenz haben, sich in Kleinkram zu verlieren (*Gesetz der Trivialität*) – wie jeder weiß, der schon mal Teil irgendeines Komitees war. Und auch, weil wir unerreichte Punkte auf unserer To-do-Liste immer am stärksten wahrnehmen (*Zeigarnik-Effekt*) – wie jeder weiß, der nach der verteidigten Abschlussarbeit schon mal zu einem Wäscheberg heimgekommen ist. Auch dagegen würden uns natürlich vereinfachte Kennzeichnungen helfen. Oder eben auch mal Verbote. Aber gegen genau solche Regelungen lobbyieren natürlich die gleichen Konzerne, die sonst auf Eigenverantwortung pochen. Schritt 1: Setze ein unmögliches Ziel, Schritt 2: Kritisiere alle, die das Ziel nicht einhalten. Schritt 3: MUAHAHAHA.

Viele kleine Leute, die viele kleine Schritte tun, können die Welt verändern, aber es würde schon helfen, wenn wir ihnen dabei nicht aktiv Steine in den Weg legen. Selbst von Seiten der tatsächlichen Klimabewegung hat man sich lange in diese individualisierte Botschaft reinziehen lassen, die nie so richtig zum Gesamttonfall passte: «Die Welt steht am Abgrund?» *«Oh nein!* Was sollen wir tun?» «Hier, leg diesen Backstein in deinen Toilettenkasten!»

Auch die Politik fand es in der Pandemie immer eine Nummer leichter, die Personenanzahl in Privathaushalten zu begrenzen als in Büros. Beim Gasverbrauch fängt die gleiche Debatte gerade erst an. Diese Unlust, Unternehmen mit einzubeziehen, ist aus mehreren Gründen ein Problem. Zunächst mal natürlich aus Gründen von Politikfrust und Demokratie. Aber erinnern Sie sich beispielsweise auch an die Amerikaner*innen weiter oben, die überraschenderweise mehrheitlich für Klimaschutzmaßnahmen sind? Die Mehrheit wird noch weitaus größer, wenn es darum geht, *Unternehmen* zum Klimaschutz zu verpflichten.[1] Wenn wir also sagen: «Es gibt keine Mehrheiten für Klimaschutzmaßnahmen», meinen wir ziemlich oft: Maßnahmen, auf die wir *Lust* haben.

Um zu sehen, wie oft sich hinter persönlicher Verantwortung *Coca-Cola* und ein Strukturproblem versteckt, gehen wir am besten mal zu einem Thema, das zwar augenscheinlich ein ganz anderes ist, aber dennoch mit mindestens genau so vielen persönlichen Schuldgefühlen aufgeladen. Es geht um Ernährung und damit zu Janina Otto. Um über ein paar Moleküle zu sprechen, die uns alle nervös machen. Dabei sind sie so süß.

JANINA ISABELL OTTO

The Sweet Escape: Über Zucker, Seitensprünge und Diabetes

Janina Isabell Otto klärt uns über das auf, was für uns peinlich oder mindestens *persönlich* ist – ob Schweißdrüsen oder unsere Ernährung. Mit anderen Worten: Sie macht genau das, was wir uns von der Wissenschaft erhoffen. Dass sich gerade so besonders viele für Wissenschaft interessieren, liegt ja weniger an abstrakter intellektueller Neugier oder der Hoffnung, im Gespräch 27,3 Prozent klüger zu wirken. (Und diesen Eindruck kurz darauf mit einer Bemerkung zu Kryptowährungen wieder zu zerstören.) Wir erhoffen uns vor allem Antworten. Unter den erfolgreichsten Sachbuchbestsellern dieses Jahrtausends findet sich kaum einer über Relativitätstheorie, aber mehrere über Erziehung und Verdauung. Gut so. Wir tragen ja nicht das ganze Weltwissen in unserer Handtasche, um unsere Meinung zu Goji-Beeren dem Zufall zu überlassen. Man könnte auch sagen, wir fangen endlich an, das Informationszeitalter genau für das zu nutzen, wofür es da ist: zum Informieren. Über das, was uns unter die Haut geht.

E s ist kompliziert geworden – unser Verhältnis zum Zucker! Wir alle essen ihn jeden Tag, denn er steckt eben nicht nur in verarbeiteten Lebensmitteln, sondern auch in naturbelassenem Obst und Gemüse – und wer will schon etwas Schlechtes über Obst und Gemüse sagen? Aber trotz alledem wissen wir auch:

Zu viel Zucker kann uns krank machen. Die Endstationen eines hohen Zuckerkonsums sind unter anderem Typ-2-Diabetes (T2D) und Übergewicht. Der Weg dahin ist meist lang, und eigentlich hätte man genug Zeit, vor der Endstation die Notbremse zu ziehen. Stattdessen zögern wir und fragen uns, ob das denn *wirklich* nötig ist. Schließlich macht Zucker ja auch eine Menge Spaß. Dadurch verlieren wir mehr und mehr Zeit, und die Probleme nehmen währenddessen immer größere Dimensionen an. Aber woher kommen unsere Zweifel? Die Weltgesundheitsorganisation (WHO) spricht schon seit Jahren von einer Diabetes-Pandemie – schon lange, bevor das Wort Pandemie in aller Munde war. Aber was genau kann Zucker eigentlich dafür? Schließlich gibt es jede Menge Einflussfaktoren für einen T2D wie etwa den Konsum von rotem Fleisch,[1] Bewegungsmangel,[2] genetische Veranlagung[3,4] und sogar Einflüsse, denen wir im Mutterleib ausgesetzt waren.[5,6] Müssen wir wirklich ausgerechnet an unserem Zuckerkonsum etwas ändern, oder ist er am Ende doch nicht so schlimm?

Klären wir erst mal ein paar Zahlen: Wie viel Zucker dürfen wir täglich essen? Und wie viel essen wir tatsächlich? Die WHO setzt klare Grenzen auf unserem Tageszuckerkonto. Die absolute Schmerzgrenze sind 10 Prozent unserer Nahrungskalorien in Form von zugesetztem Zucker. Bei 2000 kcal sind das 50 g Zucker (1 g Zucker = 4 kcal). Allerdings sagt die WHO auch, dass einige Quellen auf lediglich 5 Prozent (25 g Zucker) hinweisen – das wären z. B. 43 g Nutella, 1,5 Äpfel, 1 Banane oder 236 ml Cola. Kurz: Es ist wirklich wenig Zucker. Aber Achtung: Auf Obst muss man trotzdem nicht verzichten, denn die WHO zählt Zucker aus Obst nicht auf das Konto.

Es wird sicherlich niemanden überraschen, dass wir deutlich über dieser Empfehlung liegen. Laut einer Erhebung des Bundesministeriums für Ernährung und Landwirtschaft (BMEL) stammen 13 bis 14 Prozent unserer Nahrungskalorien aus Zucker. Bei Kindern und Jugendlichen (drei bis 24 Jahre) liegt der Wert sogar bei besorgniserregenden 15 bis 19 Prozent.[7] Unser Zuckerkonsum liegt also in einem Bereich, in dem die WHO aufgrund zahlreicher Studien davon ausgeht, dass Begleiterkrankungen wahrscheinlicher werden. Denn Zucker bringt mit steigender Menge einen immer dickeren Sack an Problemen mit sich. Hauptsächlich sprechen wir von Karies, Übergewicht, T2D und Herz-Kreislauf-Erkrankungen.[8]

Und eins muss man wissen: Ein T2D ist keine Easy-going-Erkrankung, bei der man einfach ein bisschen Insulin spritzt und alles ist wieder paletti. Diabetes geht immer mit einer Verschlechterung der Lebensqualität einher und führt zu enormem Leidensdruck bei Betroffenen. Konsequenzen dieser Erkrankung sind z. B. eingeschränkte Leistungsfähigkeit; Missempfindungen wie Taubheit, Kribbeln, Brennen oder sogar starke Schmerzen durch geschädigte Nerven (diabetische Polyneuropathie); Erblindung; schmerzhafte Wundheilungsstörungen bis hin zur Amputation; Nierenschäden bis zur Dialysepflichtigkeit; weiteres Übergewicht mit allen Konsequenzen; sowie ein verfrühter Tod.[9,10] Diabetes ist schon jetzt die neunthäufigste Todesursache weltweit.[11] Diabetes möchte man also möglichst nicht haben, und trotzdem können wir es immer öfter nicht verhindern.

Die WHO beklagt schon lange, dass die Welt in eine Diabetes-Pandemie gerutscht sei.[12] Allein im Jahr 2021 litten 8 Millionen Deutsche an T2D – plus ca. 2 Millionen Diabetiker, die bisher noch keine Diagnose gestellt bekommen haben. Die Deutsche Diabetes Gesellschaft prognostiziert, dass es bis 2040 sogar 12 Millionen Erkrankte sein werden.[13] Der globale Trend sieht genauso aus. So litten 2021 ca. 6 Prozent der Weltbevölkerung (420 Millionen) an Diabetes;[14] davon haben 95 Prozent T2D und nur 5 Prozent Typ 1.[15] Laut WHO werden es bis zum Jahr 2030 570 Millionen und bis 2045 700 Millionen Erkrankte sein.[16] Und genau das ist die Katastrophe, auf die ich hier aufmerksam mache.

All diese Menschen zu behandeln, kostet auch massenhaft Geld. Diabetes ist durch die lange Behandlungsdauer und die vielen Folgeerkrankungen einfach verdammt teuer für unser Gesundheitssystem. Zusätzlich erkranken auch immer mehr Kinder, die oft ihr ganzes Leben lang behandelt werden müssen. Wie war das noch? «*Sowieso* macht Kinder froh – und Erwachsene ebenso»!

Die Behandlungskosten für Diabeteserkrankte in Deutschland betrugen im Jahr 2021 21 Milliarden Euro.[17] Und da sind Kosten für Berufsunfähigkeit oder Frühberentung noch gar nicht mit eingerechnet. Im selben Jahr haben die gesetzlichen Krankenkassen 278,6 Milliarden Euro eingenommen.[18] Es wurden also über 7,5 Prozent der Einnahmen für die Behandlung einer einzigen, vermeidbaren Erkrankung ausgegeben. Können wir uns das leisten? Anscheinend nicht mehr lange, denn 2023 werden die Krankenkassenbeiträge um 1,3 Prozent angehoben.[19] Natürlich hat das auch was mit Covid-19 zu tun, aber es zeigt auch, wie fragil das System jetzt schon finanziert ist. Die Kosten für T2D werden weiter steigen und so zum Platzen unseres einzigartigen Gesundheitssystems beitragen. Wir müssen die Notbremse ziehen!

Aber woran liegt es, dass mehr Menschen als jemals zuvor erkranken? Um das zu erklären, müssen wir uns mit dem Hormon Insulin beschäftigen (Hormon-Fans werden auch im Kapitel von Franca Parianen voll auf ihre Kosten kommen). Es spielt eine zentrale Rolle bei der Entstehung von T2D und auch seinem dicken Doppelpack-Gesellen, dem Übergewicht. Aber vor allem müssen wir uns den Zucker selbst genauer anschauen.

Zucker ist nicht gleich Zucker. Unter Zucker kann man viele verschiedene Dinge verstehen. Das fällt immer dann auf, wenn man mal wieder verzweifelt eine Zutatenliste liest. Zucker wird gerne inkognito eingecheckt: Malzextrakt, Dextrin, Melasse, Agavensaft, etc. Es gibt aber auch einen verständlicheren Begriff: «freie Zucker». Das ist jede Art von zugesetztem Zucker: Einfachzucker (z. B. Glucose, Fructose), Zweifachzucker (z. B. Haushaltszucker / Saccharose, Laktose) sowie Sirup, Dicksäfte, Honig, Fruchtsaftkonzentrate und Fruchtsaft.[20] Es lohnt sich, etwas tiefer in die Zucker-Biochemie einzusteigen. Alle Mehrfachzucker sowie Kohlenhydrate sind aus Einfachzuckern zusammengesetzt. Wir beschränken uns hier auf Glucose und Fructose. Wer jetzt denkt, man könnte diese zwei Einfachzucker nur zu drei verschiedenen Zweifachzuckern zusammenpuzzlen, der irrt. Es gibt viele verschiedene Möglichkeiten, diese Moleküle chemisch zu verknüpfen. Für jede Verknüpfung braucht unser Körper ein passendes Spaltungswerkzeug (Enzym), um diese knacken zu können. So kommt er an die Einfachzucker. Wir benötigen zur Energiegewinnung vorzugsweise Glucose. Tatsächlich hat der menschliche Körper aber nicht für jede Verknüpfung ein Werkzeug parat. Ein Beispiel dafür ist Cellobiose (Zweifach-Glucose) bzw. Cellulose (Mehrfach-Glucose). Obwohl hier einiges an Glucose drinsteckt, kann der menschliche Körper beides nicht spalten. Cellulose (kennt man z. B. von Obst- und Gemüseschalen oder Pflanzenfasern) wird deshalb als Ballaststoff bezeichnet und ist trotzdem wertvoll für unsere Ernährung.

Ein Beispiel für eine Verknüpfung, die unser Körper sehr gut spalten kann, ist Maltose (Zweifach-Glucose) bzw. Amylose (Mehrfach-Glucose). Für diese Moleküle hat der menschliche Körper passende Enzyme (Maltase und Amylase). Die Spaltung findet noch im Verdauungstrakt statt. Danach wird die Glucose ins Blut aufgenommen. Dort bringt uns der Zucker aber nichts – im Gegenteil: Ein hoher Blutzucker kann auf Dauer unseren Nerven und Organen schaden. Der Zucker muss also vom Blut in die Zellen gelangen. Glucose ist aber keinesfalls ein «Schlüssel-Kind», das einfach in die Zellen herein- oder herausspazieren kann. Dafür braucht es etwas Unterstützung, und zwar vom Insulin, das von unserer Bauchspeicheldrüse ausgeschüttet wird. Dieses Hormon kann für die Glucose bei bestimmten Zellen klingeln. Der Klingel-Trick ist für unseren Körper existenziell wichtig, damit der Blutzucker nie auf null sinken kann, denn das würde unseren Tod bedeuten. Stattdessen kann das Signal «Zucker rein» auf diese Weise kontrolliert werden.

Das Insulin kann nur dann klingeln, wenn Zellen eine Insulin-

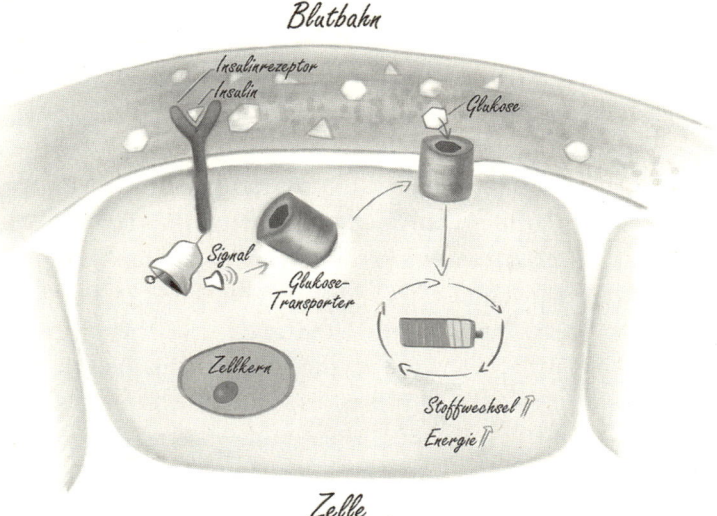

Blutbahn

Insulinrezeptor
Insulin

Glukose

Signal

Glukose-
Transporter

Zellkern

Stoffwechsel ⇑
Energie ⇑

Zelle

Wer die Blutzuckerregulation lieber in Bewegung und von der Autorin erklärt sehen möchte, kann gerne dieses Video schauen: https://youtu.be/8DsTCPjHeQQ.

Klingel (Insulin-Rezeptor) auf der Oberfläche tragen. Das Klingeln signalisiert der Zelle, dass sie den Glucose-Transporter – eine Art Tür speziell für Glucose – auf die Oberfläche bringen soll. Die Glucose gelangt durch diese Transporter in die Zelle und kann dort verstoffwechselt werden. Der Blutzucker sinkt wieder und auch das Insulin verschwindet. So geht Blutzucker normalerweise.[21]

Wenn wir jetzt aber ständig Glucose essen, wird auch immer wieder geklingelt. Das nervt die Zelle irgendwann ungefähr so stark wie die FDP das Thema Tempolimit oder die CDU das Gendern (warum es trotzdem sinnvoll ist, erfahrt ihr bei Sarah Hiltner und den Crashtest-Dummies). Deshalb tut unsere Zelle irgendwann das, was jeder von uns tun würde: Sie stellt die Klingeln ab. Je mehr Klingeln eine Zelle abstellt, umso leiser wird für sie das Insulin-Signal. Aber der Blutzucker bleibt weiterhin hoch, und weil das gefährlich ist, kontert die Bauchspeicheldrüse so, wie das jeder halbwegs durchsetzungswillige Mensch auch tun würde, wenn Wer-auch-immer absolut nicht aufs Klingeln reagiert: Es wird vehement Sturm geklingelt – mit immer mehr Insulin. Das beeindruckt die Zelle wenig, im Gegenteil, sie stellt infolgedessen immer mehr Klingeln ab.

So stauen sich noch öfter Glucose und Insulin im Blut. Das Problem liegt bei den Zellen, die das Insulin ignorieren. Man sagt: Sie sind resistent geworden. Deshalb nennt man genau dieses Spektakel «Insulinresistenz» (IR), und es kündigt einen T2D an.[22,23] Bei fortschreitender IR kann auch noch dazukommen, dass die Bauchspeicheldrüse vom Sturmklingeln in die Knie geht und nicht mehr genug Insulin produzieren kann. Spätestens dann hat man einen T2D.[24] Es ist also ein schleichender Prozess, der anfangs wenig oder keine Beschwerden verursacht. Deshalb sind T2D und IR oft Zufallsdiagnosen. Viele Diabetiker bekommen ihre Diagnose zu spät, nämlich dann, wenn der Körper schon Schaden genommen hat.

Das Sturmklingeln ist aber nicht der einzige Link zwischen T2D und Zucker. Zusätzlich nehmen wir durch zu viel Zucker an Gewicht zu – ja, ich weiß, wer hätte das gedacht! Das Insulin macht uns Naschkatzen das Abnehmen aber besonders schwer, denn es sorgt dafür, dass die aufgenommene Glucose in Form von Fett gespeichert wird, und verhindert unsere Fettverbrennung. Man muss sich das vorstellen wie eine Richtung, in die unser Stoffwechsel abläuft. Insulin ist der Schalter für den Vorwärtsgang im Körper – Fettaufbau. Fettabbau ist aber das Gegenteil, quasi der Rückwärtsgang. Der Aufbau soll rückgängig gemacht werden. Die Schlussfolgerung ist simpel: Man kann nicht gleichzeitig vor- und zurückfahren. Es funktioniert nicht – auch in unserem Körper nicht.[25,26] Der Stoffwechsel fährt auf Zucker sozusagen mit Vollgas Richtung Hüftgoldhausen.

Liegt aber schon eine Resistenz gegen das Insulin vor, verschlimmert sich dieses Problem, weil die Bauchspeicheldrüse immer mehr Insulin produziert – Stichwort Sturmklingeln. Unser

Körper bekommt dadurch permanent das Signal, mehr Fett einzulagern, was für Übergewichtige mit T2D oder IR bedeutet, dass sie länger in Hüftgoldhausen bleiben müssen, als ihnen vielleicht lieb ist.

Die gute Nachricht: Wenn man frühzeitig mit dem Sturmklingeln – also dem vielen Zucker – aufhört und sich wieder mehr bewegt, kann man in vielen Fällen den T2D besiegen und doch noch abreisen, um wieder zu einem gesunden Gewicht zurückfinden.

So hängen also T2D und Übergewicht gegenseitig voneinander und besonders vom Glucosekonsum ab. Ein weiterer, eigenständiger Faktor in dieser Gleichung ist Fructose. Ja, noch mal Zucker. Wer jetzt denkt, Fructose sei nur der attraktivere kleine Bruder von Glucose, den muss ich enttäuschen. Fructose ist eigentlich eher vergleichbar mit dem komischen Onkel auf Familienfeiern, der hintenrum schlecht über dich redet. Fructose wird uns gerne als besserer Zucker verkauft – er komme aus Früchten und sei «natürlicher», außerdem «gesünder», weil er den Blutzuckerspiegel kaum ansteigen lässt. Und das stimmt sogar – denn der Blutzucker bezieht sich auf Blutglucose – nicht Fructose. Auch Insulin wird durch Fructose kaum ausgeschüttet. Aber das ist nur die halbe Wahrheit. Es ist wichtig zu verstehen, dass Fructose für unser zelluläres System etwas anderes ist als Glucose. Sie sehen zwar fast gleich aus, aber für unseren Stoffwechsel sind sie komplett unterschiedlich – genau wie bei den Glucose-Mehrfachzuckern Amylose und Cellulose.

Fructose passt nicht durch Glucose-Transporter. Die allermeisten Zellen kommen deshalb nicht in den Genuss der Fructose. Und so landet sie größtenteils in unserem Entgiftungsorgan, der Leber. Leberzellen gehören zu den wenigen, die Fructose-Transporter haben. Und hier verbirgt sich das Problem. Kleine Mengen Fructose in Kombination mit Ballaststoffen, so wie es in Früchten der Fall ist, sind für unsere Leber überhaupt kein Problem. Die Ballaststoffe verlangsamen im Darm die Aufnahme, sodass immer nur kleine Mengen in der Leber ankommen. Aber bei hohem

Fructosekonsum hat sie schnell einen Energieüberschuss. Verhältnismäßig viel Fructose steckt z. B. in Softdrinks durch Glucose-Fructose-Sirup, in Fruchtsäften oder in Agavendicksaft. Das Zuviel an Fructose kann die Leber nur noch in Fett umwandeln und im Organ einlagern. Auch hier gilt: Wer vorwärtsfährt, kann nicht rückwärtsfahren. Auf diesem Weg fördert Fructose Übergewicht.[27,28,29]

Aber damit nicht genug: Wird immer mehr Fett in die Leber eingelagert, provoziert man eine nicht-alkoholische Fettleber. Das Ende dieser Krankheit ist – genau wie bei einer alkoholbedingten Fettleber – eine Leberzirrhose, also die unumkehrbare Vernarbung und damit Zerstörung unseres wichtigsten Stoffwechselorgans. Das kann unseren Tod bedeuten, wenn wir kein Spenderorgan bekommen. Außerdem fördert Fructose zusätzlich schlechte Blutfettwerte (Dyslipidämie) und eine hepatische IR (Leberzellen stellen die Insulin-Klingeln ab). Alle diese Erkrankungen führen weiter zu *Trommelwirbel* T2D![30,31]

Fassen wir das zusammen: Sowohl ein hoher Glucose- als auch Fructosekonsum führen zu Übergewicht und T2D. Beides zusammen kann ein echter Teufelskreis sein! Egal was uns die quietsch-bunte Marketingwelt mit Sprüchen wie «Vitamine und Naschen» dazu so vermitteln möchte. Das Einzige, was dagegen hilft, ist: weniger freie Zucker essen. (Wie auch Maria-Elena Vorrath in ihrem Kapitel klarstellt: Weniger ist alles!)

Aber wenn uns Zucker krank macht, warum setzt ihn die Lebensmittelindustrie dann überall ein? Wenn jemand an etwas so extrem festhält, wie Trump am Weißen Haus, dann muss es Vorteile haben.

Tatsächlich ist Zucker einfach viel zu attraktiv und gleichzeitig billig für die Industrie. Arm, aber sexy! Sie hat einfach keinen Grund, keinen Zucker einzusetzen. Er beeinflusst wichtige Eigenschaften wie Aroma, Haltbarkeit, Textur, Volumen, Farbe und natürlich die Süße des Produkts. So ist er maßgeblich an der Maillard-Reaktion beteiligt, bei der ab 140 °C Aminosäuren aus

Proteinen mit Zucker zu bräunlichen Pigmenten reagieren. Diese schmecken fantastisch und geben Crunch. Wir kennen diese Reaktion von der braunen Kruste an Gebäck, geröstetem Gemüse oder Fleisch und gratiniertem Käse – ja, ganz genau diese super leckere Knusperschicht. Die Maillard-Reaktion ist nicht zu verwechseln mit der Karamellisierung von Zucker, die ohne Proteine stattfinden kann. So oder so, beide Reaktionen machen mithilfe von Zucker unser Essen köstlicher. Aber Zucker kann nicht nur neue Aromen zaubern, sondern auch bereits vorhandene unterstreichen. Dabei kann er unterhalb der Wahrnehmungsschwelle eingesetzt werden. Das bedeutet, der Zucker intensiviert die Aromen im Produkt, ohne dass es süßer schmeckt. Ein klassisches Beispiel ist eine Prise Zucker in salziger Tomatensoße oder im Senf.

Aber das ist immer noch nicht alles. Zucker steht auch in einem besonderen Verhältnis zu Fett, wie zwei New Yorker Forscher*innen bereits 1983 herausfanden. Damals war bereits bekannt, dass Proband*innen Milch durch die Zugabe von Zucker bis zu einem Optimum immer besser schmeckt. Dieses Optimum nennt man den Bliss-Point (von engl. bliss = Glückseligkeit, Wonne). Aber die Forschenden fanden heraus, dass Fett den Bliss-Point verschieben kann. Wenn nämlich nicht Milch, sondern Sahne oder ein Gemisch aus beidem verwendet wurde, stieg der Bliss-Point zusammen mit Zucker- und Fettgehalt höher, als es nur durch eins der beiden möglich gewesen wäre. Wir präferieren also mehr Zucker, wenn ein Produkt fettiger ist. Das ist ein mächtiges Manipulationswerkzeug für die Industrie. Kein Wunder also, dass sich Unternehmen so schwertun, ihre Rezepturen gesünder zu gestalten. Der Zug ist schon längst abgefahren Richtung yummy![32,33]

Als der Bliss-Point aus dem Sack war, wusste die Lebensmittelbranche, dass es den perfekten Geschmack gibt. Entwickler*innen machten sich eifrig daran, diesen für jedes erdenkliche Produkt zu finden, um die Konkurrenz zu schlagen. Mit fatalen Folgen: Wir finden immer mehr Fett, Salz und Zucker in verarbeiteten Lebensmitteln – bewerten diese dann geschmacklich aber auch als deutlich geiler. Für Kinder hat es besonders gravierende Konsequenzen: Ihr Bliss-Point steigt höher, je süßer die Produkte sind, die wir ihnen geben.[34]

Der Bliss-Point ist wahrscheinlich des Menschen wahre Achillesferse. Denn er hat leider nicht sonderlich viel mit gesundheitsverträglichen Mengen an Zucker oder Kalorien zu tun. Es ist vielmehr ein evolutionäres Belohnungsprogramm, das der Menschheit in einer Welt der Nahrungsknappheit die Richtung vorgibt: Nachtisch geht immer! Das sicherte den Urmenschen das nackte Überleben – heute sichert es uns eher einen sonnigen Platz am Dialysegerät oder einen früheren Tod. Das System hat sich Millionen von Jahre bewährt, führt aber bei einem Überangebot an Nahrung zu großen Problemen. Es bringt z. B. Bierhefen dazu, so viel Zucker zu Alkohol umzusetzen, dass alle Hefen sterben. Warum sollte es bei uns Menschen also anders laufen? Denn spätestens seit der Mensch Zucker industriell isolieren kann, kommen Mengen davon auf unseren Tisch, die fern von der Realität unserer urmenschlichen Vorfahren – oder überhaupt irgendeinem Lebewesen auf der Erde – sind. Aus Sicht unserer Vorfahren leben wir wahrscheinlich in einer Art Schlaraffenland und machen gerade alles kaputt! Wer gehofft hat, dass sich die Menschheit irgendwann evolutionär an den Zuckerkonsum anpasst, den muss ich enttäuschen. Das werden wir (genau wie die Bierhefen) sicherlich nicht mehr erleben. Machen wir uns nichts vor: Vorher sterben wir mit einer höheren Wahrscheinlichkeit alle an T2D. (Darüber, dass evolutionäre Anpassung viel zu lange dauert, um unsere aktuellen Probleme zu lösen, erzählt uns Lydia Möcklinghoff in ihrem Kapitel noch mehr.)

In den Augen der Zuckerlobby sind wir alle selbst schuld, wenn so viele von uns dick oder krank werden. Uns fehlt halt die Disziplin – komisch nur, dass es jedem Menschen – egal wo auf der Welt – in dieser Hinsicht gleich geht. Was könnte das für Gründe haben? Vielleicht hat es ja damit zu tun, dass wir permanent und von frühester Kindheit an mit fragwürdigen Werbebotschaften zugespammt werden. Die Überzeugung, dass Zucker Spaß ist, hat es zur gefühlten Wahrheit geschafft. «Open Happiness» war 2009 der Slogan einer internationalen *Coca-Cola*-Kampagne.[35] Der Konzern gibt jedes Jahr rund 4 Milliarden US-Dollar für sein weltweites Marketing aus.[36] Oder der deutsche Süßwarensektor: 2021 gab er rund 1 Milliarde Euro für Werbung aus.[37] Noch mal zum Vergleich: Die jährlichen Kosten für Diabetes-Behandlungen liegen bei 21 Milliarden Euro.[38] Dieses Marketing hat einen einzigen Zweck: unser Verhalten und unsere Gedanken zu beeinflussen.

Dabei muss man sich auch klarmachen, dass es nicht nur um Fernsehwerbung oder Anzeigen geht, sondern auch um unterschwellige Beeinflussung. Zu welchen Anlässen durftet ihr früher als Kind Cola trinken? Das Erste, was mir einfällt, sind Kino- oder Restaurantbesuche. Das gehört zu einem strategischen Erlebnis-Marketing von *Coca-Cola*. Anfangs standen Sportveranstaltungen im Fokus. Jeder kleine Junge in den USA sollte den Geschmack einer Coke mit dem unvergesslichen Tag bei einem Baseballspiel verbinden. Aber es wurde viel mehr als das: Stadien, Kinos, Discotheken, Flugzeuge, Betriebskantinen – was wird uns dort heute an Getränken meistens angeboten? Genau, oft sind es Getränke von *Coca-Cola*. Intern nennen *sie* das die «ubiquity strategy» (Allgegenwärtigkeits-Strategie).[39] *Coca-Cola* ist überall dort, wo wir unsere Pausen oder Freizeit verbringen.

Das Marketing im Bereich zuckerhaltiger Lebensmittel ist leider extrem einseitig. Eigentlich bräuchten wir auf der anderen Seite Werbung für gesunde Ernährung. Aber wer würde schon einen handelsüblichen Lauch bewerben, muffige Pilze oder blähenden Kohl? Jemand, der so etwas ernsthaft in Erwägung zieht, müsste schon mit allen Wassern – oder sollte ich sagen *Coca-Cola*-Getränken – gewaschen sein. Man glaubt es kaum, aber diese Person gibt es wirklich. Niemand Geringerer als der Ex-*Coca-Cola*-Marketingchef Jeffrey Dunn wagte diesen skurrilen Seitensprung und mischte sich zuversichtlich unter die Gemüsehändler von

Bolthouse Farms, um Marketing für schlichte Mini-Möhren zu entwickeln.[40] Er selbst kommentierte es erstaunlicherweise damit, er würde auf diese Art «seine Karma-Schulden begleichen».[41] Dunn zog bei der 2 Millionen Dollar schweren Kampagne namens «Eat 'Em Like Junk Food» im Jahr 2010 alle Register, die er bei *Coca-Cola* in 20 Jahren gelernt hatte: Die «Baby Carrots» wurden in auffällige Chips-Tüten verpackt; es gab völlig überzogene Werbespots mit Superhelden; sie durften mit Figuren der Sesamstraße werben; es wurden eigene Automaten in Schulen aufgestellt; und es gab ein abgefahrenes Handy-Spiel, bei dem man möglichst laut mit einer Karotte ins Mikro knuspern musste. Das Ergebnis waren atemberaubende 13 Prozent mehr Verkäufe für die Karotten-Kasper – nur durch erfolgreiches Marketing.[42,43,44,45]

Zusammenfassend kann man also sagen, dass es durchaus möglich ist, erfolgreich Marketing für gesunde Ernährung zu betreiben. Es kommt nur auf die Dicke des Portemonnaies an. An dieser Stelle sei aber auch erwähnt, dass Baby Carrots in Plastiktüten ein ziemliches Quatsch-Produkt sind – nicht nur wegen des Plastiks (mehr dazu in den Kapiteln von Ann-Kathrin Vlacil und Simon McGowan), sondern auch, weil die geschälten Möhren unnötigerweise mit Chemikalien sterilisiert werden müssen.

Die Zuckerindustrie beeinflusst aber nicht nur uns Konsument*innen. Es gibt eine große, weltweit agierende Zuckerlobby, denn viele Existenzen hängen vom Zuckerkonsum ab. Diese Zuckerlobby kann einiges bewirken und streut gezielt einseitige Darstellungen. Wie objektiv wird wohl ein Übersichtsartikel sein – auch wenn er im Fachmagazin Nature erschienen ist –, wenn der einzige Autor vom Deutschen Zuckerverband bezahlt wird?

Der ganz große Kontakt für die deutsche Zuckerlobby ist aber sicherlich Günther Tissen. Seit 2012 ist er Hauptgeschäftsführer bei *Wirtschaftliche Vereinigung Zucker*. Interessant ist, wo Tissen davor gearbeitet hat: Mehr als 14 Jahre war er im BMEL – zuletzt sogar als Regierungsdirektor.[46] Es ist davon auszugehen, dass er seine Kontakte auch nach dem dubiosen Seitensprung genutzt hat, um

z. B. mit Ex-BMEL Chefin Julia Klöckner ein süßes Schwätzchen halten zu können. Von der CDU-Politikerin ist ohnehin bekannt, dass sie der Industrie damals sehr zugetan war.[47,48,49] So kam beispielsweise bei einer Anfrage der Grünen im Juli 2019 heraus, dass Klöckner in ihrem ersten Amtsjahr zwar einige Vertreter der Industrie wie z. B. von *Südzucker* oder besagter *Wirtschaftliche Vereinigung Zucker* getroffen hatte, aber nicht einen einzigen Vertreter vom Verbraucherschutz.[50] Die Zeit wird zeigen, ob ihr Nachfolger Cem Özdemir einen besseren Job machen wird. Er ist seit Dezember 2021 im Amt.

Aber welche Möglichkeiten haben wir tatsächlich, um etwas zu verändern? Momentan lastet ein Großteil der Verantwortung auf uns Konsument*innen: Wer sich und den eigenen Kindern ein möglichst langes Leben mit hoher Lebensqualität schenken möchte, sollte den Zuckerkonsum selbstständig einschränken. Die Praxis zeigt aber schon lange, dass das so offenbar nicht funktioniert. Wenn es so einfach wäre, würde die Anzahl an T2D-Erkrankungen nicht jedes Jahr steigen. Es ist ein Wettlauf mit unserem eigenen Körper, den die Gesellschaft immer verlieren wird – genau wie bei Alkohol, Tabak oder vielen anderen Drogen. Wir müssen deshalb auch politisch handeln, und zwar auf folgenden Feldern:

1. Werbebeschränkung: Die Industrie hat durch gigantische Werbeetats ein zu leichtes Spiel, uns zuzuspammen. Gerade weil wir immer mehr erkrankte Kinder und Jugendliche sehen, sollte diese Altersgruppe kein Ziel von Werbung sein dürfen.

2. Gesundheitspädagogik: Jeder Schüler sollte kochen können und über die Grundlagen einer gesunden Ernährung Bescheid wissen. Warum wird das Fach Sport nicht zum Fach Gesundheit?

3. Regulierung: Entscheidend ist auch, wo und wann Zuckerhaltiges verkauft wird oder eben nicht. Kantinen sollten ein zuckerfreies Menü anbieten, denn viel zu oft haben wir einfach keine Wahl mehr. Schulen und Kitas sind ein besonders schützenswerter Raum und deshalb haben stark zuckerhaltige Lebensmittel dort nichts zu suchen. Man kann den Verkauf zeitlich einschränken oder generell verbieten. Man sollte auch überdenken, welche Entfernung Fast-Food-Restaurants zu diesen Schutzräumen einhalten müssen.

4. **Kennzeichnung**: Zuckerhaltige Produkte sollten auf ihrer Vorderseite verständlicher gekennzeichnet werden, als es aktuell mit dem Nutri-Score der Fall ist. Außerdem wichtig: Fructose-Gehalt angeben.

5. **Kontrollen**: Die Regierung hat die Industrie bereits anregen wollen, Salz, Zucker und Fett zu reduzieren – vergebens. Denn auf freiwilliger Basis und durch völlig sinnbefreite Selbstkontrollen – darauf hatte Klöckner stets bestanden[51] – hat sich offenbar nicht genug geändert. Stattdessen strebt Nachfolger Özdemir «verbindliche Reduktionsziele» an.[52]

6. **Zuckersteuer**: Die Experten der durch das BMEL einberufenen «Zukunftskommission Landwirtschaft» empfahlen 2021 der Regierung eine Zuckersteuer.[53] Zucker ist gemessen an den Kosten für unsere Gesellschaft einfach zu billig. Die Hersteller haben dann die Wahl: den Preis anheben oder die Steuer schmälert den eigenen Gewinn, oder sie umgehen die Steuer und senken den Zuckergehalt. Das funktioniert: Großbritannien und Irland erheben seit 2018 eine Zuckersteuer auf Softdrinks. Seitdem ist in einer Fanta dieser Länder nur noch halb so viel Zucker wie in Deutschland.[54] Aber Vorsicht: Damit es nicht nach hinten losgeht, sollte man bedenken, dass Fructose 1,7-mal süßer als Glucose ist. Die Hersteller können also Zucker sparen, indem sie tauschen. Gesünder ist das nicht. Experten diskutieren sogar, ob Fructose der heimliche Treiber der Diabetes-Pandemie ist.[55] Deshalb sollte

die Steuer sowohl vom Glucose- als auch Fructosegehalt abhängen.

So treffen wir jeden Tag eine bewusste oder eben unbewusste Entscheidung, wie viel und welchen Zucker wir essen. Schon in frühester Kindheit ist diese Entscheidung elementar wichtig und prägt unser weiteres Leben. Natürlich ist der erste Stopp des wilden Zucker-Trips immer Spaß, aber die Endstation ist wissenschaftlich betrachtet leider Übergewicht und T2D. Ich hoffe sehr, dass wir alle nach diesem Kapitel weniger zweifeln und mehr verstehen. Denn noch können wir die Notbremse ziehen, unser Gesundheitssystem schützen, viel Leid verhindern und sogar einige Leben retten.

Weiterreise

So viel zum Zucker. Auf der Rückfahrt zuckelt das kleine Snack-wägelchen der DB vorbei. Darauf steht eine Flasche *Coca-Cola*. Genauso wie beim Bäcker vor dem Einsteigen und am Automa-ten, als ich aussteige. Genau genommen gibt es in diesem Auto-maten nur Süßes oder Wasser. Wenn man über Zucker nachdenkt, kommt einem einiges merkwürdig vor. Z. B. das Milchgeld, über das bei uns die Vanillemilch immer direkt ins Grundschulklassen-zimmer geliefert wurde (na ja, man durfte auch Erdbeere oder Schokolade wählen). Noch so ein Geist, den wir riefen und der jetzt überall ist. Ubiquitous.

Wahrscheinlich ist es kein Wunder, dass so viele davon so unsichtbar sind. Könnten wir die Plastikdecke über Baden-Würt-temberg sehen, würden wir vielleicht noch mal nachdenken. Den Zucker können wir in der salzigen Tomatensoße nicht mal schmecken. Und in unserem Kopf bleibt sowieso nur das, was klar und greifbar ist (*Availability Heuristic*). Wenn es uns allzu abstrakt vorkommt, ist es wahrscheinlich nicht sehr relevant ... boom! Der Hippocampus hat es schon vergessen. Darum denken die meisten von uns häufiger an Flugzeugabstürze als an ihre Leberwerte. Blöde nur, wenn Letzteres die weitaus wahrschein-lichere Gefahr ist.

Und noch eine Gemeinsamkeit hat der Zucker mit Plastik, CO_2 und Co – oder auch Corona – immer, als wir uns doch mal durchringen konnten, ihnen endlich einen Riegel vorzuschieben, und gerade auch echt fast drum kümmern wollten, kam uns eine Kampagne dazwischen, die es normalisiert hat. Jetzt ist es zu spät und überall. Es wäre cool, wenn wir sagen könnten «Mit *Wissen-schaft* kann uns das nicht passieren!». Aber dann beziehen sich ge-nau solche Kampagnen immer wieder auf wissenschaftliche Studien und haben sogar einen Typen im Laborkittel mit dabei! Im Falle von Zucker konnte der uns sogar sehr überzeugend erklären, warum der eigentliche Bösewicht Fett ist. Mit Grafiken und allem. P und R im PLURV-Akronym der Wissenschaftsleugnung stehen für Pseudoexperten und Rosinenpickerei. Pseudoexperten mit Interessenkonflikten haben uns schon alles Mögliche weisgemacht: Dass wir uns über die Klimakrise keine Sorgen machen müssen, genauso wenig wie über Zigarettenrauch und Stickoxide von Autos, dafür umso mehr über Frauen, die zur Hälfte sexuell dysfunktional sind. Nach der Menopause zerfallen sie allesamt zu Ruinen.

Die dubiosen Geldquellen, die oft hinter solchen Aussagen stecken, sind bis heute der Hauptgrund für Misstrauen in die Wissenschaft,[1] auch wenn Forschende in der Corona-Pandemie einiges an Vertrauen in wissenschaftliche Unabhängigkeit zurückgewonnen haben.

Dabei braucht es für krude Meinungen natürlich gar keine finanziellen Anreize. Viele von uns produzieren sie täglich umsonst. So hat dann auch jede Verschwörungstruppe ihren eigenen Professor, der ihnen versichert, nicht gegen die Wissenschaft zu stehen – nur *auf der richtigen Seite*. Inzwischen sind auch einige Professorinnen dabei – eine Sternstunde der Gleichberechtigung! (Wär doch eine Schande, wenn nur Männer in hohen Positionen inkompetent sein dürften.)

Auch Rosinenstudien, aus denen wir unsere Alternativmeinungen rauspicken können, gibt es eine Menge: die uns von Alpha-Wölfen erzählen, Kristallwasser, Zuckerkügelchen oder einer Verbindung zwischen Impfungen und Autismus. Oder auch, dass man Testosteron ausschüttet, wenn man sich superheldenhaft hinstellt.

Dabei liegt es natürlich in der Natur der Sache, dass niemals alle wissenschaftlichen Meinungen in die gleiche Richtung fließen. Auch nicht mal alle Studienergebnisse. «You have to fuck around a lot, to find out a lot», wie es so schön heißt. Viele Irrwege führen zum Ziel. Und es gibt eine Menge Gründe, warum eine Studie ein irriges Ergebnis erzielt. Etwa, weil wir einen linearen Zusammenhang suchen, wo eigentlich eine Kurve ist. Dann gehen wir, wie am Anfang, davon aus, dass Marathonläuferinnen demnächst sämtliche Männer überholen und wenn das so weitergeht, auch sämtliche Raumschiffe. Beim nächsten Mal versteckt sich hinter einem Einflussfaktor ein ganz anderer. Dann finden wir, dass Champagner- und Weißweintrinken vor Corona schützt, Biertrinken aber nicht.[2] Lesen Sie dazu demnächst: Yacht-Besitz heilt den Herz-Kreislauf. Oder wir müssen mal wieder feststellen, dass unsere Versuchsteilnehmer*innen nicht repräsentativ für die Menschheit sind. Eher für weiße Mäuse.

Andere Gründe sind viel zufälliger – zu kleine Budgets, zu wenig Probanden, und auf ein einzelnes Studienergebnis sollte man sich eh nie mit seinem ganzen Gewicht draufstützen. In der Psychologie kommt man beim zweiten Anlauf nur in 32 Prozent der Fälle zum gleichen Ergebnis.[3] Man muss also vorsichtig sein, aber nicht *zu* vorsichtig, denn auch das kann Zuhörer*innen irreführen. Die Klimaforschung kann das bestätigen, nachdem sie lange gezögert hat, ob wir wirklich auf einen Abgrund zurasen, und jetzt sehr schnell vermitteln muss, dass «reasonable certainty» hier mehr so was heißt wie «AAAAAAAAH!». *Fat Tail Distributions* nennt man solche Wahrscheinlichkeiten, bei denen das dicke Ende buchstäblich zum Schluss kommt. Seltenes Ereignis, massive Konsequenzen. In dem Fall braucht es Forschende, die sich auch mal aus dem Fenster lehnen (oder dagegen, weil die in den 70er-Jahre-Uni-Gebäuden ja nicht aufgehen). Das heißt, wir *wollen*, dass Leute in der Wissenschaft zu unterschiedlichen Ergebnissen kommen und sich darüber streiten. Oder zumindest sehr lebhaft diskutieren. Es ist keine Wissenschaft, wenn nicht alle durcheinanderrufen.

Aber dann gibt es eben doch auch mal Gründe für schräge Studienergebnisse, die weit weniger zufällig und manchmal auch ziemlich verdächtig sind. Ein unsauberes Studiendesign, statistische Akrobatik oder sogar erfundene Daten sowie eine wissenschaftliche Struktur, die Publikationsdruck, Abhängigkeit und Verzweiflung genauso bestärkt wie ganz falsche Anreize. Unterstützt von wissenschaftlichen Fachblättern, die Nicht-Resultate und Überprüfungsstudien ungefähr so gern veröffentlichen wie erotische Fanfiction. Die Wissenschaft hat offensichtlich selbst ein Strukturproblem.

Aber wenn wir uns die obengenannten Mythen angucken, fällt auch auf, dass die Wissenschaft eigentlich oft ihren Job gemacht hat. Gerade durch das Streiten. Fehler wurden aufgedeckt, Studien zurückgezogen. Manchmal mitsamt ihrer Urheber*innen. Andere waren selbst ihre größten Kritiker*innen: Der Mann mit den Alpha-Wölfen zieht bis heute durch die Welt, um uns zu erklären, dass die Wölfe, die man für bossy hielt, weniger die Alphas sind als die Eltern. Aber wenn das Wissen die Büchse der Pandora erst mal verlassen hat, ist es oft schon zu spät – denn jetzt ist es längst überall in der Welt. Oder schlimmer noch: auf *YouTube*. Da warnen uns 14-Jährige vor Beta-Männern und bei «Greys Anatomy» stehen sie wie Superheld*innen für die nötige Portion Selbstbewusstsein, um Leute aufzuschneiden.

Schön wäre, wenn's wenigstens nur die Popkultur beträfe, aber auch große Teile der EU-Austeritätspolitik bauen auf einem Fehler in einer *Excel*-Tabelle. An der Popularität des Urhebers hat das allerdings nichts geändert.[4] Und als auffiel, dass sich die *107 Lungenärzte für Autoverkehr und Stickoxid* in ihrem offenen Brief verrechnen, hatte der danach nicht *weniger* Unterzeichner, sondern mehr!

Offenbar fehlt uns ein System, falsche Behauptungen wieder einzufangen.

Wir haben schlechte Karten gegen Falschinformation. Allein schon, weil es unendlich viel einfacher ist, komische Dinge zu behaupten, als das Gegenteil zu beweisen (die sogenannte Bullshit Balance). Oder weil sich Falschinformationen oft wahr *anfühlen* (*Truisms*). Schulden sind schlecht, Spritzen gruselig und Geschlechter wirklich sehr einfach zu unterscheiden (nämlich per Münzwurf, mehr dazu in Sarahs Hiltners Kapitel). Wer seine Statements mit der richtigen Bestimmtheit vorträgt, braucht darum nicht mal Quellenangaben. Es reichen Sätze wie «Es ist allgemein bekannt», »Wenn Sie in Geschichte aufgepasst hätten» oder «Hätten Sie mal fünf Minuten recherchiert ...!» Proof by Insult.

Es ist nicht immer leicht, zwischen gerechtfertigtem Respekt für Expertise und Autoritätsbias zu unterscheiden. Vielleicht würde es schon mal helfen, wenn wir uns Unis nicht nur als Orte voller kluger Köpfe vorstellen, sondern auch voller schräger Typen – selbst und *besonders* die mit Professor*innentiteln. Der Erfinder der Lobotomie bekam sogar einen Nobelpreis. Das muss man sich mal vorstellen: Jemand schlägt uns vor, unsere psychologischen Probleme anzugehen, indem wir uns ein Essstäbchen einmal am Auge vorbei in den präfrontalen Cortex stecken, und wir sagen «Gebt dem Mann einen Preis! Das klingt wie 'ne tolle Idee!». Aber irgendwer findet sich halt immer, der eine Quarkmeinung vertritt. Und mitunter auch bis zur Rente daran festhält. Der erste Mann, der eine Herztransplantation durchführte, vertrieb danach sehr fragwürdige Anti-Aging-Produkte, und nach der Entdeckung des Choleraerregers hat ein anderer Professor erst mal ein ganzes Glas davon getrunken. Dagegen verbreitete der Erfinder des «Heimlich-Manövers gegen das Verschlucken» so aggressiv Fehlinformationen über die Konkurrenz *dolles Rückenklopfen*, dass das *Rote Kreuz* seinen Namen aus den Instruktionen streichen musste. Inzwischen heißt es Oberbauchkompression und ist erst Schritt 2 nach dollem Rückenklopfen.[5] Es kann in der Wissenschaft offenbar ziemlich wild zugehen.

Umso wichtiger sind die Mechanismen, die dafür sorgen, dass der Rest der Gesellschaft nicht komplett das Vertrauen verliert und wir bei allem Durcheinanderrufen auch ab und zu irgendwo ankommen: *Peer Review* sorgt dafür, dass ohne Gegenlesen nichts veröffentlicht wird, *Quellenangaben* dafür, dass sich niemand Zahlen einfach ausdenkt. *Review Artikel und Meta-Analysen* sammeln

Kontext und Konsens vieler Studien, damit wir nicht zu sehr auf eine einzelne vertrauen. Wenn die sich uneinig sind, müssen wir uns erst mal wieder hinlegen.

Jede dieser Methoden hat ihre eigenen Fehler, auf die Wissenschaftler*innen gerne ausführlich hinweisen (spätestens nach dem zweiten Bier). Aber sie haben wahrscheinlich geholfen, dass es Wissenschaft in der Krise mehr als andere Akteur*innen geschafft hat, Vertrauen zu halten.[6] Denn *ohne* sie bringt das Durcheinanderrufen keine ausgewogeneren Informationen, sondern einfach Komplettverlust der Orientierung.

Wenn nur ein Wissenschaftler in einer Talk Show sitzt, ist es z. B. sehr schwer festzustellen, ob er in einer Mehrheit ist. Und wenn da zwei sitzen, bleibt der Eindruck hängen, es ist wohl «so oder so». Aber wenn's *so* eigentlich nur einer von dreitausend sieht, dann ist dieser Eindruck wahrscheinlich eine *False Balance*. Erinnert außerdem stark an ein Selbstbedienungsbuffet. Wenn's alles sein kann, dann nehmen wir doch einfach die Meinung, nach der ein halbes Glas Rotwein am Tag gut für uns ist. Top! Danach gehen wir davon aus, dass die Mehrheit das auch so sieht (*False Consensus*). Notfalls behaupten wir, dass es eine sehr *schweigende* Mehrheit ist. Über Rotwein traut sich ja heute auch keiner mehr zu reden. Oder vielleicht haben wir gar keine Präferenz und suchen die Wahrheit einfach im Kompromiss, der immer so schön ausgewogen wirkt (*Fallacy of Moderation*). Das gleiche Prinzip, nachdem sich vier Parteien gleichzeitig darum prügeln, in der Mitte zu sein, statt an den fürchterlichen Rändern eines imaginierten Hufeisens. Oder, auf die Wissenschaft übertragen: Nur Extremist*innen glauben an eine runde oder flache Erde, die moderaten Kräfte vertrauen auf den kleinen blauen Zylinder. Alternativ gehen wir einfach mit der Meinung, die uns zuerst untergekommen ist (*Anker-Effekt*), suchen danach Infos, die sie bestätigen und finden sie dabei mit jedem Mal schlüssiger (*Kaskade der Verfügbarkeit*). All das natürlich, während wir gleichzeitig felsenfest davon überzeugt sind, dass wir als einziges Individuum diesen Mechanismen nicht auf den Leim gehen (*Naiver Realismus*).

Populisten wissen das und benutzen Wiederholung und schweigende Mehrheiten, um Fehlinformationen zu streuen. Ölkonzerne haben sehr viel Geld investiert, um zu vermitteln, man könnte das mit dem Klimawandel «so oder so» sehen. Wahrscheinlich effektiver, als ihn direkt zu leugnen. Es ist nun mal unendlich viel leichter, «Aber bist du sicher?» zu fragen, als nachzuweisen, dass man sicher ist.

Was jedem bekannt ist, der schon mal mit einem Dreijährigen bis zum 34. Level von «Und waruhum?» diskutiert hat. Das gleiche Prinzip wird auch von Internet-Trollen in Form der Floskel «Ich frag ja nur» genutzt, um dem Gegenüber seitenweise Belege und Begründungen zu entlocken – ohne sich selbst je angreifbar zu machen. Diese Taktik nennt sich übrigens *Sealioning*. Nach den Seelöwen. Es ist eine lange Geschichte.

Wenn man Leuten, die gezielt Fehlinformationen streuen, unkritisch ohne Faktencheck Mikrofone hinhält und dabei auf den bunten wissenschaftlichen Diskurs verweist, ist das ein bisschen, als wenn man jemanden umhaut mit der Begründung, dass es auch Boxkämpfe gibt. Okay, aber eins von beiden kennt zumindest theoretisch Regeln.

Was allen helfen würde, sich im Meinungschaos zurechtzufinden, wären weniger Live-Formate, deutlich mehr Faktenchecks und außerdem transparente wissenschaftliche Gremien, die auf die Schnelle Antworten und Einordnung bieten – wie's das in anderen Ländern schon gibt.[7] Dann müsste man in der Krise auch nicht hastig eine Kommission zusammenstellen, bestehend aus ein paar Expert*innen aus mehr oder weniger verwandten Fachrichtungen und drei Lobbyisten mit einem Rotstift. Scherz! Aber nur ein halber: Wer alles an der deutschen Einschätzung der Coronamaßnahmen mitgeschrieben hat, wissen wir bis heute nicht, die Climate Change Conference lässt nicht nur hunderte Öl- und Gas Lobbyisten zu, ihre Zahl ist 2022 auch noch mal um 25 Prozent gestiegen,und in der EU-Lebensmittelbehörde, die die Politik z. B. zum Thema Zucker berät, haben vier von 15 Mitgliedern Verbindungen zu Lobby- oder Nahrungsmittelkonzernen.[8] Das ist wiederum auch blöd für die Wissenschaft, die auf öffentliches Vertrauen in Risikobewertungen angewiesen ist.

Aber das versteht man besser an einem echten Kampfschauplatz der Wissenschaftskommunikation: dem Acker. Und auf dem Gebiet kennt sich David Spencer bestens aus.

DAVID SPENCER

Let it grow: Warum Gentechnik und Ökolandwirtschaft ein echtes Traumpaar wären

David Spencer arbeitet daran, die Landwirtschaft zu revolutionieren. Also ausgerechnet den Bereich unseres Lebens, den wir sehr ungern revolutioniert hätten. Wenn wir schon von technischen Innovationen nichts Gutes erwarten, dann erst recht nicht von Spielereien mit unserem Essen. Und außerdem hat es ja jahrhundertelang ziemlich gleich und gut funktioniert. Aber dann liest man, dass Europäer jahrtausendelang einen ineffektiven Pflug benutzten, weil sie sich nicht mit den Chinesen kurzschließen konnten, und vor dem Hintergrund ist Innovation vielleicht doch nicht immer schlecht. Überhaupt steckt Landwirtschaft längst voller Innovationen – zum Teil ohne dass wir eine Ahnung haben, wie unsere Vorfahren sie gepackt haben.[1] Mais war augenscheinlich eine Art Gras und Kartoffeln großenteils giftig. Die künstlichen Düngemittel, die um die Jahrhundertwende erfunden wurden, ernähren heute *die Hälfte* der Erdbevölkerung – was sie vielleicht weltverändernder macht als jede medizinische Innovation. Gleichzeitig verbrauchen unsere Düngemittel aber auch ein bis drei Prozent der weltweiten Energie, sodass der Brotpreis mit dem von Öl und Gas explodiert, und die Produktion läuft leider oft in Staaten mit genauso suspekten Regierungen. Außerdem enthält unser Grundwasser jetzt Nitrat. Inzwischen suchen wir fieberhaft nach *natürlichen* Alternativen. Aber was heißt das eigentlich?

Alles, was wir zu uns nehmen, ist früher oder später aus einer Pflanze hervorgegangen. Von Salz mal abgesehen vielleicht (totes, aber nicht minder interessantes Produkt aus Steinen). Und nicht nur unser Lieblingsessen, ja auch unsere Sonntagshosen, unsere *IKEA*-Möbel, der Kratzbaum in der Ecke, der Biodiesel in unseren Autos und die Seiten dieses Buchs wurden aus pflanzlichen Rohstoffen hergestellt. Sie müssten also weder vegan leben noch Fan der *Paleo Kitchen* sein: Das Wohlergehen aller Menschen und Tiere steigt und fällt proportional zur Verfügbarkeit von Pflanzenprodukten. Wenn wir nun das wirklich spektakuläre Bevölkerungswachstum unseres Planeten mit in die Rechnung nehmen, so sind wir nach nur wenigen Zeilen bereits mitten im Thema dieses Kapitels: unser Flächenproblem. Es ist natürlich prima, dass wir in naher Zukunft unsere gesamte Wirtschaft auf nachwachsende Ressourcen umstellen wollen. Aber es wird verdammt schwer, noch ein Fleckchen Land für ihren Anbau zu finden, ohne weiter in die wenigen verbleibenden Habitate vorzudringen. In dieser vielleicht kritischsten Phase der Menschheit sollten wir uns genau überlegen, wie weit wir die planetaren Grenzen noch strapazieren wollen (wie wir schon bei Lydia Möcklinghoff, Sebastian Lotzkat und Maria-Elena Vorrath gehört haben). Das heißt: Damit auch zukünftige Generationen gut und gesund auf unserer kleinen Erdkugel leben können, müssen wir kreativ werden.[2] Eine systemische Transformation unseres aktuellen Konsums auf der Basis von Pflanzen (und wissenschaftlicher Evidenz) kann Teil dieser kreativen Lösung sein.

Bevor es allerdings wieder an die schweren und weltbewegenderen Themen geht, lassen Sie uns doch kurz unseren krautigen Freundinnen huldigen: Pflanzen sind wirklich bemerkenswerte Geschöpfe! In ihren grünen Blättern, ihren langen Wurzeln und prallen Früchten produzieren sie ziemlich komplexe chemische Verbindungen, die uns je nach Art und Dosis entweder satt, high, krank oder gesund machen können. Sie häkeln die abgefahrensten Moleküle bei Raumtemperatur und Normaldruck, für deren

Synthese wir Menschen unsere modernsten Maschinen einsetzen müssten. Und das Tollste: Sie brauchen dazu nichts weiter als ein wenig Luft, Wasser und Licht. Die genetischen Superkräfte der Pflanzen bescheren uns schon jetzt würzige Aromen für unsere Küche, beruhigende Substanzen zum Inhalieren und belebende Inhaltsstoffe für unser liebstes Heißgetränk – ohne dass wir sie je darum gebeten hätten. Denn Capsaicin, Cannabinol und Coffein sind nicht etwa Produkte einer Züchtung, sondern gehören zu einer Palette von evolutionär uralten Mechanismen, die die Gewächse zur Abwehr von Feinden entwickelt haben. Diese Abwehrstoffe dienten uns bereits als wertvolle Inspiration, beispielsweise bei der Entwicklung von Arzneimitteln gegen Malaria, und werden dies auch in Zukunft noch tun.

Bei allem Nutzen, den wir bereits jetzt aus unseren pflanzlichen Wunderwerken ziehen, liegt allerdings auch noch viel ungenutztes Potenzial brach. Um das zu zeigen, reicht vielleicht schon ein Blick auf die umseitige Grafik.

Nach den Angaben des Bundesamts für Landwirtschaft und Ernährung bilden etwa 30 Kulturpflanzen fast unsere gesamte Nahrungsgrundlage ab (in Wahrheit sind es bei uns übrigens nur eine Handvoll, nämlich *The Big Five* Weizen, Gerste, Mais, Raps und Roggen, die drei Viertel der Ackerfläche einnehmen).[3] Dabei beläuft sich die (Dunkel-)Ziffer der bekannten essbaren Pflanzen auf unglaubliche dreißigtausend Arten! Für meine Eltern war es schon eine regelrechte Offenbarung, als ich ihnen zum ersten Mal Quinoa aufgetischt habe ... da kann ich's als Forscher kaum erwarten, herauszufinden, was da draußen sonst noch so schlummert; welche Aromen, Konsistenzen und Düfte noch auf ihren Einsatz warten. Und wie bereits erwähnt, können diese mysteriösen Unbekannten nicht nur die Nahrungssysteme der Zukunft inspirieren, sondern eben auch anderen Sektoren wie Produktion, Energie oder Wirkstoffforschung eine völlig neue Richtung geben. Es gibt also ganze Welten neu zu entdecken, und heute eröffnen sich uns dafür völlig neue Wege.

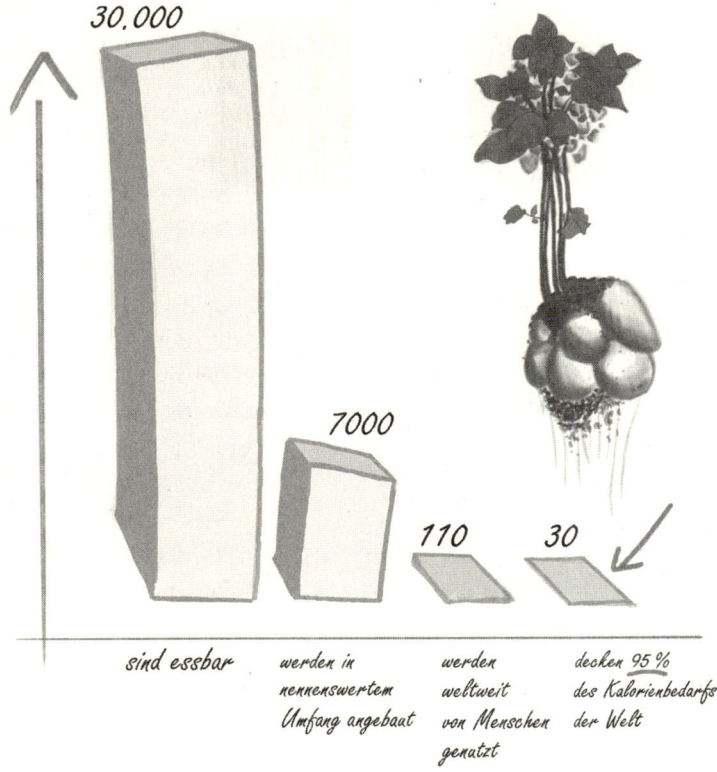

30.000

7000

110   30

sind essbar   werden in   werden   decken 95 %
                nennenswertem   weltweit   des Kalorienbedarfs
                Umfang angebaut   von Menschen der Welt
                                    genutzt

Der Fortschritt von Wissenschaft und Technik erlaubt es uns erst jetzt, so richtig tief in das Geheimwaffenarsenal der Pflanzen einzudringen und dem unscheinbarsten Rinnsteinkraut die unglaublichsten Innovationen zu entlocken. Oder wussten Sie, dass wir aus Löwenzahn erdölfreies Gummi für die Reifen der Zukunft gewinnen können? Molekulare Methoden wie Gesamt-Genomsequenzierungen oder eine nanometergroße Schere zum Ein- und Ausschalten von Genen[4] haben die Pflanzenforschung revolutioniert. Anstelle des Zufallsprinzips («mal sehen, was dabei rumkommt») rückt in der Züchtung neuer Kultursorten nun präzise Maßarbeit in den Vordergrund, die nicht nur die Eigenschaften unseres täglichen Gemüses entscheidend umgestalten wird. Auch solche Pflanzen, die wir bisher überhaupt nicht auf dem Radar hatten, können wir nun deutlich besser beforschen und ihre evolutionären Tricks für uns nutzbar machen. In gewisser Weise erinnert dieser Fortschritt zwar oft an Science-Fiction, er könnte aber genauso auch als dringend nötige Emanzipation von den (ungezielten) Kreuzungsversuchen unserer Vormenschen gesehen werden – oder den wilden Experimenten der Evolution.

Wenn es z. B. um Nachhaltigkeit geht, macht uns die Natur theoretisch alles vor: Wir brauchen nur genau hinzusehen und ihre Kniffe möglichst gut zu kopieren. Und da unsere Pflanzen ein paar Milliönchen Jahre mehr Zeit hatten, um widrigen Umständen trotz ihrer eher gemütlichen Art trotzen zu können, sind ihre Strategien der Anpassung äußerst robust. Sie sitzen zwar im Boden fest und können, wenn Gefahr im Verzug ist, nicht die Wurzeln in die Hand nehmen und abhauen. Dennoch fahren sie bei sich verändernden Umweltbedingungen überraschende Geschütze auf. In der Nachhaltigkeitsforschung nennt man das «Resilienz». Vielleicht nehmen wir hier als anschauliches Beispiel den Echten Mehltau, eine Pflanzenkrankheit und Schreck aller Rosenfans und Gurkenjunkies. Mehltau ist eigentlich ein Sammelbegriff für unterschiedliche, durch verschiedenste Pilze ausgelöste Krankheiten, die sich durch einen weißlichen Belag auf dem Blattwerk bemerkbar machen. Bei den allermeisten Pflanzen läuft eine Begegnung mit dem Erreger ungefähr so ab: Pilzspore landet mit dem Wind auf der Blattoberfläche, Pilzsporen keimen aus und versuchen, in die oberste Zellschicht (die Epidermis) der Pflanze einzudringen, Pflanze bemerkt Anwesenheit von Mehltau beispielsweise mithilfe molekularer Rezeptoren, Pflanze opfert die befallene Zelle durch programmierten Zelltod, Pilz verhungert, Ende der Geschichte. Anstelle einer Immunantwort, die auf Antikörpern und weißen Blutzellen basiert, setzt die Pflanze also auf gezielte Eindämmung von Infektionen am Ort des Geschehens. Einzelne Zellen oder Pflanzenzellen lassen ihr Leben für das Allgemeinwohl, indem sie sich unter anderem selbst verdauen und mit giftigen Gasen um sich werfen (passenderweise nennt man diesen Vorgang in der Biologie auch *hypersensitive reaction*). Es ist ein funktionierendes System: Auch wenn sich in wenigen Ausnahmefällen ein Krankheitserreger so anpasst, dass er die Erkennung durch das pflanzliche Immunsystem umgehen kann, lässt sich festhalten, dass *fast* alle Pflanzen gegen *fast* alle Bösewichte da draußen resistent sind. Diese Superimmunität haben sie sich in mühevoller, genetischer Kleinarbeit über eine lange Zeit hinweg aufgebaut. Wie kann es also sein, dass der Mehltau praktisch trotzdem nicht nur unseren Garten heimsucht, sondern auch jährlich enorme Ernteausfälle (vor allem beim Getreide) und damit große wirtschaftliche Schäden verursacht? Nun, das hat diverse Ursachen, vom großen Ganzen (der Art, wie wir anbauen) bis zum mikroskopisch Kleinen (fehlende Mechanismen auf Zellebene). Dazu kommt, dass der Klimawandel schneller voranschreitet, als sich unsere grünen Überlebenskünstlerinnen neue Strategien ausdenken könnten. Ihre angeborenen und angezüchteten Superfähigkeiten halten mit dem dramatischen Tempo globaler Veränderungen nicht mehr mit. Und daran sind wir Menschen schuld.

Die Züchtung unserer Nutzpflanzen, wie wir sie heute kennen, hatte vor allem ein Ziel: mehr Ertrag. So wurde die Fruchtgröße der Tomate, die Anzahl der Knollen pro Kartoffelpflanze oder die mehrzeiligen Kornreihen an der Weizen-Ähre über viele Generationen hinweg selektiert und maximiert. Ähnlich wie bei Kühen mit möglichst großen Eutern oder Hunden mit absurd langen Oberkörpern ist die Geschichte der Pflanzenzähmung immer auch eine Geschichte der menschlichen Zivilisation. Und ebenso wie die Schoßhündchen haben unsere Kulturpflanzen durch die Zucht zwar bemerkenswerte neue Fähigkeiten erhalten, aber dafür einige auf dem Weg dorthin verlernt. Attribute, die für ein resilientes Pflanzendasein durchaus nützlich wären – wie beispielsweise Krankheitsresistenz, Kältetoleranz oder Symbiosen mit nährstoffliefernden Mikroorganismen –, sind im Laufe der Gemüsezüchtung einfach irgendwo rücklings vom Wagen gefallen. Hinzu kommt, dass die derzeitige Form der Landwirtschaft durch erhöhte Düngereinträge und Landnutzungsänderungen mies fürs Klima ist, und die globale Erwärmung wiederum erhöht den Druck auf die Landwirtschaft. Ein sich selbst verstärkender Prozess.

Verstehen Sie mich nicht falsch: Es ist mehr als verständlich, dass die Menschheit vor über 12 000 Jahren einfach keine Lust mehr auf Jagen, Sammeln und Umherziehen hatte und sich durch Domestikation von Pflanzen und Tieren langsam aber sicher in Richtung *Couch Potatoe* entwickelte. Hätte ich auch so gemacht. Und ohne das zielgerichtete Heranziehen von *ertragreichen* Pflanzensorten könnten wir längst nicht so viele von uns mit einem Hektar Land ernähren, wie es heute der Fall ist. Aber jetzt stehen wir eben vor einer dreifachen Herausforderung: das pflanzliche Überleben zu sichern, die Pflanzenproduktion zu erhöhen und den negativen Einfluss der Landwirtschaft auf globale Klimaveränderungen deutlich zu reduzieren. Um das alles zu bewältigen, könnte der Einsatz genetischer Mechanismen für stärkere Pflanzen zweifellos eine wirkungsvolle Gegenmaßnahme sein.

Dazu drei aktuelle Beispiele: Wie wär's mit einer Reis-Züchtung, die gern mal baden geht, einem trockentoleranten Weizen und einer aus Wildformen komplett neu gezüchteten Tomatensorte?

1. Ein internationales Forschendenteam identifizierte Reissorten, die trotz mehrtägiger Überschwemmung am Leben blieben. Durch Übertragung bestimmter Gensequenzen dieser sogenannten Taucherglocken-Pflanzen auf den kommerziellen Reis konnten trotz der Zunahme an klimabedingten Flutereignissen die Erträge in strukturschwachen Regionen gesichert werden.[5]

2. Forschende der Firma *Bioceres* haben erfolgreich ein Gen der Sonnenblume auf Weizenpflanzen übertragen, das die Erträge trotz steigender Jahresdurchschnittstemperaturen stabil hält.

Weizen (*Triticum aestivum*) ist besonders schwierig in der Züchtung, da er jedes Gen in sechsfacher Ausführung trägt (man nennt das «hexaploid») und sich somit ein gewünschtes Merkmal nur sehr schwierig durch herkömmliche Kreuzungen erzeugen oder verändern lässt. Der transgene Weizen wuchs nicht nur besser unter widrigen Bedingungen, er zeigte auch einen höheren Ertrag und weniger Krankheitssymptome als die unveränderten Kontrollpflanzen.[6]

3. Einem Konsortium mit Beteiligung des Teams um den Münsteraner Biologen Jörg Kudla ist es gelungen, mithilfe der Genschere CRISPR / Cas9 eine gänzlich neue Tomatensorte aus einer wilden Verwandten zu züchten. Die Forschenden bearbeiteten innerhalb nur einer Generation sechsverschiedene Gene mit der Molekularschere. Dies zeigte positive, durchaus klimarelevante Auswirkungen: Die neuen Pflanzen hatten dreimal so große Früchte, zehnmal so viele Fruchtanlagen und bis zu 500 Prozent erhöhten Lycopin-Gehalt im Vergleich zur Mutterpflanze. Inhaltsstoffe wie das antioxidative Lycopin sind für die menschliche Ernährung förderlich und in den meisten kommerziellen Züchtungen nur noch in geringen Mengen enthalten. Die Studie gilt als Leuchtturm-Projekt für die nachhaltige Nutzung von genetischer Diversität durch die neuen Züchtungsmethoden.[7]

Die grüne Gentechnologie ist ein sehr eleganter Weg, um unseren Pflanzen ihre verlorenen Superkräfte zurückzugeben. Und mehr noch: Sie erlaubt es uns, die Züchtung komplett neu anzugehen und die besten Eigenschaften (wie Ertrag, Resistenz, Nährwert, Vitamin- und Mikronährstoffgehalt etc.) in einer Sorte und innerhalb weniger Generationen zu kombinieren. Aber damit sind wir bei einem neuen Problem angekommen: Obwohl es einen unbestreitbaren wissenschaftlichen Konsens über ihre Unbedenklichkeit gibt,[8] ist die Akzeptanz der neuen Züchtungsmethoden in der Bevölkerung ziemlich gering.

So vielfältig die Gründe dafür auch sein mögen, so überfällig ist die Neubewertung gentechnischer Methoden unter Berücksichtigung des enormen Fortschritts der letzten Jahre auf diesem Gebiet. Tatsächlich haben die allermeisten Kritikpunkte herzlich wenig mit der Technologie selbst zu tun, sondern berufen sich auf (agrar-)politische und ökonomische Fragen: sterile Einheitlichkeit, Spritzmitteleinsatz, Patentansprüche, Weltmachtallüren der großen Firmen oder politische und sozio-ökonomische Missstände. Sprich, der unterschiedliche Umgang mit Natur- und Umweltschutz, ungleiche Verteilung von Gütern oder die politischen Strukturen in produzierenden und konsumierenden Staaten. Kurzum, die Probleme liegen auf Politik- und Konzernebene und sollten bitte auch da gelöst werden. Wenn es sich um unsere Pflänzchen selbst dreht, bleiben dagegen nur Scheinargumente: Die wenigen Studien zu negativen Auswirkungen des *Verzehrs* von gentechnisch modifizierten Nahrungsmitteln wurden nie reproduziert und allesamt zurückgezogen![9] Auch, dass wir unsere Pflänzchen «manipulieren» und sie dann auch noch als «unnatürlich» abstempeln, lasse ich unter keinen Umständen als Gegenargument gelten! Spätestens seit der oben erwähnten neolithischen Revolution vor einigen Jahrtausenden haben wir uns als Menschheit dazu entschlossen, die uns umgebende «Natur» zu verändern. Ohne unser Zutun, ohne die gezielte Züchtung, hätten wir längst nicht so eine bunte, gesunde, formen- und geschmackreiche Vielfalt auf unseren Tellern. Unsere aktuelle (Kultur-)Pflanzenwelt ist schon längst kein «uriger Naturzustand» mehr, sondern ungefähr so urtümlich wie eine Fußgängerzone in Nordrhein-Westfalen. Obendrein haben wir ja gesehen, dass unsere Züchtungen die Pflanzen zum Teil erst in die missliche Lage gebracht haben, den natürlichen Herausforderungen nicht mehr standzuhalten. Es ist schon etwas merkwürdig, ihnen jetzt im Namen der «Naturbelassenheit» da nicht herauszuhelfen.

Auch bei den Züchtungsmethoden selbst ist die Unterscheidung zwischen «natürlich» und «unnatürlich» mehr als verquer, denn vieles, was heute schon in der Landwirtschaft passiert, ist nicht mehr mit den Schrebergartenexperimenten der Kleingärtner*innen zu vergleichen. Bei der «Strahlenmutagenese» beispielsweise ballern wir mit radioaktivem Material auf pflanzliche DNA ein, bis daraus zufälligerweise etwas Interessantes rausspringt. Diesem Verfahren verdanken wir neben schönen roten Grapefruits auch tausende andere zugelassene Gemüse- und Getreidesorten. Im Gegensatz zur gezielten Genschere gilt dieses willkürliche Verfahren («Mal gucken, was passiert») offiziell als akzeptiert, unbedenklich und traditionell (jedenfalls bei denen, die bereits davon etwas gehört haben). Haben wir ja immer schon so gemacht. Also, seit den 1950ern. Effizient ist die völlig auf Zufall basierende Züchtung durch Mutagenese jedenfalls nicht.

Selbst für den Ruf nach genetischer Vielfalt gilt: Das Problem liegt in der aktuellen Form unserer Landwirtschaft! Monokulturen und die Konzentration auf einige wenige Arten sind nicht zukunftsfähig, da sind wir uns alle einig. Aber Pflanzenzucht selbst zerstört keine Diversität, sie erschafft sie! Es liegt in unserer Hand, was wir daraus machen. Die 30 000 essbaren Pflanzenarten aus der Abbildung auf S. 207 beispielsweise können mit den von uns aufgestellten Kriterien (neu) gezähmt und in den Kompatibilitätsmodus mit unserer Landwirtschaft gebracht werden (man nennt das auch De-Novo-Domestikation).

Kurzum, wir sollten uns von politischen Problemen nicht davon abhalten lassen, die biologischen Möglichkeiten zu entdecken. Wir haben auch gar nicht mehr die Wahl: Die richtige genetische Ausstattung kann unseren Kulturen (und damit uns) gerade jetzt, im Kampf gegen die Klimakrise, den Hintern retten.

Es zeigt sich also, dass wir mit den neuen Werkzeugen der Pflanzenzüchtung nicht nur schnell auf Umweltveränderungen reagieren, sondern eben auch unsere «Fehler» der Vergangenheit beheben können. Und das bedeutet ganz und gar nicht, dass wir im Erbgut aller Pflanzen der Welt nach Lust und Laune herumschnippeln sollen und es am Ende keine «natürliche», «ursprüngliche» Vielfalt mehr geben wird – im Gegenteil! Durch die Erkundung der genetischen Superkräfte der Pflanzen sammeln wir die Werkzeuge zusammen, die wir benötigen, um auf der vorgegebenen Anbaufläche möglichst effizient zu sein und keinen Quadratmeter mehr in die Biodiversitätszonen, Moorgebiete oder Wälder vorzudringen, die für unser Globalklima so wichtige Dienste leisten. Vielleicht können sie uns sogar helfen, Moorgebiete und Wälder zu retten.

Da wir gerade bei der Anbaufläche sind, lohnt sich ein selbstkritischer Blick aus der Vogelperspektive: Wieso sind unsere Felder eigentlich so verdammt riesig und so langweilig monothematisch? Auch in diesem Bereich tun sich dank moderner Wissenschaft einige neue Ansätze auf (und sie haben rein gar nichts mit Gentechnik zu tun). Dass ein Abschnitt auf dem Acker (landwirtschaftlich «Schlag») eine gewisse Größe haben muss, hat vor allem praktische Gründe, die wiederum mit Fruchtfolgen, Ertragsmesslatten und der Breite des Mähdreschers zu tun haben. Schon jetzt gibt es innovative Gegenvorschläge, die das starre Schachbrettmuster unserer Kulturlandschaft auflösen könnten. Das sogenannte *Spot Farming* gehört zum Bereich der Präzisions-Landwirtschaft und betrachtet die Fläche um einiges kleinteiliger.[10] Der Schlag wird nicht mehr als ein großer Blobb gesehen, sondern in Parzellen mit unterschiedlichen Eigenschaften eingeteilt. Und anstelle einer im wahrsten Sinne des Wortes flächendeckenden Behandlung (mit Dünger, Spritzmitteln, etc.) rückt hier das an, was in der Medizin schon lange verfolgt wird: personalisierte Behandlung. Intelligente Technik soll dabei helfen, die Bedürfnisse der Einzelpflanze zu erkennen und zu melden. Stellen Sie sich einen Schwarm von Mini-Robotern vor, der gemütlich über den Acker surrt, hier und dort mal ein Unkraut zupft, etwas nachdüngt oder sogar ein wenig Ernte einfährt. Automatisch und mit Ökostrom betrieben. Durch die Digitalisierung der Pflanzenbausysteme könnten wir uns von dem Immer-größer-Prinzip emanzipieren und auch dort Gemüse anbauen, wo vielleicht nur ein drei Meter breiter Streifen, ein begrüntes Gebäudedach oder ein unwegsamer Steilhang zur Verfügung steht. Dazu kommt, dass die Emissionen durch landwirtschaftliche Maschinen, Spritzmittel und Dünger in dieser neuen Betrachtung deutlich reduziert (oder gar «minimal-invasiv») werden. Auch das Thema Monokultur wäre Geschichte, da auf jedem Fleckchen Erde genau die Pflanze gesät, gepflegt und geerntet würde, für die Bodenbeschaffenheit und Nährstoffprofil dieser Parzelle optimal sind. Die versetzte Ernte mehrerer, nebeneinander aufgehender Kulturpflanzen (Mischkultur!) wäre keine technische Hürde mehr, sondern ein vollautonomer, kontinuierlicher Prozess, der das Beste aus einem vorgegebenen Stück Land herausholt. (Und natürlich würde ein Algorithmus ebenfalls berechnen, welche Mikro-Fruchtfolge das betreffende Stückchen Boden nicht auslaugt. Hier könnten beispielsweise verschiedene Hülsenfrüchte zur Stickstoff-Fixierung oder Pflanzen mit unterschiedlich intensiven Nährstoffbedürfnissen zum Einsatz kommen.)

Zu einem großen Teil ist das noch Zukunftsmusik. Bis wir das tatsächliche Potenzial digitaler Lösungen für den Ackerbau erleben werden, ist neben weiterführender Forschung noch einiges an politischem Mut vonnöten. Genauso wie ein Umdenken bei landwirtschaftlichen Großbetrieben und der finanziellen Förderung, die diese Großbetriebe immer noch begünstigt. Außerdem werden wir uns alle mit dem Gedanken anfreunden müssen, dass «natürlich» nicht immer «nachhaltig» bedeutet. Das Bild von künstlich-intelligenten Robotern passt nicht so recht zu unserer oft idealisierten, verklärten Vorstellung von «ökologischer Landwirtschaft». Dabei ist es eigentlich eine höchst öko-mäßige Idee, unseren Einfluss auf die Biodiversität mit allen verfügbaren Mitteln so klein wie möglich zu halten – und trotzdem «im Einklang» mit und von ihr zu leben. Falls uns wirklich etwas am Naturschutz liegt, müssen wir (wie beim aktiven Klimaschutz auch!) unsere eigenen Denk- und Verhaltensweisen jeden Tag neu hinterfragen. Und das im besten Fall auf der Grundlage wissenschaftlicher Evidenz. Wir brauchen alle verfügbaren Werkzeuge, alle nachhaltigen Ansätze, alle noch so verrückten Ideen auf dem Weg in eine nachhaltigere Pflanzenproduktion. Diese breiten wir dann auf einem großen Tisch aus, trommeln ein möglichst interdisziplinäres Team zusammen und schälen die vielversprechendsten Ansätze auf der Grundlage wissenschaftlicher Erkenntnisse heraus. Für mich war es zweifelsfrei ein Augenöffner, mit den Kolleginnen und Kollegen aus dem digitalen Pflanzenschutz (von dem ich null Ahnung habe) ins Gespräch zu kommen. Es ist schlichtweg klug, wenn wir aus verschiedenen Disziplinen unsere Expertise zusammenwerfen und nach Lösungsansätzen für eine lebenswertere Welt suchen.

Wie eingangs erwähnt, haben wir in der Pflanzenproduktion ein Flächenproblem, und es gibt sicher mehrere hundert gute Ideen, wie wir dieses trotz steigender Bevölkerungszahlen schrittweise angehen könnten. Es gibt nicht *die* Lösung oder einen einzigen *Game Changer*, sondern nur vielfältige Ergebnisse einer entschlossenen Gruppenarbeit, konzipiert und vorgetragen durch das «Team Menschheit»! Dieses Buch ist ein fantastisches Beispiel dafür, welche Gedankenräume sich eröffnen können, wenn wir nur einmal über den eigenen Pizzakarton hinausschauen.

Apropos Pizzakarton: Jegliche Bemühungen in der Pflanzenzüchtung und der smarten Landwirtschaft verblassen übrigens vor der unfassbaren Menge an Lebensmitteln, die wir tagtäglich in die Tonne werfen. Zwischen 20 und 50 Prozent (je nach Produkt) unseres Einkaufs landet entweder ungenutzt auf dem Müll oder verdirbt kläglich in den untersten Schubladen unserer Kühlschränke.[11] 50 Prozent. Die Hälfte des Ertrags, mühevoll geerntet, portioniert, transportiert und gelagert, wird einfach weggeschmissen. Das muss nun wirklich nicht sein! Hier können wir uns (vor allem in Deutschland) einfach mal an die eigene Nase fassen, über unseren Schatten springen und die Todesangst vor dem Mindesthaltbarkeitsdatum infrage stellen. Außerdem wäre schon viel getan, wenn wir bewusster einkaufen und nicht für alle Eventualitäten hamstern (wie für eine globale Pandemie oder aber für den spontanen Besuch von Onkel Thomas). Sicher, wir sind kleine Lichter im globalen Getriebe des Konsums. Trotzdem können wir als Verbrauchende unseren Teil zur notwendigen Transformation beitragen, indem wir uns signifikant zurücknehmen. Wir tragen eine gewisse Verantwortung gegenüber unseren Mitmenschen, mindestens aber gegenüber unseren Kindern, denen wir mit unseren Entscheidungen unentwegt etwas vorleben. Laut Welthungerhilfe landen in jedem deutschen Privathaushalt pro Kopf 78 Kilogramm an Lebensmitteln im Müll – mit am häufigsten Gemüse und Erzeugnisse aus Getreide (auch bekannt als: Brot). Wenn man alle anderen Wirtschaftsbereiche mitzählt, werden weltweit 17 Prozent der Lebensmittel ungenutzt weggeworfen und verursachen damit in den reichen Ländern 10 Prozent des Treibhausgas-Ausstoßes. Wir könnten also eine ganze Menge mehr Menschen satt machen, ohne überhaupt mehr Anbaufläche zu brauchen. Aber anstatt alle Ansätze zur effizienten Pflanzennutzung zu feiern und ein bisschen drumherum zu tanzen, stellen wir in Deutschland lieber ein Schild auf: «Containern verboten».

Dazu kommt auf der nächsten Ebene, dass wir eine Politik brauchen, die auch bei unbequemen Themen auf ihre Forschenden hört, die undogmatisch wissenschaftliche Erkenntnisse in echte Regeln und Gesetze umwandelt. Die etwas für messbare Nachhaltigkeit wagt, auch wenn es nicht aus allen Ecken Beifall geben wird. Dazu muss einerseits der wissenschaftliche Berufsweg interessant und zukunftsfähig für junge Menschen werden (Stichwort #IchBinHanna – die Bewegung, mit der Nachwuchswissenschaftler*innen darauf aufmerksam machen, dass es sich besser arbeitet, wenn man nicht alle zwei Jahre neue Forschungsgelder, eine neue Stelle und eine neue Wohnung suchen muss, und dass sie übrigens mittlerweile schon Ende dreißig sind, fünfzehn Jahre Berufserfahrung haben und daher ungerne «Nachwuchs» genannt werden). Andererseits müssen wir auch in Sachen moderne Technologien mit anderen Ländern Schritt halten. Es kann nicht sein, dass wir uns aus einem verklärten Natürlichkeitsbild heraus gegen nachhaltigere Ansätze und für zwar tradierte, aber überholte Verfahren entscheiden. Außerdem müssen bei der Pflanzenzüchtung endlich die Pflanzen selbst, die «Endprodukte», ausschlaggebend für Zulassung oder Nichtzulassung sein. Das fertige Kraut, nicht der Züchtungsprozess(!), muss hinsichtlich seiner Auswirkungen auf Natur, Gesundheit und Umwelt geprüft und bewertet werden.

Der Fortschritt der Pflanzenproduktion steht an einem Scheideweg, und wir müssen uns als Gesellschaft für eine Marschrichtung entscheiden. Wollen wir uns unabhängig von Lebensmittelimporten machen und alles selbst anbauen? Wollen wir qualitativ hochwertige Produkte, für die wir dann auch tiefer in die Tasche greifen? Und wollen wir alle Flächen ökologisch bewirtschaften und niedrigere Erntemengen in Kauf nehmen? Wollen wir nur nachhaltiger produzieren oder auch nachhaltiger konsumieren?

Dass die öffentliche Diskussion der Gentechnik so hitzig war (und durch entsprechende Medienbeiträge und «Jetzt neu, ganz ohne Gentechnik»-Milchkarton-Siegel nur noch absurder wurde[12]) ist verständlich, aber nicht länger haltbar. Ökolandbau und moderne Züchtungstechnik schließen sich nicht aus: Wir haben ja auch kein Problem, Solarzellen zu verwenden, um Ökostrom zu produzieren.

Dabei sind die hippen Technologien nur ein Puzzleteil in der Ideenlandschaft, die uns auf dem Weg in ein «neues Bio» führen wird. Lassen Sie uns aufhören, nach der Universallösung zu suchen, und stattdessen eine Debattenkultur etablieren, die viele großartige Projekte als Teil einer Lösung akzeptiert und vorantreibt. So können wir den grünen Trend konsequent zu Ende denken: die Natur beobachten, mit Wissenschaft Ideen entwickeln und dann mit messbaren Kriterien lebenswerte Bedingungen für uns und künftige Erdbewohner schaffen.

Weiterreise

Ökolandbau, Gentechnik, Bioplastik, klimaneutral, Künstliche Intelligenz – wir diskutieren ziemlich oft in Schlagworten, während Forschende den Teufel im Detail suchen müssen. Dafür trennen sie schon mal zwischen Gentechnik und Konzernen oder haken bei der Biodiversität nach, ob sie lieber ein großes Feld mit Bioanbau oder ein kleineres mit gleichem Ertrag und einer Bienenblumenwiesen mag. Ein Ökologe ruft dazwischen, er findet «Bienenblumenwiesen» nicht halb so spannend wie «Brachland». Wissenschaft wird oft erst dann richtig spannend, wenn sie kompliziert wird. Wie schade, dass wir da häufig schon längst nicht mehr zuhören.

Es ist ein weit verbreiteter Irrtum, dass sich Menschen vor ihren Entscheidungen gut informieren. Oder mindestens so gut, wie es unserem informierten Selbstbild eigentlich entspräche.

Wir ham' doch keine Zeit, nicht für jede einzelne Sache auf diesem Planeten. Zu leben bedeutet einen gewissen Grad an Unsicherheit zu akzeptieren. Selbst Forschende können nicht jeden Artikel noch mal durchrechnen oder sämtliche Studien im Quellenverzeichnis ausprobieren, und wenn man sie fragt, ob sie schon mal einen Artikel zitiert, ohne ihn ganz gelesen zu haben, gucken sie auffällig lange auf ihre Füße.

Stattdessen werden wir alle Expert*innen darin, anderer Leute Expertise einzuschätzen. So erklärt es uns jedenfalls das «Oxford Handbuch der Wissenschaftskommunikation».[1] Forschende gucken auf die Anzahl der Versuchspersonen und die Reputation des Fachblatts, andere auf die *Stiftung Warentest* und den *Twitter*feed unserer liebsten Epidemiologin. Dahinter steht immer: Vertrauen. Das ist uns als Kriterium so wichtig, dass Freund*innen und Bekannte eine Menge an Wissenschaftskommunikation übernehmen. Wir essen Tütensuppen nicht, weil wir jeden einzelnen Inhaltsstoff in Ruhe recherchiert haben, sondern weil wir Hunger haben und es alle tun. Selbst Leute, die von sich behaupten, «alles zu hinterfragen», sogar, ob die runde Form der Erde ein Komplott von Physiker*innen und Pilot*innen ist, reisen zum Flach-Erde-Kongress dann doch mit dem Flugzeug. Und Querdenker*innen bitten *Big Pharma* trotzdem um eine *Ibuprofen*. Am Ende ist ein übertrieben skeptisches Selbstbild auch nur ein Ausdruck einer anderen Bias. Nämlich unseres bekannten naiven Realismus: Alle anderen lassen sich von den Massen lenken, nur wir hier denken noch selbst in unserem *Telegram*-Kanal.

Darin steckt manchmal auch etwas Wunderbares, denn es heißt, Vertrauen übernimmt einen großen Teil der Kommunikationsarbeit. Dass wir heute pasteurisierte Milch trinken, dank der weitaus weniger Kinder sterben, liegt nicht daran, dass die Pasteurisierungs-Crowd immer so tolle Outreach-Projekte macht. Es reicht, dass das Wort immer schon auf dem Milchkarton steht und wir zu faul sind zu googeln. Würde dagegen jemand vor dem Milchregal rumlungern und willkürlich Leute fragen: «Haben Sie sich schon entschieden, ob Sie Ihrem Kind pasteurisierte Milch geben wollen?», würden wohl einige zögern. Jedenfalls reduziert das gleiche Fragemuster die Teilnahme an Kinderimpfungen signifikant.[2]

Das heißt allerdings auch, dass Wissen nur begrenzt hilft, wenn man eigentlich in einer Vertrauenskrise steckt. Es kann sogar schaden: Klimaleugner z. B. nutzen ihre Naturwissenschaftskenntnisse vor allem dazu, um die gleiche Grafik völlig anders zu interpretieren, je nachdem, ob darüber etwas von Hautcreme oder Klimakatastrophe steht. Argumente überzeugen uns eben am besten, wenn sie unserer Meinung entsprechen (*Confirmation Bias*), und auch der Chefmeteorologe von Harvard kommt uns sofort weitaus weniger glaubwürdig vor, wenn er uns widerspricht.[3]

Im Endeffekt ist es ein Maß für Politisierung und Irreleitung, ob die gleiche Information auf alle den gleichen Effekt hat oder unsere Meinungen weiter auseinandertreibt. Ein Glück, dass viele Themen anscheinend (noch) unpolitisch sind: Nanotechnologie, Süßstoff, Lebensmittelfarbe. Überall akzeptieren wir schulterzuckend neue wissenschaftliche Informationen. Niemand hinterfragt die Gefahr von Röntgenstrahlen oder die Rolle von Mitochondrien als Kraftwerke der Zelle. Und auch große Desinformationskampagnen fallen schon mal auf unfruchtbaren Boden. Aber fragen Sie nach Waffen oder Fracking, sieht das Bild ganz anders aus. Vielleicht weniger in Europa – aber dafür ist hier die Gentechnik politisiert. Andere Gegenden haben andere Vertrauenskrisen.

Wenn das Meinungsbild erst mal festgefahren ist, kommt man erst recht schwer wieder raus, obwohl's tolle Leute gibt, die es redlich versuchen (für Tipps, wie man selbst mit Verschwörungsideolog*innen spricht, siehe z. B. das Buch von Katharina Nocun und Pia Lamberty[4]).

Wenn wir kruden Theorien zuvorkommen wollen, hilft zum einen Vorinformation: Wer weiß, was DNA ist, denkt wahrscheinlich nicht, dass Impfungen sie auslöschen. Zum anderen hilft Aufklärung über die Muster der Desinformation. Aber Vertrauen schaffen ist mindestens genauso wichtig. Blöderweise braucht das neben Fakten und Vorträgen auch so beunruhigende Dinge wie «zuhören» und «persönliche Gespräche». Dinge, die Wissenschaftler*innen nicht immer leichtfallen und die im Unialltag auch nicht wirklich vorgesehen sind. Im Falle von Gentechnik bedeutet es z. B., auch zwischen den *Sorgen* um Technik und Konzerne zu differenzieren, bevor wir wortreich unsere Diaschau zur Genschere CRISPR rausholen, nur um danach zu merken, dass es unserem Gegenüber eigentlich um Lebensmittelpatentrecht geht. Dann müssen wir mit einer Rauchbombe von der Bühne verschwinden und irgendeinen Juristen anrufen. Das Ganze wird auch nicht durch unsere allseits beliebte menschliche Bias vereinfacht, dass wir alles, was wir nicht wissen, für obskures Expertenwissen halten und alles, was wir gestern erst gelernt haben, für allgemein bekannt (*Fluch des Wissens*). Ergo sind alle Leute, die nicht danach handeln, Ignoranten, Trottel oder beides. Es ist nicht immer leicht, den *Kommunikations*teil in Wissenschaftskommunikation zu leisten.

Aber eine positive Geschichte zum Thema beginnt ausgerechnet mit Donald Trump, und zwar, als er einen Klimaleugner zum Chef der NASA machte (wen auch sonst) und der nur zwei Monate persönlichen Kontakt mit ehrlich bemühten Leuten brauchte, um zu verkünden, dass der Klimawandel menschengemacht ist.[5]

Persönliche Ansprache reicht weiter, als man denkt. Immerhin wissen wir, wie viel Wissenschaftskommunikation eigentlich über Freunde und Bekannte läuft. 14-jährige Jugendliche haben wissenschaftliche Themen in den letzten Jahren wahrscheinlich unter mehr Leute gebracht als Menschen, die dafür bezahlt werden. Und wir alle schaffen mit unserem Verhalten Normen. Der effektivste Flyer, um den Energieverbrauch in einer Gegend zu senken, schreibt nichts über Umwelt oder Stromkosten, sondern «Guck mal, so viel sparen deine Nachbarn».[6]

Wie praktisch, wir tendieren ohnehin dazu, unseren Einfluss auf andere zu überschätzen (*magisches Denken*) – so, wie wir wählen gehen, weil wir klammheimlich wissen, sonst tut es am Ende keiner! Und ab einer bestimmten kritischen Masse stimmt das vielleicht sogar, denn Gruppen entwickeln eine ganz eigene Dynamik (vor allem, wenn sie auf *Telegram* organisiert sind). Wir erzählen am liebsten die Dinge, zu denen andere bestätigend mit dem Kopf nicken, dann nicken wir bestätigend zurück und überbieten uns gegenseitig, bis unsere Gruppe plötzlich eine sehr starke Position zu der Frage hat, ob ein Hot Dog ein Sandwich ist. Wenn man uns Informationen gibt, diskutieren wir am liebsten die, die alle kennen, weil sonst ja keiner zustimmend nickt, und ein Drittel von uns wird ein grünes Quadrat für blau erklären, wenn das die Mehrheit so sieht (*Bandwagon-Effekt*). Schon Kleinkinder würden lieber lügen, als böse Blicke zu riskieren, weil sie in ihrem Buch als einziges kein kleines Kaninchen sehen, aber wenigstens schreiben sie danach keine Bücher mit dem Titel «Was darf man in der Kita heute noch sagen?».

Auch amerikanische Jurys folgen mit ihren einstimmigen Urteilen am Ende fast immer der anfänglichen Tendenz. Meinungsverhältnisse formen Meinung. Darum gibt es mal wieder keine unverfängliche Art, sie darzustellen. Nur eine akkurate. Und wenn wir das übersehen, überlassen wir das Feld schnell den Leuten, die durchblicken und dadurch sehr geschickt wie die Mehrheit *aussehen*.

Das Faszinierende am gesellschaftlichen Konsens ist, dass sich am Ende kaum jemand erinnern kann, dass es überhaupt eine Debatte gab. Wer weiß schon noch, wie viele Leute gegen eine Gurtpflicht waren? Gegen ein Frauenwahlrecht oder ein Rauchverbot im Flugzeug? Oder auch, dass der Spitzensteuersatz mal bei 90 Prozent lag?

Man spricht auch vom *Sisyphos-Effekt*, bei dem ein Thema immer wieder angeschoben wird, ohne voranzukommen, bis auf einmal ein Kipppunkt da ist und der Stein rollt. Beim Klima waren wir angeblich mal kurz davor, bevor Corona dazwischenkam.[7]

Wenn man bedenkt, wie krass sich Meinungen über die Zeit wandeln, ist es ziemlich merkwürdig, heute zu glauben, man könnte sie eh nicht ändern. Wer hätte gedacht, dass wir unseren Mut zur Transformation ausgerechnet in der Vergangenheit suchen müssen?

Dabei sind Meinungen längst nicht das Einzige, was uns merkwürdig unverrückbar erscheint, sondern auch der restliche Kurs von Politik und Gesellschaft. Immerhin hat uns Margaret Thatcher erklärt, dass er alternativlos ist, und wir haben prompt aufgehört, uns Utopien auszudenken. Aber warum sollte unser aktuelles Lebenskonzept so endgültig sein?

Es ist ja nicht mal besonders alt.

Jedenfalls nicht, wenn man vom Anfang unseres evolutionären Astes guckt, der irgendwo vor sechs bis acht Millionen Jahren beginnt. Werkzeugbau beschränkt sich größtenteils auf die letzten 250 000 Jahre, 80 000, wenn man nur gute Werkzeuge zählt. Seit nur 10 000 Jahren sitzen wir lange genug auf der Stelle, um Besitz anzuhäufen, erst seit 200 Jahren sind wir mehr als eine Milliarde und erst seit 1927 mehr als zwei. Kommoden mit Schubladen gibt es erst seit dem 17. Jahrhundert! Selbst die angeblich so traditionelle Kernfamilie dominiert erst seit 50 Jahren und die Temperaturen steigen erst seit 40. Weniger als ein Augenblinzeln in der Menschheitsgeschichte, währenddessen wir uns nah an den Rand des Aussterbens getrieben haben. Und ausgerechnet *jetzt* wollen wir nie wieder irgendwas anders machen?

Weltreiche entstehen und vergehen, aber die 80er sollen alternativlos sein?

Vielleicht haben wir zu lange vom «Ende der Geschichte» geredet und dabei vergessen, dass wir mittendrin stecken. Zeit für eine Erinnerung. Dafür müssen wir allerdings runter vom sonnigen Acker, rein in die stickigen Archive, zu Christian Krumm. Wie praktisch, da gibt es bestimmt Kaffee.

CHRISTIAN KRUMM

Weltrettung durch Nichtwissen oder: Können wir wirklich aus der Geschichte lernen?

«Welche Vorstellungen wann Geltung besitzen, ist keine Frage der Richtigkeit, sondern der Durchsetzungsfähigkeit» – das hat Christian Krumm eigentlich nicht über die Geschichte gesagt, sondern über seine *Metal*-Tetralogie. Aber hier, in den verworrenen Gängen der Geschichtswissenschaft, verschwimmen ohnehin die Übergänge zwischen Beobachter und Beobachtung. (Das ist natürlich in den Fluren der anderen Wissenschaften genauso, aber wir geben das nicht so zu.) Überhaupt ist es gar nicht so leicht, sich hier zurechtzufinden, jetzt ist Christian schon um die Ecke gebogen: «Wir können die Gesamtheit der Einflüsse, die unser Leben bestimmen, nicht erkennen, so wie kein Sturmopfer je den Schmetterling sehen wird, dessen Flügelschlag der Auslöser war.»
Es wird ein interessanter Kaffee.

Stellen wir uns ein paar versammelte Wissenschaftler*innen in einem großen Raum vor. Wir betreten ihn und sehen sofort die Naturwissenschaftler*innen auf einer großen Bühne. Sie zeigen uns schier unglaubliche Dinge, von denen jedes einzelne bereits Potenzial hat, die komplette Welt zu retten. Direkt davor führen uns Ingenieur*innen wahnwitzige Maschinen und Materialien vor, die eine Vorstellung davon vermitteln, wie einfach es sein kann, das Leben wieder zurück in den Einklang mit der Natur zu bringen. In der Mitte des Raums finden wir die Mediziner*innen, zaubernd, die auf alle erdenklichen Leiden des Körpers eine Antwort haben. Wir sehen das alles und denken: So viele kluge Köpfe mit so vielen Ideen! Die Welt muss doch auf jeden Fall zu retten sein.

Schauen wir zu guter Letzt noch hinter die Eingangstür in die dunkelste Ecke des Raums. Wir finden dort einen Menschen, der schweigend, einen Kaffee in der Hand, das Geschehen betrachtet. Das ist der Historiker. Er hat nicht viel zu diesen Wundern beizutragen, nicht viel zu zeigen, denn seine Wissenschaft findet zu nahezu 100 Prozent in seinem Kopf statt. Er beobachtet das Getümmel mit großer Begeisterung und stellt sich die Frage: Was kann *ich* zur Weltrettung beitragen? Die Kaffeetasse ist voll, der Raum gemütlich, es könnte also einen Versuch wert sein. Diskutieren wir über die Möglichkeiten, die Welt zu retten, kommt doch unweigerlich das Thema zur Sprache, mit dem er sich beschäftigt: die Vergangenheit. Denn die Ursachen unserer Probleme liegen nun einmal dort. Somit ist auch der Gedanke zutreffend, dass wir uns auf irgendeine Weise anders verhalten müssen als die Menschen in der Vergangenheit. Was Umweltprobleme betrifft, so ist die Sache relativ einfach: Wir müssen weniger Müll produzieren, weniger Abgase, müssen dafür sorgen, dass unser Leben weniger belastend für die Natur ist. Aber wie steht es mit den sozialen Problemen, mit Fragen der weltweiten Verteilungsgerechtigkeit, des friedlichen Zusammenlebens, der Chancengleichheit? Spätestens hier kommt unweigerlich das Thema Geschichte ins Spiel, stets einhergehend mit der Forderung, dass wir aus ihr lernen sollen.

Der Historiker kratzt sich am Kopf. Die

Idee, aus der Geschichte zu lernen, ist nicht neu. Schon der römische Redner Cicero prägte mit seinem berühmten Satz «historia magistra vitae» (Geschichte als die Lehrmeisterin des Lebens) diese Vorstellung, wobei wir außen vor lassen wollen, ob er das wirklich so gemeint hat, wie wir es heute verstehen. Und manchmal funktioniert das tatsächlich, z. B. war über Jahrhunderte Frieden zwischen den großen europäischen Staaten nicht mehr als eine Utopie. Als nach dem Zweiten Weltkrieg die Eingliederung der BRD in das westliche Bündnissystem in einem schier unüberwindbaren Gegensatz zu der französischen Forderung nach der dauerhaften Entmilitarisierung Deutschlands lag, kamen die Beteiligten auf eine großartige Idee: Man plante die Zusammenlegung der französischen und der deutschen Militärwirtschaft, eigentlich ein Ding der Unmöglichkeit angesichts der jahrhundertelang propagierten Feindschaft. Doch es klappte. So konnte Deutschland wieder über eine Armee verfügen und Frankreich hatte die Sicherheit, dass im Stillen nicht eine weitere «Wehrmacht» aufgebaut wurde. Ergebnis war die 1952 gegründete Europäische Gemeinschaft für Kohle und Stahl (EGKS). Sie war der Beginn des europäischen Einigungsprozesses. Zwischen den Mitgliedsstaaten hat es seitdem nie wieder einen Krieg gegeben. Allerdings war es bis zu diesen Ereignissen ein langer Weg: Zwei Weltkriege und die Blockbildung im Kalten Krieg waren notwendig, um die Entscheidungsträger davon zu überzeugen.

Wenn wir also schon seit Jahrtausenden wissen, dass man aus der Geschichte lernen kann und es auch Beispiele dafür gibt, warum tun wir uns so schwer damit? Geschichte, das ist doch eigentlich nur eine Sammlung von Zahlen und Fakten über Ereignisse der Vergangenheit. Und Fakten kann man nicht leugnen, oder doch?

Der Historiker runzelt die Stirn. Er weiß, dass genau dies nicht stimmt. Geschichte ist keine Faktensammlung, sondern subjektiv, diffus, vieldeutig, oft reine Interpretation, und über die Vergangenheit wissen wir im Grunde recht wenig. Sie ist ein unüberschaubares Labyrinth, in das wir mit verbundenen Augen an irgendeinem Punkt, den wir mit unserem Geburtsjahr zu fassen versuchen, ausgesetzt werden und um Orientierung ringen. Von wem können wir also lernen? Aus welchen Fehlern? Kennen wir überhaupt schon alle Konsequenzen, die sich aus den Ereignissen der Vergangenheit für unsere Gegenwart ergeben haben? Die Geschichtswissenschaft ist eine von tausend Stimmen, die uns etwas über die Vergangenheit erzählen wollen, und da die Erklärungen oft lang und komplex sind und oft sowohl ein Einerseits als auch ein Andererseits enthalten, findet sie selten Gehör. Der Historiker stellt seinen Kaffee weg und nimmt sich ein Buch. Denn dort, wo im Internetzeitalter kaum noch jemand nachsieht, vermutet er eine Antwort auf seine Fragen.

Geschichte und Vergangenheit sind nicht dasselbe. Die Vergangenheit ist vorbei, Geschichte ist gegenwärtig. Der niederländische Historiker Johan Huizinga formulierte 1927 einmal eine Definition von Geschichte, die auf die Ansicht hinausläuft, dass die Gegenwart in erster Linie die Geschichte mache, weil sie «Rechenschaft über ihre Vergangenheit» ablege. So ist die Vergangenheit für uns ein diffuses und unüberschaubares Gebilde, das nur durch ihre Betrachtung in der Rückschau zur Geschichte wird. Geschichte ist das, was die Gegenwart mit all ihren Überzeugungen, Werten und Ideologien aus ihrer Vergangenheit macht, und deshalb hat sie, so komisch das klingt, mehr mit der Gegenwart als mit der Vergangenheit zu tun.

Nehmen wir nur einmal den Begriff «Mittelalter», z. B. im Sinne der oft geäußerten Angst, dorthin zurückzufallen. Als müssten wir mit der Politik nur ein- oder zweimal falsch abbiegen, um daraufhin, wie durch eine sich plötzlich öffnende Falltür, in angeblich rückständige Zeiten zu purzeln. Geht das? Tatsächlich signalisiert schon die Befürchtung weniger eine reale Gefahr, sondern vielmehr unsere eigenen überlieferten Verwirrungen. Denn der Begriff «Mittelalter» stammt von den Humanisten des 14. und 15. Jahrhunderts, die durch die Beschäftigung mit antiken Schriften für sich eine «Wiedergeburt» (die «Renaissance») der Antike beanspruchten und die Vergangenheit als rückständig betrachteten. Erst da wurden die vorherigen tausend Jahre zum «Mittelalter». Diese Bewertung hält sich bis heute hartnäckig, wie man beispielsweise an dem Umstand erkennen kann, dass die meisten Menschen glauben, Hexenverfolgung sei ein mittelalterliches Phänomen, obwohl sie in Europa erst ab dem 15. Jahrhundert Einzug hielt. Hexenverfolgung ist eine neuzeitliche Erscheinung, aber da man sie in Kreisen der Humanisten als rückständig betrachtete, gilt sie bis heute als «mittelalterlich». Im 19. Jahrhundert hingegen galt das Mittelalter in Deutschland als strahlende Epoche, in der das Heilige Römische Reich, das man mit Deutschland gleichsetzte, zum letzten Mal in voller Blüte stand. Legenden von tapferen Rittern, Königen, Prinzessinnen, Drachen und Zauberern wurden erzählt, weil man Träume von einem neuen, großen deutschen Reich schüren wollte, das letztlich auch – zumindest politisch – realisiert wurde. Auch dieses Bild vom Mittelalter hält sich bis heute, wie man an unzähligen Serien, Rollenspielen und «Mittelaltermärkten» erkennen kann. Der Historiker in der Ecke blättert weiter in seinem Buch. Will er wirklich der Spielverderber sein, der den vielen Menschen sagt, dass beides nicht stimmt?

Das «Mittelalter» ist, wie viele andere historische Phänomene, bei genauer Betrachtung zwar Geschichte, aber nicht Vergangenheit, denn der Begriff bezeichnet nichts, was real stattgefunden hat. Es ist ein Begriff, mit dem Ereignisse in der Rückschau beschrieben wurden. Obendrein ist er sehr problematisch. Sind Epochen schon zeitlich schwer einzuordnen, weil es zu viele Kontinuitäten entlang der so genannten Epochengrenzen gibt, muss man darüber hinaus feststellen, dass der Begriff sich auf Mitteleuropa beschränkt. Andere Kulturen haben kein Mittelalter. Dennoch wird er bis heute auch von Historiker*innen verwendet, um damit den Zeitraum zu bezeichnen, in dem sich das Römische Reich der Antike zu den heutigen europäischen Staaten entwickelte. Doch weder mit Rückständigkeit noch mit Heldentum hat diese

Epoche viel zu tun. Sie hatte eben ihre eigenen Ideale. Darüber hinaus gibt es einige Parallelen zu unserer Gegenwart. Die katholische Kirche z. B. weist in diesem Zeitraum mit ihrem politischen Wirken, mit ihren vielen Orden, Besitztümern und Geschäftsbeziehungen wesentliche Merkmale eines heutigen transnationalen Unternehmens auf. Lange bevor die ersten Privatbanken in der frühen Neuzeit überregional agierten, organisierten Ritterorden weitreichende Finanztransaktionen, die mit dem heutigen internationalen Bankensystem zumindest vergleichbar sind. Ohnehin ist der Einfluss der Kirche im Mittelalter in gewisser Hinsicht besonders mit dem Umstand zu begründen, dass sie abseits der weltlichen Herrscher die zentrale Verwaltungsinstanz bildete. Warum? Weil Geistliche die einzigen Menschen waren, die zuverlässig lesen und schreiben konnten. Die Kirche war also Träger dessen, was auch heute als Basis für einen funktionierenden Staat gesehen wird: ein effizientes Bildungssystem. Wohin also sollten wir zurückfallen? Das Mittelalter ist in vielen Aspekten unseres Lebens noch stets lebendig. Der Historiker nimmt wieder seinen Kaffee zur Hand. Wenn «Geschichte», also das, was die Gegenwart aus ihrer Vergangenheit macht, nur partiell etwas mit Fakten zu tun hat, kann «Lernen aus der Geschichte» nicht «Lernen aus Fakten» bedeuten.

Aber selbst wenn man die «Fakten» der Vergangenheit kennen würde, ließe sich damit die Zukunft verändern? Die Beschäftigung mit dieser Frage trieb unter Wissenschaftler*innen lange Zeit seltsame Blüten. Sie lief nicht selten auf die Vorstellung hinaus, dass sich historische Ereignisse unter vergleichbaren Bedingungen wiederholen. So kamen viele, zum Teil sehr gebildete Menschen zu dem Schluss, man könne Ereignisse der Zukunft prognostizieren, wenn man nur Gesetzmäßigkeiten im Verlauf der Geschichte finde. Diese Frage stellten sich einige Denker besonders im 18. und 19. Jahrhundert. Dabei stritt man sich darüber, ob ein gesetzmäßiger Verlauf der Geschichte eher gradlinig oder eher zyklisch ist.

Für einen *gradlinigen* Verlauf argumentierte der Philosoph

Georg Wilhelm Friedrich Hegel besonders wirkungskräftig. In seiner Vorstellung war die Menschheit seit dem Sündenfall – also der Vertreibung aus dem Paradies – in stetiger Entwicklung auf das Ziel hin, diesen Urzustand wieder zu erreichen. Ein «Weltgeist», wie er es nannte, würde sich aus den verschiedenen Völkern herausbilden, und letztlich werde es zu einem großen Kampf kommen, der diesen Urzustand wiederherstelle. Karl Marx übernahm in «Das kommunistische Manifest» dieses Bild, setzte aber an die Stelle des «Weltgeistes» das Proletariat, das letztlich für den paradiesischen Zustand sorgen werde.

Die *zyklische* Vorstellung dagegen bedeutet, dass man die Geschichte als eine Abfolge von Geburt, Aufstieg und Fall mächtiger Kulturen betrachtete. Sie hat ihren Ursprung ebenfalls in der Bibel, in der der Prophet Daniel dem König Nebukadnezar einen Traum in der Hinsicht deutet, dass es vier Reiche geben werde, bevor das Weltenende kommt. Man deutete später das Römische Reich als das vierte, weswegen es bis 1806 aufrechterhalten wurde. Die Vorstellung, ein Volk oder eine Kultur würde geboren, heranwachsen, einen Höhepunkt erleben und dann vergehen, ist für den Nationalismus des 19. Jahrhunderts typisch, in dem eine Nation mit einem lebenden Organismus gleichgesetzt wurde.

Beide Konzepte wurden besonders von den extremen Ideologien des 20. Jahrhunderts propagiert, waren aber auch unter den gemäßigten Parteien verbreitet. Sie sind ein wesentlicher Schlüssel für das Verständnis des Ersten und des Zweiten Weltkriegs.

Der Historiker füllt seine Kaffeetasse auf. Er ist froh, dass alle diese Konzepte heute als veraltet gelten, und hält lieber fest: Die Ereignisse der Vergangenheit selbst sind einmalig und werden so nicht mehr vorkommen. Das liegt besonders an ihrer undurchschaubaren Komplexität, die sich niemals auf einfache Kausalketten in der Rückschau reduzieren lassen. Die 20er Jahre des letzten Jahrhunderts sind demnach auch nicht die 20er Jahre unseres Jahrhunderts. Wir können sie selbst gestalten.

Dann legt der Historiker sein Buch weg. Er weiß, dass es dennoch in der Geschichte Phänomene gibt, die mit einer gewissen Regelmäßigkeit ausgestattet sind, und die betreffen insbesondere das Verhalten des Menschen, der dazu tendiert, auf vergleichbare Impulse vergleichbar zu reagieren. Dazu gehört z. B., dass sich Menschen für gewöhnlich über die Vergangenheit erhaben fühlen. Sie deuten die Vergangenheit als rückständig und den Verlauf der Geschichte als einen sich immer weiter entwickelnden Fortschritt, besonders durch die Wissenschaft. Diese Vorstellung entstammt dem Ende des 19. Jahrhunderts und wird «Positivismus» genannt. Doch fühlen sich Menschen ihren Vorfahren grundsätzlich gern überlegen. Für den Glauben an den eigenen Fortschritt gibt es auch vor dem 19. Jahrhundert genügend Beispiele, nur war hier die Wissenschaft nicht der maßgebliche Faktor. Die frühen Christen haben sich in ihrer monotheistischen Religion gegenüber dem Polytheismus der Römer als fortschrittlich empfunden, ebenso wie die Humanisten und die Aufklärer den Christen gegenüber. Wiederum hielten die Nationalisten das Konzept des Weltbürgertums der Aufklärer für überholt, ebenso wie die Kommunisten das System des Kapitalismus. Für alle war ihr Glaube das Neue, und sie fragten sich, wie man so «rückständig» sein könne, an dem Alten festzuhalten. Sie hielten die Menschen der Vergangenheit für dumm.

Doch da gibt es auch die vielen Menschen, die sich stets am «Ende der Welt» wähnen und glauben, dass ein Untergang der alten Ordnung unmittelbar bevorsteht. Dieser Glaube geht einher mit einer Sehnsucht nach einer alten, einfacheren Vergangenheit, die oft lediglich ein Konstrukt der Phantasie ist. «Wie konnte es so weit kommen?» oder «Früher war alles besser» lauten diese Gedanken dann ausgesprochen und sind ebenso ein menschlicher Zug. Zugegebenermaßen ist es aktuell ein bisschen schwer, eine herannahende ökologische Katastrophe zu leugnen, wenn sie in allen Modellen angekündigt wird. Aber spätestens, seit wir 2016 angefangen haben, jedes Jahr als das schlimmste aller Zeiten auszurufen, könnte uns vielleicht ein bisschen Perspektive helfen, nicht auf jede unserer Krisenwahrnehmungen mit der gleichen Untergangsstimmung zu schauen und uns vor Augen zu führen, mit welchen Veränderungen die Menschen 100 und 1000 Jahre vor uns konfrontiert waren. Denn Veränderungen hat es in der Vergangenheit immer gegeben, und stets mussten Menschen damit umgehen.

Als Reaktion auf maßgebliche Veränderungen kommt es oft zu einer Radikalisierung konservativ ausgerichteter Kräfte. Die Hexenverfolgung ist erst so richtig unter dem Eindruck der Glaubensspaltung in der frühen Neuzeit, z. B. der Reformation durch Martin Luther, entstanden. Die radikalen Ideologien des 19. und 20. Jahrhunderts kann man auch als eine Reaktion auf die technischen und gesellschaftlichen Veränderungen betrachten.

Heute ist das nicht anders: Konservative politische Parteien gehen auf Stimmenfang mit dem Versprechen der Wiederherstellung einer Nation, die im Zuge der Internationalisierung angeblich entrechtet worden sei. Dabei ist diese «Nation» häufig, ähnlich wie das Mittelalter, ein Konstrukt, das es so nie gegeben hat. Und dass der Wohlstand der Industriestaaten auf einem historisch gewachsenen System globaler sozialer Ungleichheit aufgebaut ist, wird ebenso selten erwähnt. Stattdessen wird der Begriff «Krise» überproportional häufig in sämtlichen Bereichen der Gesellschaft bemüht, um Veränderungen zu dramatisieren, Ansprüche zurückzuschrauben und im extremen Fall Bürgerrechte einzuschränken oder abzuschaffen. Diese Entwicklung ist in den letzten Jahrzehnten in vielen Ländern zu beobachten gewesen.

Historische Ereignisse wiederholen sich also nicht, aber menschliches Verhalten schon. Somit weiß der Historiker: Wer die Welt retten will, sollte die Menschen der Vergangenheit (ebenso wie der Gegenwart) weder idealisieren noch für dumm halten. Der Historiker kippt Zucker in seinen Kaffee. Sein Hirn braucht Treibstoff. Kann er mit diesen Gedanken etwas zur Rettung der Welt beitragen?

Tatsächlich gibt es eine Möglichkeit. Er kann sich vergangene

Ereignisse ansehen, um die Menschen, die in früheren Zeiten gelebt haben, besser zu verstehen. Dabei ist eine Gemeinsamkeit von allen Menschen in allen Zeiten besonders beachtenswert: Niemand weiß, was die Zukunft bringt. Der Gedanke an die Zukunft löst in Menschen Angst und Hoffnung zugleich aus, und jeder reagiert auf diesen Umstand seiner Zeit und seiner Persönlichkeit gemäß. Während wir heute Versicherungen abschließen, um unglücklichen Umständen vorzubeugen, haben die Menschen des Mittelalters Kirchen Altäre gespendet, damit man nach ihrem Ableben für sie betete, um ihre Zeit im Fegefeuer zu verkürzen. Die Menschen des 15. Jahrhunderts kauften Ablassbriefe von der Kirche, um der Sühne für ihre Sünden zu entgehen, wir kaufen heute eine inzwischen unüberschaubare Anzahl an *Green-Washing*-Produkten, die unser schlechtes Gewissen gegenüber der Umwelt erleichtern sollen. Und wahrscheinlich erwartet uns von den Menschen der Zukunft dieselbe Geringschätzung, die wir gegenüber den Käufern der Ablassbriefe empfinden. Dabei versuchten Menschen in allen Zeiten nur, mit ihrer Gegenwart zurechtzukommen.

Das bedeutet aber auch: Wir machen dieselben Fehler aus denselben Gründen, nur leben wir in einer anderen Welt als die Menschen der Vergangenheit. Lassen wir jede Geringschätzung und Idealisierung der Vergangenheit einmal weg, so finden wir tatsächlich einige Punkte, die wir aus der Geschichte lernen können.

1. Schweigen ist besser als Hass

Schweigen ist häufig das beste Mittel, um Eskalationen, in welche Richtung auch immer, zu verhindern. Besonders ist es angebracht, wenn das Ziel des Hasses «die Gesellschaft», «die Leute» oder «die Dummen» sind, unbestimmte Gruppen, zu denen sich im entsprechenden Kontext keiner zählen möchte. Die hoch gelobte Zivilcourage sollte immer am konkreten Fall ausgeübt werden und sich nicht gegen gesichtslose Gruppen richten. Es ist in der

Vergangenheit ein häufig zu beobachtendes Phänomen, dass Hass und Schuldzuweisungen mehr Aufmerksamkeit erregen als Akte der Freundschaft, des Gleichmuts und der Zwischenmenschlichkeit. Vielleicht hat sich dieses Phänomen, angesichts der gesteigerten Masse an Medien, in der Gegenwart sogar noch intensiviert. Menschen, die beruflich oder in ihrer Freizeit Aufmerksamkeit erregen wollen, skandalisieren häufig, prangern an, beschweren sich. Sie polarisieren, teilen die Welt in Gut und Böse, wobei sie die «gute Seite» stets für sich beanspruchen. Sie wühlen Emotionen auf und provozieren dadurch Reaktionen. Im Hintergrund schwebt stets der latente Vorwurf, dass die «schweigende Mehrheit» Unrecht tolerieren würde und sich per se jeder, der schweigt, auf die Seite des Unrechts schlägt. Diesem Druck gilt es standzuhalten, denn das ist schlicht und einfach Unsinn. Hitler z. B. ist nicht an die Macht gekommen, weil viele Menschen geschwiegen haben, sondern weil – im Gegenteil – immer mehr Menschen in sein Horn getutet haben aus unterschiedlichen Gründen. Sie haben sich etwas von ihm versprochen, etwas Konkretes: Arbeit, sozialen Aufstieg, vielleicht auch Glück oder einfach nur «die richtige Seite», auf der sie stehen wollten.

2. Katzenfotos sind besser als Fake News

So viele Menschen regen sich über Katzenfotos im Internet auf. Wieso? Katzen und viele andere Tiere auch wirken wohltuend auf das Gemüt, ebenso Fotos von Essen, Getränken oder sonstigen Alltagssituationen. Viele Kritiker sehen darin eine gefährliche «Verblödung» der Gesellschaft. Aber das stimmt so nicht. Sie machen den Alltag schön, und das ist gut so. Gefährlich ist vielmehr die Scham, über etwas nicht Bescheid zu wissen. Gefährlich sind die unzähligen Portale, die mit «Nachrichten» werben, mit «kritischem» Journalismus, der wiederum Menschen in die Vorstellung versetzt, sie seien gut informiert. Daraus spricht eine Anspruchshaltung: Informier dich! Bilde dir eine Meinung! Warum redest du nicht hierüber? Also lesen wir Texte, gucken Filmchen oder hören mehrstündige Podcasts, verfolgen auf unzähligen Nachrichtenportalen (pseudo-)kritischen Journalismus. Und haben danach das Gefühl, sehr gut Bescheid zu wissen. Denn Nichtwissen gilt als Makel.

Doch eines müssen wir bedenken: Jeder Blick von außen ist immer eine Zusammenfassung, eine Verkürzung, mitunter auch eine Verfälschung. Fundiertes Wissen ist komplex, nicht einfach zu verstehen und vieles ist schlicht Ansichtssache. Die wirklich gefährliche «Verblödung» liegt darin, dass wir auf der Suche nach einfachen Wahrheiten denen glauben, die sie uns mundgerecht präsentieren, anstatt der eigentlichen Interaktion mit der Welt mehr Zeit einzuräumen. Als Menschen im Hier und Jetzt haben wir eine einzigartige Möglichkeit, unsere Welt zu verstehen: Wir können darin herumlaufen, sie mit eigenen Augen sehen, ohne dass unser Blick durch unzählige Fake- und Halbinformationen getrübt wird. Eine Kultur des «Nichtwissens» würde daher vieles entspannen, indem wir häufiger und ohne Scham sagen, dass wir von etwas keine Ahnung haben und dass es uns vielleicht auch nicht interessiert. Denn Nichtwissen ist kein Schandfleck, sondern die Quelle unserer wichtigsten Ressource der Erkenntnis: der Frage. Wenn uns also etwas interessiert, können wir Menschen nach ihrer Meinung fragen, anstatt nur auf die zu hören, die mit ihrer als Wissen verkauften Meinung Aufmerksamkeit erregen wollen. Denn sie bieten im besten Fall nichts weiter als Unterhaltung, ebenso wie jedes Katzenvideo.

3. Verständnis ist besser als Fortschritt

Wenn wir auf die Vergangenheit blicken, so lohnt es sich, es nicht durch die «Fortschrittsbrille» zu tun. Technische Errungenschaften mögen die Welt verändert und die Wissenschaft den einen oder anderen Aspekt des Wissens hinzugefügt haben. Aber das bedeutet nicht, dass die Menschen, siehe oben, früher dümmer oder weniger aufgeklärt waren. Denn neue Erkenntnisse treffen selten auf luftleeren Raum, sondern ersetzen meist eine Information, die bis dahin als Wissen galt. Auf diese Art mag in den letzten 500 Jahren ebenso viel Wissen verloren gegangen sein wie gewonnen wurde. Wer kann garantieren, dass jede «neue» Erkenntnis besser ist als die alte? Sie ist nur gut und richtig, bis sie durch eine andere ersetzt wird. Vielleicht waren ja gewisse Informationen von vor 300 Jahren zutreffend und sind seitdem stets durch falsche ersetzt worden? Umso wichtiger ist es, dass wir unser aktuelles Wissen immer wieder testen, hinterfragen, auf die Prüfwaage legen und manchmal auch altes Wissen wiederentdecken. Letztlich lebt jeder Mensch zu jeder Zeit in einer anderen Welt, die ihre eigenen Erklärungsansätze hat. Und innerhalb dieser Welt agiert der Mensch seinen Ängsten und Wünschen gemäß. Wer sich also ein Bild von den Menschen der Vergangenheit machen will, der sollte sich mit ihrer Welt, ihrem Wissen, ihren Geschichten und ihren Bildern beschäftigen. Natürlich ist Verständnis in einem solchen Fall manchmal heikel, weil es stets Gefahr läuft, auf moralische Rechtfertigung hinauszulaufen. Das soll es nicht. Die Beschäftigung mit der Vergangenheit ist kein Gerichtsprozess, in dem es um Schuld und Unschuld geht, sondern lediglich um das Verständnis vergangener Ereignisse. Dazu gehört, dass wir uns nicht für fortschrittlicher halten als die Menschen der Vergangenheit.

Wenn also Menschen auf den Historiker in der Ecke hören würden, würden sie der Geschichte in unserer Zeit den Platz zuweisen, der ihr zusteht. Friedrich Nietzsche hat in seinem Essay «Vom Nutzen und Nachteil der Historie für das Leben» den Satz geprägt: «Nur soweit die Historie dem Leben dient, wollen wir ihr dienen.» Sie taugt nicht als Ideologie oder als Dogma, und schon gar nicht muss ein Mensch in der Gegenwart etwas denken oder tun, nur weil in der Vergangenheit etwas passiert ist. Vergangene Ereignisse gehören weder verteufelt noch idealisiert. Die Geschichte ist nicht die «Lehrmeisterin des Lebens», sondern eine Stimme aus der Vergangenheit, die zu jedem spricht, der zuhört, und jedem etwas anderes sagt. Nietzsche wies der Beschäftigung mit Geschichte drei Funktionen für das Leben zu: Sie kann Menschen durch Vorbilder inspirieren, kann eine einfache Wertschätzung des Alten sein, aber auch helfen, überkommene, nicht mehr zeitgemäße Strukturen zu zerbrechen. Sie ist somit der Freund des in der Gegenwart verlorenen Menschen. Für alles andere, das müssen wir uns eingestehen, wissen wir einfach zu wenig über sie.

Der Historiker stellt seine Tasse weg und geht zu den anderen Wissenschaftler*innen. Denn er weiß, solange die Geschichte in der Gegenwart nicht den Platz findet, der ihr zusteht, werden immer wieder dieselben Fehler gemacht – und die Vergangenheit ist nichts anderes als kalter Kaffee.

Weiterreise

Menschen sind und bleiben also Menschen. Wir alle versuchen lediglich, irgendwie mit der Zukunft klarzukommen. Wie enttäuschend.

Ein bisschen hatten wir ja schon gehofft, dass wir heute besser sind. Klüger, fortschrittlicher, «Menschheit 2.0 – jetzt ohne Scheiterhaufen!» Aber zugegebenermaßen kamen uns an diesem Überlegenheitsgefühl in den letzten Jahren eh öfter Zweifel. An einem Tag denkt man noch, man ist als Gesellschaft seiner Zeit voraus, am nächsten liest man, dass Leute schon in der irischen Hungersnot die Telegraphenmasten die Schuld gaben. Oder dass sie während des Ausbruchs der Spanischen Grippe abwechselnd andere Länder beschuldigten – oder ihren engagiertesten Gesundheitsbeamten. Frederic Chopin fuhr jedenfalls mit seiner Tuberkulose erst mal nach Mallorca. Danach war er eingeschnappt, dass die Einheimischen nicht mit ihm in Kontakt treten wollten.[1]

Beim letzten Pockenausbruch in den 70er Jahren schlich sich der isolierte Patient zum Rauchen ans Fenster und infizierte 17 Leute.

Menschheit, echt. Immer das Gleiche. Und wenn wir an Jonas Betzendahls Kapitel denken, dann lassen wir die allgemeine Trotteligkeit unserer Entscheidungen wahrscheinlich noch in irgendein neuronales Netzwerk einfließen, auf dass es auch immer gleichbleibt. Letztlich ist die Art, wie wir über andere Generationen reden, wohl auch nur eine Abwandlung der Biases, die wir gegenüber unseren Mitmenschen haben («Alle Generationen vor mir sind altmodisch und alle nach mir übertrieben»).

Aber irgendwie liegt in dieser Erkenntnis ja auch etwas Befreiendes. Schließlich müssen wir dann auch nicht mehr verzweifelt nach Bestätigung suchen, dass die Menschheit heute eindeutig näher an ihrer finalen Form ist (Menschheit_finale_final_echt-jetzt2.docx). Und bei jedem Beweis des Gegenteils davon ausgehen, dass alles hoffnungslos ist und das Ende nah oder spätestens in fünf Werktagen (*Declinism*). Stattdessen können wir uns einfach der Realität stellen. Dann sind wir halt genauso dumm oder klug wie die Menschen vor uns. Immerhin haben Menschen, die genauso dumm oder klug waren wie wir, ja hin und wieder auch was Vernünftiges geschafft! Besagte europäische Institutionen, zum Beispiel. Außerdem: Demokratien, Wahlrechte für Leute, die bisher keine hatten. Die Abschaffung der Todesstrafe und des Mettigels. Nicht automatisch, sondern teils gegen gewaltsamen Widerstand. Mitunter sogar den von Lobbyist*innen. Wie damals, als wir zusammenkamen, um das Ozonloch aufzuhalten. Oder das Blei aus Benzin und Wänden zu verbannen (die Menschheit hat sich merklich erholt). Oder das Pestizid DDT von den Feldern (die Weißkopfseeadlerpopulation auch). Selbst die Pocken haben wir – bei aller individuellen Begeisterung, sie zu verbreiten – mit kollektiven Maßnahmen ziemlich erfolgreich zurückgedrängt.

Manchmal klappt das, gerade *weil* wir von uns glauben, besser zu sein, als wir sind. So, wie die amerikanischen Gründerväter ihre Verfassung großspurig mit «We, the people» angefangen haben, statt ehrlich «We, white men» zu schreiben, und damit eine Tür für alle offen ließen, die sich jetzt darauf berufen. Oder, wie die europäischen Staaten Asylrechte eingeführt haben, auf die Menschenrechtsanwält*innen heute pochen können, auch wenn es ihnen dieselben Staaten so schwer machen wie möglich. Oder, wie sich Deutschland und Brasilien Verfassungen gegeben haben, die es Klimaschützer*innen erlauben, gegen ihre eigenen Regierungen zu klagen – und zu *gewinnen*. Alles, weil wir uns Idealen verschreiben, die über unsere eigenen Köpfe hinausgehen. Die *Fake it till you make it*-Version des menschlichen Fortschritts.

Wissenschaft probiert im Grunde das Gleiche. Einmal, weil es darum geht, zu unserem Wissensberg etwas beizutragen, was über unsere eigene Lebenszeit Bestand hat in unserer generationsübergreifend wachsenden Sammlung von Schwarmintelligenz und guten Ideen. Der erste Herzschrittmacher z. B. hielt nur zwei Stunden, aber der Mann, der ihn eingesetzt und später immer wieder ersetzt bekam, überlebte seine beiden Ärzte.

Wie wir gerade gehört haben, geht dabei auch eine Menge Wissen verloren – in brennenden Büchern, vergessenen Geschichten oder auf einem *Post-it*-Zettel zwischen Schreibtisch und Raufasertapete. Anderes wird durch Unsinniges ersetzt. Nach dem Untergang des Römischen Reiches brauchten Europäer mehrere Jahrhunderte, um das Baden wiederzuentdecken, und nach der Pest hörten sie schleunigst wieder damit auf. Aber dass es diese Wissenssammlung überhaupt gibt, ist trotzdem ein ziemliches Erfolgsgeheimnis unserer Spezies. Denn sie erlaubt uns kulturelle Evolution, die schneller und gezielter abläuft als Darwins Leben und Sterben. Ohne das Geheimnis des Feuers und die ersten Steinkeile hätten wir unser großes Gehirn niemals durchfüttern können, und auch heute sind wir auf ein ziemlich ausführliches Tutorial angewiesen, um es zu ernähren. Alleine sitzen wir im Wald, zusammen verstehen wir Elektrizität. Oder wenigstens Lichtschalter. Dafür müssen wir nicht alle *klug* zu sein, nur *lernfähig*. Wenn jemand eine gute Idee hat, machen wir sie ihm einfach alle nach. Das ist die Fähigkeit, die Menschen wirklich gut können: andere imitieren. Zeigegesten. Informationen teilen wir sogar so gern, dass wir dafür bereit sind, mit Geld zu bezahlen (oder mit Lebenszeit auf *Twitter*).

Das heißt, selbst wenn sich unser Verhalten seit der Spanischen Grippe nicht viel verändert hat, haben wir doch einiges an Werkzeugen dazugewonnen, um z. B. Infektionen vorzubeugen und zu behandeln. Weitaus schneller jedenfalls als bei den Cholera-Wellen 1817–24, 1826–41, 1852–60, 1863–76 und 1883–96. Und da warteten wir auf den Durchbruch «Salze und Zuckerwasser». Elektrolyte. Seit Ende der 60er Jahre macht dieser Durchbruch Durchfall 90 Prozent weniger tödlich. Und wenn der nächste Cholera-Ausbruch unweigerlich um den Globus geht, dann können wir auch *darauf* zurückgreifen.

Dabei wäre es natürlich am besten, wir könnten vorher etwas an unserem Verhalten ändern, wie z. B. unsere Tendenz, Krankheiten international erst dann wirklich ernst zu nehmen, wenn sie unsere Lieblingskontinente erreichen. Kann Wissenschaft auch helfen, die Grenzen *in* unseren Köpfen zu überwinden? Schaun wir mal. Auf geht's zu Sarah Hiltner.

SARAH HILTNER

Die bittere Pille: Wie Sexismus in der Medizin tötet

Sarah Hiltners Fachgebiet ist überall. Es spielt bei *Amazons* Einstellungskriterien eine Rolle, bei Stadtplanung, Kinderklamotten, Buchvorschauen und Gehaltschecks. Beim Umgang mit Tennisikonen, Politiker*innen und den Telefonlisten von Grundschulen. Dabei, dass es auf der einen Seite der Toilettenräume fünf Sitzklos und fünf Pissoirs gibt und auf der anderen fünf Sitzklos und eine Schlange. Oder dort, wo Transportmittel und Schneepflüge immer eher die geradlinigen Strecken befahren, die Männer zur Arbeit bringen, als die Fuß-, Fahrrad- und Busrouten, auf denen mehrheitlich Frauen Besorgungen erledigen. Oder ihre Kinder abliefern, bevor sie zur Arbeit gehen. Dabei weiß doch eigentlich jede*r von uns, dass man mit dem Auto immer noch besser durch den Schnee kommt als mit rutschigen Schuhen und nassen Füßen.[1]

Es ist ein Gebiet mit großem Potenzial, die Welt zu verbessern. Die Umstellung des Schneepflugs auf Fuß- und Busrouten z. B. ersparte dem Gesundheitssystem Sturzverletzungen in Höhe von 3,4 Millionen Euro. Das alte System war eben nicht das logischste oder effizienteste, sondern Diskriminierung. Wenn Wissenschaft die richtigen Fragen stellt, kann sie auch das aufdecken. Wer weiß, was wir noch alles verbessern können, wenn wir's erst durch diese Brille sehen?

Umso bemerkenswerter, dass ausgerechnet dieses Forschungsgebiet seine Existenz immer wieder rechtfertigen muss.

Erst recht, wenn es um das geht, womit sich Sarah Hiltner beschäftigt hat. Nämlich Leben und Tod.

Ich glaube an Utopien. Andernfalls wäre ich in acht Jahren als
Soziologin an medizinischen Universitäten mit dem Thema der
geschlechtersensiblen Medizin verrückt geworden. Ja, es geht in
diesem Kapitel um Gender. Wenn das jetzt schon eine emotionale
Reaktion hervorruft: Willkommen in meiner Welt.

Und da wir gerade bei Emotionen sind, hier ein kleiner Hinweis zum Inhalt und potenziellen Triggern: In diesem Kapitel geht
es unter anderem um Tod, Depression, Selbstmord, Gender, Genitalien, Sexismus, Rassismus, Männer* und Frauen*. (Das Sternchen verdeutlicht, dass nicht eindeutig klar ist, ob körperliche
Faktoren, gesellschaftliches Geschlecht, die Geschlechterrolle
oder die Identität gemeint ist, mehr dazu später im Kapitel.)

Hier geht es allerdings nicht darum, wie Sprache inklusiver
werden kann, sondern darum, wie Sexismus in der Medizin zum
Tod von Menschen führt. Es gibt in diesem Kapitel einen kleinen
Einblick in die Welt der geschlechtersensiblen Medizin. Dabei geht
es um biologische Unterschiede zwischen Geschlechtern. Es geht
auch darum, wie wir lernen, uns «weiblich» oder «männlich» zu
bewegen und welche Auswirkungen das auf unsere Gesundheit
hat. Warum es wichtig ist, dieses Wissen in medizinischen Ausbil-
dungen zu verankern, und warum dies bisher nur unzureichend
geschehen ist. Gleich vorneweg: Dies ist ein gruseliges Kapitel
voller Widersprüche, denn einerseits achten wir zu sehr auf das
Geschlecht und andererseits zu wenig. Schnallen wir uns an, trotz
böser Vorahnung, dass Sicherheitsgurte im Einsatz sind, die nur
auf Körper eines Geschlechts zugeschnitten sind! Dieses Kapitel enthält Erkenntnisse, die zu mehr Hilflosigkeit als Stabilität
führen; ich hoffe, wir haben dennoch gemeinsam den Mut, uns
all dem auszusetzen. Ich hoffe das sehr, denn ohne diesen Mut
würde sich nie etwas ändern.

Viel Wissen ist bereits vorhanden: Ganze Fachbücher wurden mit Erkenntnissen zur *geschlechtersensiblen Medizin* gefüllt[2,3] – um zu verstehen, wie wichtig sie sind, nehmen wir mal das Beispiel von Anna Meyer.

Anna Meyer ist 62 Jahre alt, berufstätig, hat zwei erwachsene Kinder und drei Enkelkinder. Zweimal die Woche hilft sie ihrem großen Sohn mit den drei Kindern im Haushalt. Sie hat einen leichten Bluthochdruck, ist aber ansonsten gesund. An einem dieser Tage merkt sie plötzlich, dass sie kurzatmig wird und Druck im Brustkorb verspürt. Ihr war schon den ganzen Morgen etwas flau im Magen, aber sie hat dem keine Bedeutung beigemessen. Das Atmen wird immer anstrengender, und der Rücken tut auch immer mal wieder weh. Also legt sie sich schließlich aufs Sofa und ruht. Die Beschwerden werden nicht besser, Anna hält es aus, ist schon nichts Ernstes, denkt sie sich. Sie holt die Enkel von der Kita ab. Die Übelkeit nimmt zu, die Rückenschmerzen auch, und noch immer kann sie nicht tief atmen. «Wird bestimmt gleich besser werden», beruhigt sie sich selbst weiter. Am Abend entscheidet ihre Tochter, sie ins Krankenhaus zu fahren. Der aufnehmende Arzt empfiehlt Ruhe und einen Besuch beim Orthopäden, Tropfen gegen die Übelkeit und ein Spray zum Erweitern der Bronchien. Zufällig kommt eine Pflegerin vorbei und schlägt vor, ein EKG zu schreiben. Sie hat nämlich einen Verdacht, welcher durch das EKG bestätigt wird – Frau Meyer hat einen Herzinfarkt und das schon seit Stunden.

Diese Geschichte ist erfunden, aber leider nah an der Lebensrealität vieler Frauen. Die uns bekannten Symptome wie ein stechender Schmerz in der Brust oder linksseitige Körper- oder Kieferschmerzen tauchen vor allem an als männlich definierten Körpern auf. Außerdem trainieren wir Männer* seit Jahrzehnten darauf, diese Symptome richtig zu deuten. Das hier angesprochene medizinische «Definieren» ist problematisch. In der westlichen Medizin werden Daten erfasst und als «normal» im Sinne von häufig festgelegt. Diese Definitionen basieren auf Durchschnittswerten. Körper, die davon abweichen, fallen auf, und manchmal werden sie als krank angesehen, obwohl es sich um natürliche Vorkommnisse handelt. Diese medizinischen Definitionen und Normen haben gesellschaftliche Konsequenzen – dazu später mehr. Für diesen Text gilt: Wenn es um biologische Faktoren geht, spreche ich von Normkörpern. In allen anderen Fällen schreibe ich Männer* bzw. Frauen*. Klingt kompliziert? Ist es auch.

Weibliche Normkörper bekommen den Herzinfarkt z. B. in aller Regel etwa zehn Jahre später als männliche, was an höheren Mengen von Östrogenen im Körper liegt. Diese Hormone werden vor allem in den Eierstöcken produziert und machen unter anderem die Haut glatt. Diese Glattheit besteht auch innerhalb der Blutgefäße und verhindert das «Verkalken» der Gefäße, allerdings nur bis zum Einsetzen der Menopause. Bei weiblichen Normkörpern zeigen sich nicht selten eines oder mehrere der folgenden Symptome: Atemnot, Übelkeit, Erbrechen oder Rückenschmerzen. Diese werden von den Frauen* nicht als Notfall erkannt, weil sie ihr eigenes Infarktrisiko meist nicht kennen oder unterschätzen. Und was fast noch schlimmer ist: Sie werden auch von medizinischem Personal manchmal nicht als das erkannt, was sie sind: Anzeichen einer lebensbedrohlichen Erkrankung, die sofort in die Notaufnahme gehört.

Frauen* leisten meist den Großteil der Fürsorgearbeit und spielen ihre Symptome herunter, um weiter zu «funktionieren».[4] Lebensrettende Maßnahmen werden durch die Kombination aller genannten Punkte im Durchschnitt fünf bis 45 Minuten(!) später durchgeführt als bei Männern*.[5] Dabei müssen wir bedenken, dass der Herzmuskel in dieser Zeit nicht mit Sauerstoff versorgt wird, und das kann schwerwiegende Schäden nach sich ziehen. Anna Meyers Geschichte ist nur *ein* Beispiel dafür, wie unbeachtete geschlechterspezifische Unterschiede in der Medizin zum Verhängnis werden können. Hier ein paar weitere plastische und gut erforschte Beispiele, bei denen sich Geschlecht als entscheidender Faktor wissenschaftlich bestätigt hat.

Wenn wir Männer* und Frauen* mit Herzinfarkten vergleichen, fällt auf, dass Frauen* mit *Typ-2-Diabetes* (T2D) ein etwa anderthalbfaches Risiko haben, einen Herzinfarkt zu erleiden wie Männer* mit T2D, mehr dazu bei Janina Otto.[6] Anderes Beispiel: Die *Osteoporose*, der sogenannte Knochenschwund und eine «typische Frauenkrankheit», kommt auch bei Männern* vor. Der Eindruck, dass Männer* stabilere Knochen haben, wird gestützt durch die Tatsache, dass männliche Knochen von einer stärkeren Knochenhaut umgeben sind, die für mehr Stabilität sorgt. Aber Männer* sind nicht komplett von dieser Erkrankung verschont, weshalb das Risiko von Betroffenen wie auch behandelnden Ärzt*innen unterschätzt wird. Speziell ab dem 70. Lebensjahr gibt es für Männer* ein erhöhtes Risiko, an Osteoporose zu erkranken und leider auch an den Folgen einer Fraktur zu sterben.[7]

Zu späte und falsche Diagnosen sind aber nur ein Teilbereich der Probleme, ein anderer Aspekt sind physiologische Unterschiede bei Erkrankungen und Körpern.

Offensichtlich unterscheiden sich Körper, männliche Normkörper sind im Durchschnitt größer als weibliche. Selbst wenn dieser Unterschied herausgerechnet wird, haben männliche Normkörper noch immer eine höhere Knochen- und Muskelmasse und weibliche einen höheren Körperfettanteil. So kommen die oft sichtbaren Unterschiede in Körperform und -bau zustande. Das hat auch Folgen für Art und Häufigkeit medizinischer Diagnosen, beispielsweise bei *arthrotischen Veränderungen*, diese kommen bei Frauen* häufiger und etwa zehn Jahre früher vor. Als Gründe werden Alter, Gene, eine dünnere Knorpelschicht und Östrogenrezeptoren im Knorpel vermutet.[8]

Bei *Rheumatoider Arthritis* sind Frauen* ebenfalls häufiger betroffen als Männer*, insbesondere, was die Gelenke der Hände betrifft, jeder Griff schmerzt. Das Öffnen von Flaschen und andere alltägliche Verrichtungen sind manchmal gar nicht mehr möglich. Dabei werden weibliche Betroffene seltener und später an Fachzentren verwiesen. Das verhindert eine frühzeitige Diagnose und verschlechtert die Prognose. Ein möglicher Grund könnte sein, dass Frauen* mit Schmerzen von ihren Ärzt*innen weniger ernst genommen werden als Männer* – über weitere Gründe spekuliert die Wissenschaft noch.[9] Dass Frauen* schneller in die psychosomatische Ecke geschoben werden, also die Unterstellung, dass sie sich die Schmerzen vor allem einbilden, hat Tradition. 2018 wurde Fachliteratur zu Schmerzmanagement untersucht, welche bestätigte, dass der normale Umgang mit Schmerzen der männliche sei. Dieser wurde häufig definiert als stoisches Verhalten, wenig Kommunikation und eine dadurch vermeintlich höhere Schmerztoleranz. Frauen* werden daran gemessen und stellen damit zugleich eine Abweichung von der Norm da. Eine Norm, welche Frauen* seit ihrer Schaffung nicht einbezogen hat (*Androzentrismus*), weiter unten mehr dazu. Frauen* mit chronischen Schmerzen wurden häufiger als emotional oder hysterisch beschrieben oder es wird ihnen gleich unterstellt, dass sie sich den Schmerz nur einbilden. Folglich werden Frauen* aufgrund gesellschaftlicher Erwartungen in ihrer Symptombeschreibung nicht ernst genommen, was zu Hilflosigkeit und Stress führen kann, die die Situation verschlimmern. Es kann sogar dazu führen, dass Frauen* dem medizinischen Personal mehr Glauben schenken als ihren realen Schmerzen.[10]

Auch Arthrose im Knie bereitet häufiger Frauen* Probleme, dennoch nutzen diese einen operativen Gelenkersatz weniger häufig als Männer*. Ob das durch eigenen Wunsch, ärztliche Empfehlung oder aus anderen Gründen geschieht, wissen wir nicht.[11] Bei allen Geschlechtern hilft Krafttraining, so übernimmt die Muskulatur wichtige Haltearbeit und entlastet die geschundenen Gelenkflächen.

Darüber hinaus sind Frauen* doppelt so häufig von *Autoimmunerkrankungen* betroffen wie Männer.[12] Eine Ursache dafür ist noch nicht bekannt. Eine dieser Erkrankungen ist die *Multiple Sklerose* (MS). Jüngst wurde herausgefunden, dass MS 32-mal häufiger entwickelt wird, wenn zuvor eine Infektion mit dem

Epstein-Barr-Virus vorgelegen hat. Dieser soll eine Kette von Mechanismen lostreten, ist also ursächlich für eine spätere MS, aber nicht alleiniger Faktor.[13] Der Verlauf einer MS kann durch eine Schwangerschaft positiv beeinflusst werden, was für eine hormonelle Beteiligung am Krankheitsgeschehen spricht – oder in der körperlichen Widerstandskraft dagegen.[14] Darum experimentiert man heute auch mit Östrogenen in der Behandlung von MS. Neben dieser unterschiedlichen Häufung biologischer Unterschiede gibt es auch Dinge zu beachten, wenn wir in das System Mensch, z. B. in Form von Medikamenten eingreifen. Denn auch die Wirkweise unterscheidet sich bei den Geschlechtern – und das sollte in der Erforschung eine Rolle spielen.

Auch in der medikamentösen Behandlung gibt es Unterschiede: Um vor einem *Schlaganfall* geschützt zu sein, hilft bei Frauen* z. B. Acetylsalicylsäure (ASS / Aspirin) mit seiner Eigenschaft als Blutverdünner – bei Männern* schützt dieses Medikament besser vor einem Herzinfarkt als vor einem Schlaganfall. Es gibt also einen frappierenden Unterschied in der Wirksamkeit, und bisher ist weitestgehend unbekannt, weshalb das so ist. Eine mögliche Ursache könnte sein, dass Medikamente von Körpern unterschiedlich verstoffwechselt werden. Die Entleerung des Magens erfolgt bei weiblichen Normkörpern im Schnitt langsamer, Nahrung und Medikamente bleiben also länger im Magen, dank Franca weiß ich auch jetzt, warum: daran ist u. a. Progesteron schuld. So werden nach dem Eisprung und für etwaige Schwangerschaften mehr Nährstoffe aufgenommen. Problematisch wird es dann, wenn in dieser Zeit etwas Reizendes oder Schädliches länger im Magen bleibt. So führen Entzündungshemmer ohne Kortison (z. B. ASS / Aspirin) zu Reizungen an den Schleimhäuten des Verdauungstraktes, weshalb Frauen* häufiger an Magenblutungen leiden. Allerdings ist das Risiko, eine solche Nebenwirkung zu bekommen, kleiner als der schützende Effekt, um einem Schlaganfall vorzubeugen. Zurück zum Menstruationszyklus: Kommt es nicht zur Befruchtung, betritt Prostaglandin die Bühne und sorgt für Krämpfe in der Muskulatur von Gebärmutter *und* Darm, das Resultat: Durchfall.

Apropos Nebenwirkungen: Gebärfähige Menschen nehmen seit Jahrzehnten die Anti-Baby-Pille trotz schlimmer Nebenwirkungen, weil eine potenziell ungewollte Schwangerschaft das größere Übel ist. Aber nur weil sie bisher leidensfähig waren, heißt es nicht, dass wir diese Tradition fortsetzen müssen.[15]

Teilweise kosten die Nebenwirkungen von Medikamenten Menschenleben: Zwischen 1997 und 2000 hat die amerikanische Zulassungsstelle für Medikamente FDA (Food and Drug Administration) zehn Medikamente wieder vom Markt genommen, weil diese sich als gefährlich oder sogar tödlich herausgestellt hatten. Acht davon lösten vermehrt Nebenwirkungen bei Frauen* bis hin zum Tod aus.[16] Eine aktuelle Liste von Medikamenten für Deutschland, bei denen Geschlechterunterschiede bekannt sind, ist auf der Webseite des Verbandes der forschenden Arzneimittelhersteller zu finden.[17]

Männer* und Frauen* zeigen also bei denselben Krankheiten unterschiedliche Symptome, sind unterschiedlich häufig von Krankheiten betroffen und darüber hinaus wirken Medikamente zu ihrer Behandlung unterschiedlich (stark), inklusive etwaiger Nebenwirkungen.

Doch damit nicht genug: Unterschiede beschränken sich nicht nur auf die physiologische Ebene. *Psychische Störungen* treten zwar etwa gleich häufig bei Männern* und Frauen* auf. Bei Frauen* dominieren dagegen depressive Störungen und Angststörungen sowie Essstörungen. Bei Männern* sind es häufiger Substanzmissbrauch und -abhängigkeit, Störungen der Impulskontrolle und antisoziale Persönlichkeitsstörungen.[18,19] Menschen, die der binären Form von männlich und weiblich nicht entsprechen, haben ein noch mal höheres Risiko, eine psychische Erkrankung zu bekommen. Dies wird vor allem auf Stress zurückgeführt, u. a. weil diese Personen ständig diskriminiert werden.

Bis zur Pubertät verteilen sich *Depressionen* bei Jungen* und

Mädchen* etwa gleich häufig. Speziell junge Frauen*, trans* und inter* Menschen haben das höchste Risiko, an einer Depression zu erkranken, und das weltweit. Auch die Suizidrate von trans* und inter* Menschen ist sehr viel höher.[20] Speziell während der Corona-Pandemie wurden mehr Depressionen bei Mädchen* diagnostiziert. Ab dem 18. Lebensjahr sind es etwa doppelt so viele Frauen* wie Männer*, die unter Depressionen leiden, diese Werte nähern sich ab dem 65. Lebensjahr wieder an und gehen insgesamt zurück. Weltweit ist es sogar die Erkrankung mit der höchsten Leidensrate von Frauen*; eine besondere Sensibilität von Östrogenrezeptoren wird als Ursache vermutet oder auch eine veränderte Reaktion auf Progesteron. Unterstützt wird diese Vermutung durch gehäuftes Auftreten von depressiven Episoden und Depressionen mit abfallendem Östrogen- und Progesteron-Level vor der Menstruation und in den Wechseljahren.[21]

Ein wichtiger Aspekt dieser psychischen Unterschiede ist, dass Männer* weniger oft nach Hilfe fragen bzw. es in der gesellschaftlichen Rolle als Mann* vielleicht gar nicht möglich ist, Schwäche anzuerkennen und auszuhalten. Wenn Männern* beigebracht wird, dass «Heulsusen» es nicht weit bringen, werden damit Menschen, die ihre Gefühle anerkennen und zum Ausdruck bringen, als weiblich und damit schwächer dargestellt. Dies hat System und Tradition, weshalb es schwer ist, diese Muster zu hinterfragen. Es verdeutlicht aber auch gleich eindrucksvoll die Hierarchie der Geschlechter und ist ein Indiz für geschlechtliche Diskriminierung, welche Frauen* schadet, weil sie im Vergleich zu Männern* als minderwertig angesehen werden. Vor allem bei der Betrachtung von Selbsttötungen fällt auf, dass Männer* sehr viel häufiger betroffen sind als Frauen*. Männer* wählen öfter endgültige Methoden und isolieren sich in vielen Fällen, um ihren Plan umzusetzen. Eine Erklärung bietet die gesellschaftliche Annahme, dass Männer* qua Geschlechtsdefinition autonom sind und keinerlei Hilfe bedürfen. Das erhöht die Hürde, im Falle von Depressionen vermeintliche Schwäche in sich zu akzeptieren, diese zeigen zu können und sich Hilfe zu suchen.[22] Anzeichen einer Depression können unter anderem Aggression, fehlende Impulskontrolle, Erektions- und Schlafstörungen sein.

Wenn wir über Geschlecht sprechen, denken die meisten «Mann und Frau». Die beschriebenen Krankheitsbilder und Unterschiede machen deutlich, dass *Geschlecht* in der Medizin mehrere Ebenen hat. Es spielt die Häufigkeit von Erkrankungen eine Rolle, welche genetisch bedingt sein können, wie dünnerer Gelenkknorpel oder Autoimmunerkrankungen. Aber auch gesellschaftliche Erwartungen und Rollen tragen dazu bei, unser Gesundheitsverhalten oder das des medizinischen Personals zu beeinflussen. Im Deutschen gibt es den Oberbegriff Geschlecht, der sowohl das körperliche Geschlecht (Gene, Gonaden und Genitalien) als auch psychische Aspekte und Rollenbilder beinhaltet. Im Englischen wird dabei zwischen *sex* (körperliches Geschlecht) und *gender* (soziokulturelles Geschlecht) unterschieden, dennoch wird die Fachrichtung *gender medicine* genannt. Im Deutschen empfiehlt es sich, von geschlechterspezifischer oder geschlechtersensibler Medizin zu sprechen.

Der biologische Aufbau des Körpers umfasst in der medizinischen Definition 3G: Gene, Gonaden und Genitalien.

Die *Gene* sind die kleinsten Bausteine in allen Zellen des Körpers. Sie tragen den gesamten Aufbauplan aller Organe in sich und werden dem Embryo von den Eltern mitgegeben. In der Regel gibt es ein doppeltes X-Chromosom für einen Körper, der in der Lage ist, Kinder auszutragen und zu gebären. Der überwiegend andere Körpertyp hat in der Regel ein X- und ein Y-Chromosom. Das Y-Chromosom enthält den Bauplan für die Hoden, die wiederum Testosteron produzieren, das dann die pränatale Entwicklung in Richtung Penisentwicklung schubst.

Ein weiterer Teil des körperlichen Geschlechts sind die Keimdrüsen oder *Gonaden* in Form von Hoden- und Eierstockgewebe. Neben der eben erwähnten pränatalen Entwicklung gibt es einen weiteren Hormonschub in der Pubertät, der dafür sorgt, dass die

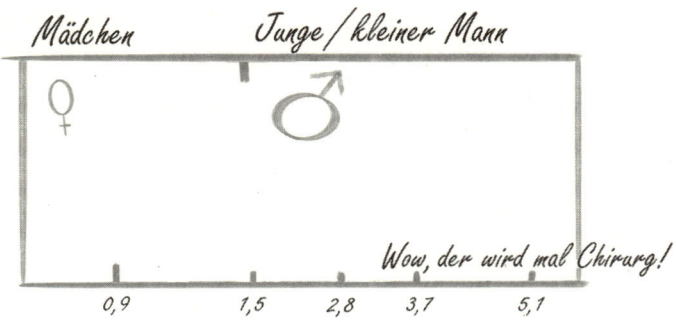

primären und sekundären Geschlechtsmerkmale (Körperbehaarung, Brustgewebe, Größe der Geschlechtsorgane) voll ausgebildet werden.

Das bringt uns zum *genitalen Geschlecht* und seinen Tücken. Kurz nach der Geburt blickt das medizinische Personal auf das äußere Genital des Neugeborenen. Ab einer Penislänge von 2,5 Zentimeter wird «Junge» in der Geburtsurkunde eingetragen, bei Vorhandensein einer Klitoris, die kleiner ist als 0,9 Zentimeter, «Mädchen». Bei Menschen, deren Organe sich zwischen diesen Werten befinden, wird von Varianten der Geschlechtsentwicklung oder Intergeschlechtlichkeit gesprochen. Selbst bei einer sehr vorsichtigen Schätzung gibt es weltweit knapp 75 Millionen Menschen, deren Geschlecht bei der Geburt zwischen den Normwerten für Mädchen und Jungen liegt! Schätzungen aus den USA gehen davon aus, dass etwa eins von 2000 Babys nicht in die Metrik passt.[23] Auf Deutschland bezogen wäre das knapp ein intergeschlechtliches Baby am Tag. Einen satirischen Blick auf dieses dramatische Thema bietet das Phall-O-Meter, welches von Kiira Triea geschaffen wurde (danke, Franca, für die deutsche Variante oben!).[24]

Neben diesen körperlichen Faktoren besitzen wir auch ein *soziales Geschlecht.* Es ist geprägt von der vorherrschenden Kultur und gliedert sich grob in zwei Teile: die Geschlechterrolle und die Selbstidentifikation.

Unsere Gesellschaft wird durch Geschlecht stark strukturiert, und schon kleine Kinder lernen schnell, dass Rosa für Mädchen* ist und ein Bagger für Jungs*, wenn nicht durch die Eltern, dann spätestens vom erweiterten Umfeld, von Nachbar*innen, Freund*innen, Erzieher*innen oder anderen Kindern. Diese antrainierten *Geschlechterrollen* beeinflussen auch unser Gesundheitsverhalten. So ist die durchschnittlich niedrigere Lebenserwartung von Männern* in der Gesellschaft vor allem ein Ergebnis sozialer Faktoren. Denn bei einem Vergleich von Nonnen und Mönchen mit der restlichen Gesellschaft fällt der Unterschied sehr viel geringer aus.[25] Geschlechterrolle und biologische Faktoren entscheiden über unsere Gesundheit.

Die wenigsten Menschen denken darüber nach, welches Geschlecht sie haben. Sie identifizieren sich mit dem Geschlecht, welches ihnen bei der Geburt zugewiesen wurde. Bei diesen Menschen wird von cis Frau bzw. cis Mann gesprochen. Cis stammt aus dem Lateinischen und bedeutet «diesseits». Wenn ein Mensch nicht das bei Geburt zugewiesene Geschlecht ist, wird das transident oder transgeschlechtlich, kurz trans oder trans* genannt (das Sternchen ist bei Letzterem Bestandteil des Wortes und bietet Raum für die unbekannte Vielfalt bei diesem Thema).

Dass Geschlecht mehr als zwei Ausprägungen hat, ist eine schwierige Tatsache, denn es ist sehr eng mit unserer Identität verknüpft und gibt sowohl Sicherheit für das Individuum selber als auch Struktur und Ordnung für die Gesellschaft drum herum. Die Existenz von trans* und inter* Menschen zeigt unsere engen gesellschaftlichen Vorstellungen, und dafür sind wir ihnen zu Dank verpflichtet. Ihr steter Kampf für Selbstbestimmung und gesellschaftliche Anerkennung sowie ihre Mitwirkung in Studien bringen uns z. B. Erkenntnisse dazu, welche Wirkung Östrogene und Androgene in der Schmerzverarbeitung haben.[26,27]

Wie kommt es eigentlich, dass in weiten Teilen der Welt angenommen wird, dass es nur zwei alternativlose Optionen gibt? Wann immer wir die Welt betrachten, tun wir dies nicht unvoreingenommen, sondern sind geprägt durch das, was bereits da ist. Unser Verhalten prägt unser Empfinden von Normalität, und wenn in unserer Wahrnehmung fest verankert ist, dass es nur zwei Geschlechter und keinerlei Abweichungen davon gibt, dann ist es schwierig, diese Überzeugung wieder loszulassen. Das passiert auch, wenn unsere Annahmen zu Männern oder Frauen unsere Forschung färben, wie wir ihre Erfahrungen einordnen und ob wir sie überhaupt wahrnehmen. Diese sogenannte Geschlechtsverzerrung wird darauf zurückgeführt, dass Forschung und Wissensgenerierung von Menschen mit sexistischen Ansichten gemacht wurde und teilweise noch genauso weiter gemacht wird. Wobei Sexismus sowohl bewusst als auch unbewusst stattfinden kann. Dabei fließen persönliche Erfahrungen und Überzeugungen in wissenschaftliche Forschung ein, die gesellschaftlichen Überzeugungen entsprechen und nicht der eigentlich vorhandenen Biologie.

Dieser Sexismus wird auch Gender Bias genannt. Drei Formen davon sollen hier kurz besprochen werden: der Androzentrismus, die Geschlechtsinsensibilität und der doppelte Bewertungsmaßstab.[28]

Androzentrismus: Andro stammt aus dem Griechischen und bedeutet Mann. Andro taucht unter anderem in dem Namen Andreas auf oder in dem Wort Androide. Wie würde ein weiblich geformter Androide heißen? Korrekt heißt es Gynoid. Ich hatte das vor der Recherche zu diesem Buch noch nie gehört. Es ist aber ein passendes Beispiel dafür, dass es sich in unserer Welt häufiger um Männer dreht als um Frauen. Dieser Androzentrismus hat ganz konkret gefährliche Auswirkungen, so werden z. B. die meisten Crashtests mit Dummies gemacht, welche dem männlichen Körper in Gewicht, Größe und Form nachempfunden sind. Das macht Sicherheitsgurte für weibliche Körper weniger passend, da z. B. durch ihre eher geringere Größe der Sitz des Gurtes nicht passend ist, oder die Existenz von Brüsten nicht eingeplant. Bereits in den 1970er Jahren wurden weibliche Modelle entwickelt, aber breitflächig im Einsatz sind sie noch nicht. Genauso sollten auch Forschungsvorhaben, die Ergebnisse für unterschiedliche Geschlechter hervorbringen sollen, auch an diesen untersucht werden. Es kann nicht so weitergehen, dass vor allem an männlichen Zellen, Mäusen und Männern geforscht wird. Auch wenn es in der Regulierung schon einige Fortschritte gibt.

Während der Androzentrismus den männlichen Körper als Norm zugrunde legt, wird bei der *Geschlechterinsensibilität* Geschlecht gar nicht erst als relevant eingestuft. So gibt es Studien, welche das Geschlecht der Teilnehmer*innen nicht erfassen, oder, wenn doch, welche Art von Geschlecht (körperlich, sozial, genetisch, hormonell) sie zugrunde legen.

In der deutschen Sprache nutzen wir in der Mehrzahl meist die maskuline Form, diese soll eine neutrale sein. Dabei ist inzwischen nachgewiesen, dass bei dem vermeintlich geschlechtsneutralen Gebrauch des Maskulinums z. B. Patienten, Lehrer, Studenten etc., auch primär an Männer* gedacht wird. Sprache beeinflusst unser Bewusstsein.[29] Häufig wird auch von Frauen selbst postuliert, dass sie sich mitgemeint fühlen, im Experiment wird diese Aussage widerlegt.[30]

Wenn die gleiche Situation vorliegt und Menschen aufgrund ihres Geschlechts unterschiedlich behandelt werden, wird es *doppelter Bewertungsmaßstab* genannt. Das passiert häufig auf einer unbewussten Ebene. So kam jüngst heraus, dass Frauen*, die von Chirurgen operiert wurden, eine 15 Prozent höhere Chance hatten, Komplikationen zu erleiden. Noch höher ist die Wahrscheinlichkeit, die Operation nicht zu überleben: Sie erhöhte sich auf 32 Prozent.[31] Wenn also z. B. nach einer Kardiothorax-Operation durch eine Ärztin durchschnittlich eine von 100 Frauen* verstarb, waren es nach der Operation durch einen *Arzt* 1,4.

Diese Form der Diskriminierung und Benachteiligung geschieht nicht nur Frauen* gegenüber, sondern auch Behinderten, Menschen mit dunkler Hautfarbe oder Migrationshintergrund. Im Falle Letzterer gibt es für diese rassistische Einstellung sogar einen Begriff, mit dem medizinisches Personal das Verhalten dieser Patient*innen beschreibt: *Morbus mediterraneus*. Dabei wird unterstellt, dass die Betroffenen übertreiben, weil sie unserem (westlich geprägten) Empfinden nach besonders theatralisch und unspezifisch über ihren Schmerz berichten. Dabei gibt es nicht nur individuelle und geschlechtsspezifische, sondern auch kulturelle Unterschiede im Umgang mit und der Äußerung von Schmerz. Anstatt sich also die Mühe zu machen, sich mit komplexen und/oder unspezifischen Erkrankungen auseinanderzusetzen, werden die Schmerzen mit diesem Begriff als «Theater» abgetan und nicht ernst genommen.

Alle, auch ich, habe diskriminierende Denkstrukturen und Vorannahmen – denn die Vorurteile in meinem Kopf sind lange trainiert und werden ständig in meiner Umgebung reproduziert. Aber weil ich mir das eingestanden habe, kann ich meinen eigenen diskriminierenden Verhaltensweisen auch versuchen Einhalt zu gebieten und mich darin üben, offen zu bleiben und Menschen nicht vorab zu verurteilen.

Die beschriebenen diskriminierenden Muster schwappen vom Alltag auch in die mutmaßlich neutrale Computerwissenschaft. Im Fall der geschlechtersensiblen Medizin besteht ein Datenmangel, es fehlen besonders viele Daten zu und über Frauen*, auch *Gender-Data-Gap* genannt. Dieser Mangel an Daten sowie das mangelnde Bewusstsein für die gesellschaftlich vorherrschende Diskriminierung wird noch mal pikanter, wenn wir annehmen, dass Maschinen und Algorithmen nicht frei davon sind. Wenn allerdings der zugrunde liegende Datensatz verzerrt ist, werden auch die errechneten Wahrscheinlichkeiten oder Muster diese Verzerrung bzw. Diskriminierung fortsetzen; das wissen wir aus Jonas Betzendahls Kapitel.

Wenn wir das alles wissen und erkannt haben – warum ist das noch immer so? Das Thema stellt unser Weltbild auf den Kopf. Die Perspektive auf Frauen*körper und -gesundheit wurde über Jahrhunderte von Männern* geprägt, bis ins späte 19. Jahrhundert durften Frauen* nicht Medizin studieren. Also wurde, wie wir gerade gelernt haben, der männliche Körper und seine Werte als Norm definiert (Androzentrismus), darauf basierende Erkenntnisse auf weibliche Körper übertragen (Geschlechterinsensibilität) und dann basierend auf dem Geschlecht andere Entscheidungen getroffen (doppelter Bewertungsmaßstab).

Es ist kompliziert: Mal ist Geschlecht super wichtig und identitätsstiftend, hat Einfluss auf körperliche Prozesse, aber dann ist es irgendwie nicht wichtig genug, um es überall wissenschaftlich sauber zu definieren und entsprechend abzufragen. Wir sollten damit konsequent anfangen, und Sprache ist da ein guter Einstieg, damit wir nicht in einigen Jahrzehnten zurückdenken und voll blankem Entsetzen auf ähnliche Modelle wie das Folgende starren: Lange Zeit wurde die Vagina als eingestülpter Penis interpretiert und musste zur «Beruhigung» des eigens entwickelten Krankheitsbildes der «Hysterie» regelmäßig «mit Sperma befüllt»

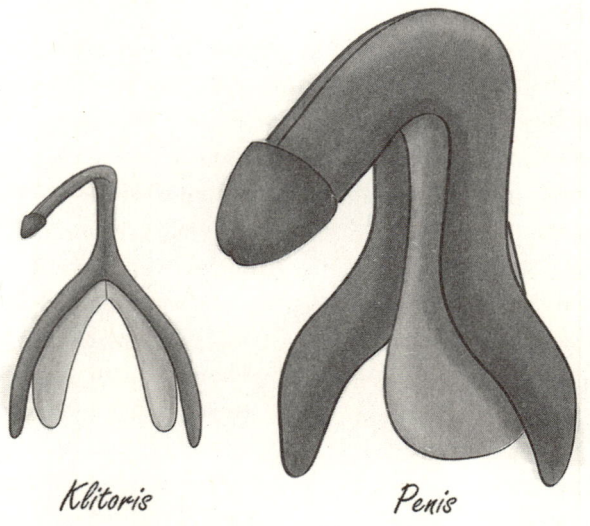

Klitoris   *Penis*

Die Inspiration zu dieser Grafik kommt vom Vagina Museum und einer Darstellung von Hilde Atalanta im Buch «This is your Body» (2021)

werden. Auch heute ist die korrekte Darstellung weiblicher Anatomie, z. B. die Darstellung der vollständigen Klitoris (mit Vorhaut, Eichel bzw. Kitzler und ihren großen Schwellkörpern) Mangelware – empfohlen sei an dieser Stelle der *Wikipedia*-Artikel über die Klitoris.

Bildliche Darstellungen in medizinischen Lehrbüchern zeigen überwiegend männliche Körper, selbst wenn das Krankheitsbild auch weibliche Körper betrifft. Ein Kardiologie-Lehrbuch zum Thema Herzinfarkt rät, «beengende Kleidungsstücke (Hemd mit engem Kragen, Krawatte)» zu entfernen. Hand aufs Herz: Wer hat sofort an den BH gedacht?[32] Aber wäre es uns ohne dieses Kapitel auch aufgefallen? Es ist leider nur ein Beispiel von vielen, und leider finden die Erkenntnisse der geschlechtersensiblen Medizin nur langsam ihren Weg in den (medizinischen) Mainstream.

Eine Befragung von Professorinnen (ja, es waren tatsächlich nur Frauen*) ergab, dass sie viel Gegenwind von Kolleg*innen erfahren, wenn es um Erkenntnisse der geschlechtersensiblen Medizin geht. Eine erklärte es damit, dass es für praktizierende Ärzt*innen sehr unangenehm sei zu realisieren, dass sie ihre Patientinnen (es ging um Herzinfarkte bei Frauen*) der letzten zehn oder 20 Jahre nicht richtig behandelt haben; ja eventuell sogar für deren Tod verantwortlich seien. Dieses Scham- und Schuldgefühl blockiert Fortschritte in diesem Bereich, und Techniken der Auseinandersetzung und Lösungsfindung müssen wir alle lernen, so wie beim Umgang mit der Klimakrise. Ignorieren ist keine Lösung.

Ein weiterer Aspekt sind Konkurrenzkämpfe und Ressentiments: Die Differenzierung von Geschlecht innerhalb der Medizin ist ein wichtiger Faktor und muss weiter untersucht werden, anstatt in die «Gedöns»-Ecke gestellt zu werden. Wie das gelingen kann, habe ich im Folgenden in Form von Wünschen formuliert. Gleichstellung ist im Grundgesetz verankert, also sollte sie es auch in der Medizin sein. Denn es gilt, das Kostbarste zu bewahren: Leben.

Wünsche an Entscheidungsträger*innen
- Gleich viel Forschungsgelder für Frauen* und Männer*
- Verpflichtende Integration von Geschlecht in der Forschung, auch auf der Ebene von Zellen und Tiermodellen
- Medikamente müssen für alle sicher und wirksam sein
- Schließen der Gender-Data-Gap
- geschlechtersensible Medizin, welche auch trans* und inter* Menschen einschließt, als verpflichtender Teil der medizinischen Ausbildung und Berufsfortbildungen
- Reflektiertes Forschen: Prüfung von Gender Bias in allen Forschungsschritten und der eigenen Perspektive
- Aufschlüsselung der Ergebnisse: geschlechtlich getrennt und Subgruppen-Analysen

Meine Wünsche an Lernende in medizinischen Berufen
- Fragt Dozierende nach geschlechtersensiblem Wissen

Meine Wünsche an medizinisches Personal
- Aktives Zuhören: schenkt den Berichten von Patient*innen mehr Glauben, speziell Frauen* mit Schmerzen
- Reflektiertes Verhalten: prüft, ob ihr Vorurteile habt (Geschlecht, Hautfarbe, Gewicht, Herkunft, Bildung ...)
- Barrierefreiheit: Fachbegriffe sind eine Barriere für Laien; schulen wir unsere Patient*innen, Verantwortung für die eigene Gesundheit übernehmen zu *können*.

Meine Wünsche an Patient*innen, also uns alle
- Werden wir zu Expert*innen unserer eigenen Gesundheit und fragen so lange, bis wir die Mediziner*innen verstehen.

Es bleibt ein Teufelskreis: Ohne ausreichende Sensibilisierung haben wir weiterhin zu wenige Daten. Durch die fehlenden Daten wird der Anschein aufrechterhalten, dass keine Notwendigkeit besteht, Daten zu erheben. Das muss sich dringend ändern!

Weiterreise

Männer sind stoisch, Frauen emotional und alle Herzinfarktpatienten tragen Krawatten. Sieht aus, als müssten wir uns, neben unserer Liebe zum Status quo, auch von dem einen oder anderen Weltbild lösen. So lange, bis wir tatsächlich anerkennen, wie bunt und komplex Geschlecht ist. Auch unser eigenes. Kein Wunder, dass uns das nervös macht! Je eher eine Vorstellung mit unserer Identität verknüpft ist, desto beharrlicher beißen wir uns daran fest (*Identity Protective Cognition*). Und Humanwissenschaften haben immer etwas mit unserer Identität zu tun. Humanwissenschaften sind *persönlich*.

Das heißt, man kann eigentlich nichts Neues über den Menschen rausfinden, ohne dafür gleichzeitig ein paar alte Ideen zur Seite zu räumen. Über Adam, Eva, die Säftelehre, Männer, Frauen oder den wandernden Uterus. Dagegen darf die Physik wenigstens ab und zu in ein erzählerisches Vakuum tappen («Natürlich fallen Gegenstände runter, was sollten sie sonst tun?»). Über die paar Male, die sie sich mit der biblischen Planetenlehre angelegt hat, reden wir heute noch. Dabei gibt es natürlich wenig an unserer Identität, das uns mehr beschäftigt, als die Frage, wer nicht dazu gehört. So, wie sich viele Deutsche im Ausland lieber zur Schuld an mehreren Weltkriegen bekennen als zu Bayern.

Zu blöd, dass auch Wissenschaftler*innen ihre Identitäten und deren Ausschlusskriterien immer mit sich rumtragen. Noch blöder, wenn sie genauso wenig bereit sind, daran zu rütteln. Unsere großen deutschen Medizinkoryphäen waren z. B. felsenfest davon überzeugt, Frauen könnten nicht studieren. Und als dieselben Frauen in Zürich sehr erfolgreich studierten, hinterfragten die Koryphäen weniger ihr Frauenbild als die Schweiz. Der große Neurowissenschaftler Paul Broca ließ sich ebenso wenig von seiner

Idee abbringen, dass Gehirne von Verbrechern kleiner sind. Jeder Beweis des Gegenteils ... war halt beim Hängen geschwollen! So. Sein eigenes Gehirn war bei der Obduktion übrigens kleiner als der Durchschnitt. Genie schützt vor Bias nicht, und bevor die gleichen Leute noch was Rassistisches sagen, schließen wir lieber schnell die Tür zu. Ich würde ja gern sagen, damit haben wir solche kruden Ideen komplett hinter uns gelassen, aber googelt mal «IQ Forschung, Kontroversen».[1]

Merke: Forschung, die ihre eigenen Annahmen nicht hinterfragt, bringt weniger Fortschritt als ein paar lateinisch klingende Begründungen für Ressentiments.

Es gibt einige Mittel und Wege, die genau so was verhindern sollen und versuchen, die eigene Annahmen aus der Forschungsarbeit rauszuhalten. Beim *doppelblinden* Design z. B. wissen Forschende bis zum Ende der Analyse nicht, welche Daten zu welcher (Placebo-)Gruppe gehören. Ich weiß noch die Auflösung bei meiner ersten Studie, als ich feierlich erfahren durfte, was Oxytocin *wirklich* tut. Nämlich nicht das, was ich gehofft hatte (und ehrlich gesagt auch sonst nicht sehr viel, aber wir wissen ja schon, dass auch das zur Wissenschaft dazugehört).

Aber es gibt wahrscheinlich keine effektivere Methode, Biases und Gruppendenken entgegenzuwirken, als die Gruppe zu öffnen. Wissenschaft zugänglich zu machen für unterschiedlichste Menschen jeden Aussehens, Hintergrunds oder Geschlechts. Uns aktiv zu bemühen, sie von sexistischen, rassistischen Hürden zu befreien – und wo wir schon dabei sind, auch von Arbeitsbedingungen, die sie ohne finanzielles Polster unmöglich machen. Wozu haben wir denn am Anfang mal gesagt, wie enorm toll es für unsere Fähigkeit zur Problemlösung ist, dass wir heute auf Forschung aus aller Welt zählen können, nur um dann nicht gleich alle Barrieren einzureißen?

Nicht auszudenken, wie viel besser und größer unser Wissensberg heute sein könnte, wenn wir nicht ständig beschlossen hätten, Teile davon zu ignorieren. Nur um dann ein paar Jahrhunderte später peinlich berührt einzuräumen, dass die Original-einwohner von Australien und Amerika vielleicht doch ein paar ganz hilfreiche Ideen dazu hatten, wie Waldbrandverhinderung auf ihrem eigenen Land geht (wer hätte auch gedacht, dass man Feuer mit – kontrolliertem – Feuer bekämpft). Eine der ersten er-folgreichen Anästhesien fand in Japan statt; aus Uganda gibt es Aufzeichnungen über einen Kaiserschnitt, der schon 1879 Kind *und* Mutter rettete. Auch die Idee, die hinter dem Penizillin steckt, kannten arabische und ägyptische Medizin schon eine ganze Weile. Letztere hätten außerdem eine Menge zu Fruchtbarkeit und Verhütung beizusteuern gehabt, aber da waren die Europäer, wie wir gerade gelernt haben, mit ihren eigenen genialen Ideen zur Frauenmedizin schon sehr beschäftigt («Schönen Dank auch, aber wir mögen unsere Idee vom eingestülpten Penis!»). Auch wenn indische Hochzeitsgesellschaften Braut und Bräutigam mit Kurkuma einreiben, wirkt das praktischerweise antibakteriell. Möglicherweise auch gegen Pickel.

Dabei hätte eigentlich der Blick vor die eigene Haustür ge-reicht, um zu wissen, dass Wissen oft in unterschätzten Köpfen steckt. Unter den ersten Charité-Ärzten waren eine Menge arme Stipendiaten (Virchow, der mit Krankheit ringt, genauso, wie Behring, der Retter der Kinder und/oder Soldaten). Die Idee zum Agar, auf dem Robert Koch seine Bakterien wachsen ließ, hatte eine Laborantin, die sich an ihr Wackelpudding-Familienrezept erinnerte. Dank bekam Fanny Hesse natürlich keinen, aber der Agar-Geruch hängt heute noch weltweit in den Laboren. Über-haupt hat der Aufstieg der Wissenschaft aus den skurrilen Tiefen vielleicht auch damit zu tun, dass sich zu den Männern mit großen Egos und scharfen Messern langsam wieder die Frauen gesellten, die sie mit der Aufklärung verdrängt hatten, und die so radikale Ideen mitbrachten wie die Wichtigkeit von Pflege, Zweifel und einem Minimum an Hygiene. (In der Reihenfolge: Agnes Karll, Elizabeth Blackwell und Florence Nightingale. Wahlweise auch Hope Bridges Adams oder die Hebammen, die Ignaz Semmelweis zu seiner Forschung zum Händewaschen inspirierten).[2] Diverse Gruppen treffen bessere Entscheidungen.

Dass Forschung heute nur noch manchmal ein Club bärtiger weißer Männer ist, ist schon mal ein großer Schritt für unsere Fähigkeit zur Problemlösung. Aber es gibt noch so viele Grenzen und veraltete Vorstellungen zu überwinden! Nicht nur über andere, sondern auch über uns selbst. Womit wir bei meinem eigenen Forschungsgebiet wären.

FRANCA PARIANEN

Der Verstand wird allgemein überschätzt: Wie wir eine Welt bauen, in der sich Hirn und Hormon wohlfühlen

Das Spannende an Hormonen und Hirn ist, dass sie alles miteinander verbinden. Kopf und Körper, Bio- und Psychologie und damit auch Mensch und Gesellschaft. Wenn dann noch soziale Neurowissenschaft hinzukommt, also die Forschung dazu, was passiert, wenn zwei Gehirne aufeinandertreffen (oder eben, was Hormone damit zu tun haben), hat man das ideale Forschungsgebiet für Menschen mit Entscheidungsschwierigkeiten.

Wenn wir auf die Neurowissenschaften hören würden, würden wir den Menschen selbst mehr in die Mitte all unserer Überlegungen zur Zukunft stellen. Kein Wunder, denn er steht ja bereits in der Mitte unserer Forschung. Damit kennen wir uns also aus.

Jetzt könnte man fragen, ob der Mensch nicht schon genug im Mittelpunkt steht. Immerhin spricht man vom aktuellen Zeitalter buchstäblich als «dem Anthropozän» – und wir wissen inzwischen, was das anrichtet. Aber die Ironie ist: Es gefällt ja nicht mal *uns*. Seit Jahren steigt auch in reichen Ländern die Zahl an Menschen, die sich unzufrieden, depressiv, ängstlich, ausgebrannt oder allgemein überfordert fühlen. Auch die Lebenserwartung bewegt sich nach 100 Jahren Fortschritt vielerorts wieder nach *unten*. Das heißt, wir haben den Planeten rabiat in unserem Sinne gestaltet und geben dem Ergebnis höchstens zwei von fünf Sternen.

Also, wie baut man eigentlich eine Welt für Menschen? Die Modelle, auf die sich Politik aktuell stützt, können uns dabei wenig helfen: Das Bruttosozialprodukt misst den Gesamtwert aller Waren und Dienstleistungen. Wenn wir alle zum Therapeuten müssen, steigt es also an. Auch der Homo oeconomicus hat wenig Platz für menschliche Eigenschaften jenseits von Verstand und Logik. Passend zum Rest der Wissenschaft, der auch lange alles suspekt fand, was über pure Vernunft hinausgeht. Gefühle sind grundsätzlich sehr nah dran an Gebärmüttern und Gedöns. Das, was wir darüber wissen, über die Amygdala, Dopamin und den Einfluss von Darmbakterien auf die Psyche, wirkt für ein grobes Modell dann doch zu kompliziert.

Stattdessen kompartmentalisieren wir große Teile unseres Selbst. So, wie wir's ganz am Anfang mal mit dem Klima gemacht haben. Klar wissen wir *theoretisch*, dass Menschen komplexe Wesen sind, mit Hoffnungen, Träumen und Körpern, aber in diesem Modell rechnen wir der Einfachheit halber lieber mit Arbeitskräften, und von denen erwarten wir vor allem, dass sie im Büro sind. Aber dann kommt eine Pandemie und die Leute stecken sich dort an oder kurieren sich nicht aus oder haben plötzlich so was wie Kinder, die so was wie Betreuung brauchen. Und wenn die Arbeitskräfte dann doch endlich zurückkommen, ist ihre Konzentration weg, weil der Stress die kognitiven Ressourcen frisst oder weil es in diesem quälend langen Corona-Winter kein Leben außerhalb des Büros gibt. Von der drückenden Hitze, die ab jetzt in jedem Sommer droht, ganz zu schweigen. Aber davon merken wir gerade nicht mehr viel, denn alle sind ja wieder am Arbeitsplatz und unser Modell verkündet «Normalität». Selbst Selbstständige planen ihr eigenes Produktivitätslevel gern als Konstante. Dabei sind Menschen in der Konsistenz ihrer Leistung weniger wie Büro-Rechner als wie Topfpflanzen. Mit dem Unterschied, dass wir bei Topfpflanzen darauf *achten*, ob sie genug Licht und Wasser haben.

Kein Wunder, dass wir die Welt ziemlich häufig an unseren Bedürfnissen vorbei bauen. Aber mehr noch, in anderen Bereichen bauen wir direkt dagegen an. Beispiel gefällig? Nehmen wir Zuneigung. Das wunderbare Gefühl, das es uns erlaubt, andere Leute auf dem Sofa direkt neben uns zu tolerieren und uns dabei nicht angespannt zu fühlen, sondern *besser*. Dafür muss unser Hormonsystem einiges an beruhigenden Effekten auspacken, und die wirken ziemlich tief: vermitteln uns Sinn und Freude, senken den Blutdruck, motivieren das Immunsystem, verbessern Schlaf und verlängern Leben. Wir *brauchen* Zuneigung – ob in Beziehungen oder WGs. Fast so dringend, wie wir die Ruhesignale von Melatonin und Schlaf brauchen. All das, was unserem Inneren verdeutlicht, dass es sich jetzt auch mal um sich selbst kümmern kann.

Aber niemand von uns braucht die Beruhigungseffekte so dringend wie Babys. Weil wir Selbstberuhigung am Anfang unseres Lebens erst noch lernen müssen, weil die passenden neuronalen Leitungen bislang kaum gelegt sind und Aufregen evolutionär gesehen immer Priorität hat. In der Zwischenzeit übernehmen wir die Ruhe von anderen. Vorzugsweise denjenigen, die sich uns an die Brust legen. So synchronisieren sich Atmung und Körpertemperatur. Die Schmerzschwelle steigt, denn das Hormonsystem schickt auch bei den Eltern Oxytocin und Opioide durch die Leitung. Oxytocin aktiviert direkt den Vagusnerv, den Adrenalin gerade noch unterdrückt hat, und versetzt dadurch unser Herz und alles, was daran hängt, in seinen entspanntesten parasympathischen Zustand. Unterdessen schreiben unser kindliches Hirn und Hormonsystem fleißig mit, wie eine koordinierte Stress- und Bindungsreaktion aussieht. Die Effekte sind wunderbar, und sie halten lange vor. Vielleicht sogar als Anhängsel an der DNA. In Utrecht haben wir erforscht, wie kindliches Trauma auf diese Art dazu beitragen kann, dass wir soziale Situationen und die passenden Hormone ganz unterschiedlich erleben. Manche gerade richtig, andere hypersensibel und wieder andere mehr so: Meh. Wobei «gerade richtig» auch eine Frage des Umfelds ist – eine

Stressreaktion, die auf das eine Umfeld perfekt eingestimmt ist, wirkt im nächsten plötzlich total überfordert. Oder gelangweilt und unkonzentriert. Die Natur ist faszinierend. Aber statt ihr Stück für Stück auf die Spuren zu kommen, versuchen wir seit über 100 Jahren, Eltern das, was sie ihnen vermittelt, auszureden: Sprich, die natürliche Reaktion auf Babyschreien: hingehen, hochnehmen, schuckeln. Letzteres unterstützt Oxytocin übrigens mit seinen hilfreichen Effekten auf die Muskelkontraktion, die sich schon Blutegel zunutze machen. 100 Millionen Jahre praktischer Evolution. Aber von abergläubischen Viktorianer*innen über die kruden 30er Jahre bis zu Bestsellern in diesem Jahrtausend erklären uns diverse Ideologien, dass man zu schreienden Kindern *allerhöchstens* mal zur Besprechung ins Zimmer geht – ohne Anfassen oder Trösten – so, wie zu kleinen Finanzberatern. In den Niederlanden galt Schreien noch bis vor kurzem als Grundpfeiler der Lungenentwicklung. Und weil Wissen, das einmal in der Welt ist, sich wie immer ratzfatz verbreitet, sieht man jetzt auch in Sitcoms Eltern händeringend vor der Kinderzimmertür stehen, beim Versuch, ihr schreiendes Kind zu ignorieren. Auf *TikTok* erklären Mütter Müttern, Babyschreien wäre «manipulativ». Die Datengrundlage für den Nutzen dieser Methode ist genauso dünn wie unser Wissen darüber, was dieser lang anhaltende Stress mit dem kindlichen Gehirn macht. In den USA, wo diese Methode sehr beliebt ist, verweisen Studien dagegen gern darauf, dass die Mutter jetzt immerhin nicht mehr völlig übermüdet zur Arbeit geht, was die logische Folgefrage aufwirft: «Kennen Sie Elternzeit!?» Die Befürchtung ist auch, dass Kinder verlernen, ihren Stress zu signalisieren. Die Stresshormone wüten, aber das Kind ist ganz still. Man sollte meinen, wir wären uns etwas sicherer, wenn wir Eltern etwas ausreden, was ihnen durch Mark und Bein geht. Aber nein. Trotzdem kam uns diese Methode lange Zeit wissenschaftlicher vor, vielleicht gerade, *weil* sie unsere emotionalen Grundbedürfnisse ignoriert. (Erinnern Sie sich, wie wir gehört haben, dass altes Wissen nicht immer durch sinnvolleres ersetzt wird?)

Das ist nicht der einzige Elterninstinkt, den wir ausblenden. Auf die Frage, welche Rolle der zweite Elternteil spielt, antworten beispielsweise immer noch viele Länder mit: «Wer?» Dabei macht das Hormonsystem der Väter eigentlich ein ähnlich großes Erdbeben durch wie das der Mütter (oder z. B. bei schwulen Pärchen das der Bio-Väter). Wie immer wirkt das auch aufs Gehirn. Außerdem setzt die menschliche Strategie «extrem hilfloser Nachwuchs, dessen Gehirn nach der Geburt weiterwächst» eigentlich von Beginn an auf Teamarbeit. Nicht nur von mehreren Eltern, sondern auch auf die freundliche Unterstützung von Freund*innen und Verwandten. Die sorgt traditionell dafür, dass Eltern nicht überfordert sind und Kinder nicht alle ihre Marotten übernehmen («Oh danke, Angststörungen!»). Nur wir haben uns in den Kopf gesetzt, dass «Fremdbetreuung» per se was Suspektes ist. Als wär es nicht weitaus suspekter, eine Aufgabe, die sich vorher 100 Leute geteilt haben, zweien allein aufzuhalsen. Oder auch den überstrapazierten Leuten, die sich diese Care-Arbeit zum Beruf gemacht haben und die wir zum Dank in regelmäßigen Abständen fragen, warum sie so schlecht bezahlte Arbeit wählen.

Kurzum, wir haben ein fundamentales Grundbedürfnis kleingeredet, genauso wie Zeit und Leute, die es braucht, um es zu stillen. Und dann wundern wir uns, dass alle unglücklich sind. Besonders Eltern. Besonders Mütter. Besonders in der Pandemie. Der Stress, den die Kinder mitkriegen, darf dafür später einer der wichtigsten Einflussfaktoren für *deren* psychologische Probleme sein.

Dabei muss man natürlich gar nicht Teil einer Familie sein, um sich alleingelassen zu fühlen. Bei allen Menschen steigert Einsamkeit das Risiko für Herz- und Schlaganfälle um ein Drittel. Ähnlich stark wie Arbeitslosigkeit oder eine Angststörung.

Dabei liegt ein Teil der Lösungen auf der Hand. Wir wissen, dass es Räume braucht, die Menschen zusammenbringen. Wir wissen, dass junge Eltern vor allem von gezielten Interventionen profitieren. Und dass es darum wichtig ist, früh diejenigen Familien zu erkennen, denen sie helfen könnten. Außerdem wissen wir, dass ein gut ausgestatteter Kindergarten über 40 Jahre positive Effekte erzielt, auch für die Herz-Kreislauf-Gesundheit.[1] Oder, wie wir sagen würden: «Igitt, Sozialausgaben.»

Also, wie können wir besser über Menschen nachdenken?

Um all unsere Bedürfnisse zu sehen, müssen wir erst mal die Grenzen zwischen Kopf und Körper verwischen. Dann wäre uns auch gleich aufgefallen, dass unser Bedürfnis nach Zuneigung sich nicht rein gesprächsbasiert stillen lässt. Auch, wenn wir an unsere Stressreaktion denken, die hauptsächlich für Bärenangriffe konzipiert ist, ist ziemlich klar, dass sie von Kopf bis Fuß wirkt: gespannte Sprunggelenke, klopfendes Herz und rasende Gedanken. Eine hellwache Immunreaktion. Danach automatische Selbstberuhigung. Ein perfektes System. Nur, dass wir diese Reaktion hier bei uns vor allem für *PowerPoint*-Präsentationen nutzen, hat der Natur keiner gesagt.

Das heißt, mentale Überforderung kann auch den Körper mitnehmen und hat einen massiven Einfluss auf unsere Gesundheit. Wo akuter Stress noch als Training durchgeht, macht uns chronischer eher Reizdarm. In der Klausurenphase reagiert unser Immunsystem selbst auf Hepatitis-Impfungen eher desinteressiert, und wenn wir krank sind, überfordert uns nicht nur langes Auf-den-Beinen-Stehen, sondern auch zu konzentriertes Sitzen vor dem Laptop.

Andersrum gilt: Das, was in unserem Körper passiert, lässt unser Gehirn nicht kalt, auch wenn wir das lange dachten. Immerhin lag es buchstäblich abgeschottet hinter seiner Blut-Hirn-Schranke. Wenn der ganze Körper mit Immunreaktionen beschäftigt war, schrieb es höchstens mal einen Beschwerdebrief, wegen der Hitze. Und wenn man es im Erwachsenenalter noch formen wollte, brauchte man schon einen Knüppel. Inzwischen wissen wir, dass man es auch mit Schlafmangel ausknocken kann, und müssen über vieles neu nachdenken.

Über eine ganze Menge hormonell wirksame Medikamente

z. B., bei denen wir im Gehirn immer zuletzt nachgeguckt haben. Zur Pille gibt es 40 000 Studien, aber bis jetzt noch keine ausreichende zur Wirkung auf das jugendliche Gehirn. (Genau genommen fehlen uns auch zum erwachsenen Gehirn noch jede Menge Infos. Zumal die Effekte wie üblich sehr individuell sind. Manchmal positiv, etwas häufiger mit einer Tendenz zu Ängsten und Depression. Besonders im Zusammenhang mit Risikofaktoren, weshalb es Sinn macht, zu dem Thema individuell zu beraten und ggf. auch individuell die beste oder problematischste Pillenvariante zu identifizieren.)

Darüber hinaus schwant uns, dass ein Lebensstil, der in unserem Körper für chronische Entzündung sorgt, für unser Gehirn auf Dauer wahrscheinlich auch nicht optimal ist. Mikroplastik lässt grüßen.

Das klingt alles sehr anstrengend. Gerade macht man sich noch Sorgen über die Steuererklärung, die Spülmaschine und die politische Lage, jetzt darf man nicht mal mehr Sorgen *haben*, ohne dass einen ein Entzündungsmarker in den Zeh kneift.

Aber die gute Nachricht ist: Das Problem war ja schon da. Jetzt finden wir neue Lösungen, sodass eine Therapie auch schon mal die Darmflora verbessert und Sport und Bewegung den Alterungsprozess unseres Gehirns verlangsamen. Alles ist mit allem verbunden – selbst, wenn es dadurch sehr schnell kompliziert wird. Kein Wunder, dass wir bislang versucht haben, uns auf den Verstand zu konzentrieren. Aber wenn der dann keinen vernünftigen Gedanken mehr auf die Reihe kriegt, wissen wir nicht mal, wo wir ansetzen sollen.

So können wir auch unser Konzentrationsproblem vom Anfang nicht einfach durch angestrengtes Stirnrunzeln lösen. Noradrenalin muss uns beim Fokussieren unterstützen, Dopamin beim Antrieb und Kortisol bei der Lernfähigkeit. Wir spüren den Unterschied an unserem Produktivitätslevel, wenn uns intrinsische Motivation treibt. Oder eine Deadline. Vormittags ist immer ein guter Zeitpunkt für die Motivation, wenn die entsprechenden

Hormone von sich aus hochstehen (solange chronischer Stress sie nicht durcheinanderbringt). Nachmittags spüren wir vor allem, dass man eben nicht immer produktiv ist. Denn ohne den hormonellen Rückenwind muss unser Verstand ganz schön bergauf strampeln. Oder halt rückwärts hinabkullern ins Tal interessanter Ablenkungen.

Überhaupt ist der Verstand oft gar nicht so sehr die Lösung als vielmehr die Ursache unseres Problems. Schließlich ist es unserer flexiblen Kognition zu verdanken, dass uns in einer Welt mit sehr wenigen lebensbedrohlichen Gefahren stattdessen einfach das stresst, was uns lebensbedrohlich *vorkommt* (Steuererklärungen). Und weil diese Bedrohung in unserem Kopf entsteht, haben wir sie jetzt auch noch immer dabei. Trotzdem sagen wir nur «Ich wurde von meinen Gefühlen übermannt», nie «von meinen Gedanken». Als wären wir nicht alle schon mal von unseren Gedanken übermannt worden – irgendwann nachts um zwei.

In solchen Momenten können wir sogar den Körper nutzen, um den Kopf zu beruhigen. Indem wir lernen, tief einzuatmen z. B. oder gegen kaltes Wasser wieder aus. Denn auch mit dem Tauchreflex stimulieren wir das parasympathische Nervensystem – am Waschbecken oder im Freibad. Das Gleiche gilt für Kälte, also ruhig einfach mal Tiefkühlerbsen umarmen, oder einen Eiswürfel lutschen. Alternativ können wir es auch wieder mit einer Umarmung probieren. Wenn wir der Typ dafür sind. Alles sehr individuell, wie gesagt.

Es ist ein bisschen wie ein komplexes Ökosystem, bei dem sich wenig erzwingen lässt. Aber wenn wir es machen lassen, dann greift vieles ganz wunderbar ineinander: Kortisol steigt morgens und mit ihm auch die Körpertemperatur, besonders wenn beides mit dem ersten Sonnenlicht zusammenfällt. Wenn Melatonin uns dann sagt, dass es dunkel ist, verlangsamt sich der Herzschlag, und die Temperatur fällt, besonders in den Extremitäten. Darum schläft es sich mit warmen Socken so schlecht.

So wie beim Ökosystem sorgt das, was wir für die Wunder

der menschlichen Zivilisation halten, für eine ganze Menge Probleme. Immerhin sind wir wahrscheinlich die einzige Spezies, die sich Wecker kauft, um sich ohne Not mit ihrem natürlichen Schlafrhythmus anzulegen. Wir stellen uns den Alarm zu früh am Morgen, starren nachts zu viel aufs Handy und kriegen tagsüber zu wenig Sonne. Im Urlaub zu viel. Nach der Arbeit sind wir zu müde für Anregung, Bewegung oder Nähe, aber dafür gibt es vor unserem Fenster eine Baustelle, auf der samstags gebaut wird. Die Geräuschkulisse sorgt nicht nur für Stress, sondern auch für Schwierigkeiten damit, diese Stressachse zu regulieren. Nächtlicher Medienkonsum plättet die natürliche Kortisolkurve sowieso und steigert dabei noch Entzündungswerte. Genauso wie der Vitamin-D-Mangel lässt all das unser Gehirn vorzeitig altern,[2] und berufsbedingte Schichtarbeit und Jet Lags befeuern prinzipiell *alle* Probleme.[3] Übrigens auch das – aus Janina Ottos Kapitel bekannte – Risiko für Diabetes Typ 2. Kein Wunder, dass es hier niemandem gutgeht.

Die dritte Gemeinsamkeit mit dem Ökosystem ist, dass wir, wenn es aus dem Gleichgewicht geraten ist, manchmal gar nicht so leicht rausfinden können, was uns fehlt. Dann raten wir einfach allen, denen es in irgendeiner Form schlecht geht, mehr zu spazieren oder sich nach der Ruhe langsam wieder mehr zu belasten, aber was bei Burnout und kaputten Knien helfen kann, führt bei einer neuroimmunologischen Erkrankung wie Long Covid eher zum Crash. Wo den einen Anregung hilft, um aus kognitiven Mustern auszubrechen,[4] müssen die anderen eher austüfteln, wo die körperlichen Belastungsgrenzen liegen (*Pacing*). Beiden brauchen bessere Unterstützung durch die Medizin, aber auch eine Politik, die das Problem ernst nimmt. Im Idealfall sogar, bevor es entsteht.

Die letzte Gemeinsamkeit ist die, dass wir nicht nur mit den chemischen Kreisläufen der Erde ziemlich komisch umgehen, sondern auch mit denen in unserem Inneren. Wenig überraschend eigentlich, schließlich *sind* wir nun mal Teil eines Ökosystems, und alles, was wir damit machen, betrifft letztendlich auch uns. Vom Zucker in unserem Essen hat uns Janina Otto schon erzählt, darüber hinaus ist unser Gehirn kein Fan von Emulgatoren, aber auch das Blei haben wir nie ganz aus der Umgebung entfernt, sodass ein Drittel aller Kinder weltweit immer noch als belastet gelten, und die Luftverschmutzung, die 99 Prozent auf diesem Planeten atmen, sorgt auch wieder mal für neuronale Alterung.[5] Stoffe, die unser Hormonsystem stören, finden wir ebenfalls überall. In diesem Buch z. B. in Simon McGowans oder Ann-Kathrins Vlacils Kapiteln (Weichplastik) oder weiter oben, wo das Pestizid DDT die Fortpflanzungsbemühungen der Weißkopfseeadler untergräbt. Bis vor wenigen Jahren wären sie auch noch im Kassenbon gewesen. Immerhin mal eine gute Neuigkeit. Dafür sind sie jetzt in Reinigungsmitteln, Kosmetika und Gartenartikeln. Manche kennen wir noch gar nicht. Sie alle sind trickreich, weil der Körper sie als Hormone erkennt, und reisen von daher unbemerkt durch Blut-Hirn-Schranke oder Plazenta. Die Vermutungen, was das bedeutet, ranken von weniger Spermien über mehr Endometriose und Krebs bis zur früher einsetzenden Pubertät. Dabei mehren sich auch die Hinweise, dass sie vor dem Gehirn nicht einfach umdrehen.

Mit der App ToxFox des BUND können Sie Ihr Badezimmerschränkchen durchscannen, um Störstoffe zu suchen. Allerdings hat das auch nur begrenzte Wirkung, wenn die inzwischen überall sind – in Schlittenhunden, im menschlichen Blut und auf dem Grunde des Ozeans. Woran man wieder sieht, dass individuelle Maßnahmen nur begrenzt gegen gesellschaftliche Probleme wirken. Aber statt sich des Problems anzunehmen, fordern viele Politiker*innen sogar laschere Regeln, wie «sichere» Obergrenzen für bislang komplett verbotene Pestizide. Eine Sicherheit, die es wissenschaftlich gesehen gar nicht gibt. Wer will schon überprüfen, wo die sichere Grenze für einen Fötus liegt? In Tierstudien ist die schon mal eine Million Mal kleiner. Anderswo wirken kleine Dosen manchmal stärker als große. Von den Wechselwirkungen zwischen verschiedenen Stoffen ganz zu schweigen. Wenn wir auf

Wissenschaft hören würden, würden wir die Risikobewertungen nicht ans Wissen der 80er Jahre anpassen, sondern von heute.[6]

Der nächste offensichtliche Schritt zu mehr (mentaler) Gesundheit wäre natürlich, alle aufzufangen, denen es gerade schlecht geht, z. B. durch ein weitaus besser ausgestattetes Gesundheitssystem. Mit weniger Personalmangel und überlangen Schichten, die unserer Konzentration ungefähr so guttun wie Weißbier.[7] Das Gleiche gilt für die rapiden Schichtwechsel ohne Ruhephasen, die dem medizinischen Personal erst recht den Rest geben. Stellt sich raus, auch die haben Bedürfnisse. Insgesamt gäbe es mehr Therapieplätze, sodass ohnehin schon überforderte Leute nicht auch noch 40 Praxen abtelefonieren müssen, um Hilfe gegen ihre Überforderung zu finden. Wir würden das umsetzen, was Sarah weiter oben geschrieben hat – und damit eine Menge Diagnosen aus der Ecke «Gedöns» holen. Insgesamt bräuchten wir mehr Forschung an der Schnittstelle zwischen Kopf und Körper und weitaus seltener die Verwendung des Wortes «psychosomatisch». (Was theoretisch etwas ganz anderes bedeutet als «ausgedacht», aber praktisch trotzdem gerne in dieser Bedeutung benutzt wird.)

Medizinische (Hirn-)Forschung ist dringend und wichtig. Aber letztlich ist es wieder wie bei der Topfpflanze, von der wir spätestens seit David Spencers Kapitel wissen, wie schwierig es ist, in die Prozesse in ihrem Inneren einzugreifen. Am einfachsten sorgen wir für eine *äußere* Umgebung, in der sie die Blätter nicht hängen lässt.

Für die Prävention würden wir schon eine Menge erreichen, wenn wir unsere Umgebung so gestalten, wie es bisher im Buch thematisiert worden ist. Weniger ist mehr. Weniger Schmutz, weniger Asphalt, der sich aufheizt.

Genauso, wie wir unsere Lebenserwartung am Anfang des Buches mal drastisch gesteigert hatten, indem wir beschlossen haben, unsere Städte aufzuräumen und sie hygienischer und gesünder zu gestalten, sollten wir uns auch heute zusammenraufen und den ganzen Mist aus unserer Umwelt kehren, der nichts und niemandem guttut. Mit DDT und Blei haben wir's doch schon mal fast geschafft. Da kann es doch mit Abgasen nicht unmöglich sein. Im Ausgleich können wir auf all das setzen, was uns gesund macht. Grüne Flächen und Mauerpfeffer. Auch das kam schon vor: Viel hilft viel. Stadtnatur reduziert Stresshormone und so gut wie alle Gesundheitsrisiken, die damit verbunden sind.[8] Vor allem ist sie umsonst! Wo grundsätzlich ein Riesengefälle zwischen armen und reichen Stadtvierteln herrscht, sodass die Lebenserwartung oft schon mal im Verlauf einer S-Bahn-Strecke fällt, haben Grünflächen das Potenzial, einen Teil dieser Unterschiede auszugleichen.[9]

Kognitiv tut uns Natur gut, weil sie an unsere Verarbeitung weitaus weniger Ansprüche stellt. Wir müssen nicht ständig alles im Blick haben. Links Bäume, rechts Bäume und dazwischen Zwischenräume. Das reicht. Darum fällt uns konzentriertes Denken in der Natur oft leichter. Aber bevor wir jetzt gleich im Späti nach einem *Landlust*-Magazin fragen: auch Stadtlandschaften haben ihre Vorteile.[10] Sie machen uns zu Aufmerksamkeitsprofis, die schnell Umgebungen scannen und in der Breite verarbeiten – wie professionelle Fahrer*innen oder Fußballspieler*innen. Das ist, je nach unserer aktuellen Verfassung, anstrengend oder ein tolles Kognitionstraining. An der Jacobs University in Bremen haben wir erforscht, wie viele Alterserscheinungen sich mit Anregung und Bewegung[11] zurückdrehen oder aufhalten lassen. Und Städte bieten von beidem eine Menge: Treffpunkte, Tanzkurse, Tapetenwechsel. Wie schade, dass wir ausgerechnet diese tollen Orte oft so toxisch gestaltet haben.

Wenn wir also unsere Welt gestalten, sollte es dabei weniger um naturnahe Nostalgie gehen (auch wenn dieses *Landlust*-Magazin wirklich verdammt schön fotografiert ist), als darum, alles zusammenzubringen: Städte, die weniger stressig sind, und Dörfer mit Kultur und Stadtbusanschluss.

Die nächste Parallele: So, wie wir die Biber einfach mal machen lassen sollten, sollten wir auch den biologischen Rhythmen öfter

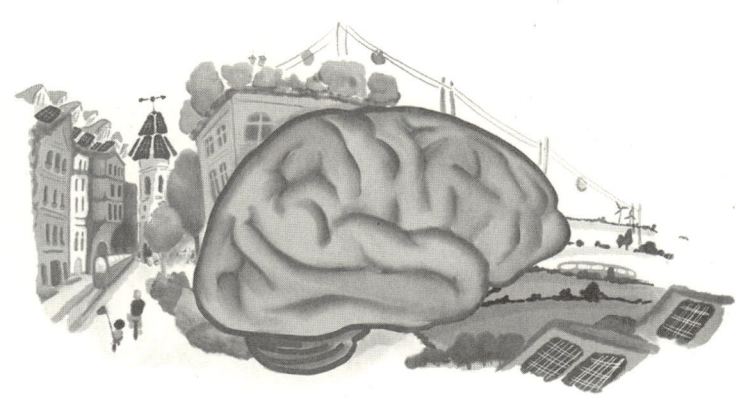

Das Gehirn in seiner natürlichen Umgebung: zwischen den Stühlen.

mal die Zügel in die Hand geben. Mehr Mut zum Aufwachen ohne Wecker (möglicherweise mit Papageien). Schon drei Tage Campen ohne technische Geräte können den Schlafrhythmus zurücksetzen (bei Einschlafschwierigkeiten hilft manchmal auch eine Nacht durchmachen). Würden wir auf die Wissenschaft hören, würden Arbeit, Schulen und Unis später anfangen. Das bekämpft Schlafmangel, depressive Symptome und Verkehrsunfälle auf der Hinfahrt.[12,13,14] Und es ist machbar – Korea hat den Schulbeginn gleich erfolgreich auf 9 Uhr verlegt.[15] Wenn wir schon dabei sind, können wir auch im Unterricht weniger auf Klausuren setzen und mehr auf das, von dem die Neurowissenschaft weiß, dass es Plastizität anregt: Freude, Bewegung, Kreativität, Lesen, sozialer Kontakt. Es ist schon faszinierend, dass es keine der entsprechenden Plastizitätstrainingsstudien je mit «Schule» probiert.

Grundsätzlich würden wir weniger arbeiten, hätten mehr Zeit für Anregung und Bewegung und würden im Winter nach Hause kommen, bevor es dunkel wird. Schon mit 25 Prozent weniger Arbeit bei gleichem Gehalt würden wir besser und sorgloser schlafen.[16] Die Stimmung würde sich aufhellen, genauso wie unser Erinnerungsvermögen.[17] Auch hier sah die Tendenz schon mal deutlich besser aus: Die Arbeitszeiten, die jahrzehntelang stetig fielen, stagnierten in den letzten Jahrzehnten. Und das, obwohl wir immer produktiver werden (wenn auch ohne große Auswirkungen auf das durchschnittliche Gehalt). Wenn wir sie reduzieren und dazu noch ein Recht auf Home Office einführen, eliminieren wir nicht nur einige der größten Stressfaktoren und sparen CO_2, sondern schaffen auch endlich genug Zeit, um die Kindererziehung wirklich auf mehreren Schultern zu verteilen. So, wie es in vielen Ländern nach erfolgreichen Pilotstudien schon gemacht wird.

Dagegen fallen Debatten um die Mehr-als-40-Stunden-Woche aus der Zeit. Überhaupt würden wir uns ein Stück weit davon verabschieden, dass uns Menschen nur Arbeit Sinn und Struktur gibt – der Effekt erschöpft sich schon nach acht Stunden die Woche.[18] Für mehr braucht es Sinngebung und nette Kolleg*innen.[19] Ansonsten helfen auch Bewegung, Bildung und ein gut gefülltes Portemonnaie.[20] Wir sollten unser Möglichstes tun, damit Sinngebung von Arbeit unabhängig wird. So hat in Schweden ein Grundeinkommen, als Ersatz für das klassische maßnahmengebundene Arbeitslosengeld, die Gesundheit auch schon merklich verbessert (und dabei genauso viele Leute in Arbeit gebracht wie die Maßnahmen).

Aber bei allen großen Veränderungen, die dringend anstehen, wäre die erste doch, menschliche Bedürfnisse in politischen Alltagsentscheidungen nicht mehr außen vor zu lassen, wie wir's heute ständig tun. Klar, theoretisch wissen wir, dass unser Kopf *Anregung* braucht. Aber wenn uns Rentner*innen sagen, dass sie mit dem 9-Euro-Ticket endlich mal wieder rauskommen, muss man sich plötzlich «schon mal fragen, ob die Fahrten wirklich *nötig* sind». Auch das Wissen um *intrinsische Motivation* ist nicht wirklich neu, aber in Schule und Uni geht trotzdem nichts ohne Noten. Selbst «Wer arbeitet, muss mehr haben, als wer nicht arbeitet» bedeutet letztlich, dass einem außer Geld buchstäblich kein anderer Anreiz einfällt (außer natürlich, dass es irgendwelchen armen Leuten schlechter geht).

Die *Selbstwirksamkeit* geht unter, wenn sich Politik nicht erklärt oder Anliegen der Wählenden nicht umsetzt (Klima und Berliner Volksentscheid winken mit einem Zaunpfahl). Auch die Corona-Politik hätte wahrscheinlich anders ausgesehen, wenn man sich klar gemacht hätte, dass es wenig Anstrengenderes gibt als monatelange Maßnahmen, die zu halbherzig sind, um zu *wirken*.

Dem Bedürfnis nach *Familienzeit* kommt die EU gerade entgegen – und plant fürs zweite Elternteil eine Freistellung von ... ähem ... zehn Tagen. Deutschland würde sich selbst davor gern drücken und verweist auf die Elternzeit. Als wär eine Freistellung irgendwann in zwei Jahren das Gleiche wie eine Garantie, dass nach einem Kaiserschnitt jemand zu Hause ist, der das Kind wickelt und einem Erdnüsse reicht.

Über das Bedürfnis nach *Gerechtigkeit* kann man nicht mal reden, ohne dass jemand unter dem Ruf «Neiddebatte» zum Fenster reinsteigt. Dabei haben wir's schon auf Seite 40 bei der *Just-World-Hypothesis* kennengelernt. Also da, wo wir uns die Welt so zurechtbiegen, dass sie wenigstens in schlechtem Licht einigermaßen gerecht aussieht. Dann zitieren wir Dr. Martin Luther King, nachdem der Bogen des moralischen Universums lang ist, aber sich in Richtung Gerechtigkeit biegt, oder unsere Großmutter, die wusste, dass Gottes Mühlen langsam, aber furchtbar fein mahlen, und warten eifrig darauf, dass Trump bestimmt irgendwann irgendwelche Konsequenzen spürt – nach dem fünften Impeachment bestimmt! In der Zwischenzeit könnte Jeff Bezos vielleicht etwas Schweres auf den Fuß fallen. Ausgleichende Gerechtigkeit ist ein Grundbedürfnis. Und ein sehr verständliches: Je kooperativer die Spezies, desto ausgeprägter ihr Gespür für Fairness. Kein Wunder, denn Kooperation bietet ja immer die Gefahr, dass uns jemand über den Tisch zieht. Zur Anschauung lassen Sie zwei Kinder Räuberleiter machen und feststellen, dass es nur ein Bonbon gibt. Wo die Kleinen mit Zetern und Schreien reagieren, haben sich Erwachsene besser im Griff und werden dafür ausgebrannt, schadenfroh, schlaflos und wütend.[21,22] Weltweit liegt das Lohngefälle, das Menschen zwischen ungelernter Arbeitskraft und CEO zu tolerieren bereit sind, zwischen dem doppelten und dem 20-fachen Gehalt. Aber weltweit liegt der tatsächliche Wert weit darüber. Das ist – wie der Carbon Dinosaurier sagt – nicht nur eine verschwenderische Art, mit unseren knappen Ressourcen umzugehen, sondern auch eine Gefahr für die Demokratie. Im Experiment ist der längere Hebel außerdem die Bedingung, unter der wir uns am unsozialsten verhalten.

Auf der anderen Seite verstärkt das Lohngefälle den wohl größten, realsten Stressfaktor: Existenzängste. Die erschüttern unser Gleichgewicht so sehr, dass es schon unsere Kinder spüren – und Selbstwirksamkeit und Gehirnentwicklung darunter leiden.[23] Es braucht viel Fürsorge, um das aufzufangen.[24] Aber dafür muss man als Eltern am Existenzminimum erst mal den Kopf haben.

Es gibt eine Menge Artikel dazu, wie wunderbar wirksame Sozialprojekte helfen können, diesen Stress aufzufangen,[25,26] wie sie z. T. noch über Jahrzehnte hinweg nachhallen[27] und sich damit mehrfach finanziell rentieren.[28] Trotzdem hat die Regierung 2022 angekündigt, Frühförderung zu streichen. Aus Kostengründen, versteht sich. Wie bei den Gemeingütern sehen wir auch bei den Kindern nicht über den Jahreshaushalt hinaus. («Also unter ‹Arbeitskräfte› stehen die hier nicht.») Auch wenn Wissenschaftler*innen diese Armuts-Interventionen vergleichen, fehlt darunter auffällig «Geld»! Vielleicht muss auch die Wissenschaft hier mal wieder über die Begrenzungen ihrer Zeit hinausdenken.

Wer weiß, wie die Welt aussehen könnte, wenn wir uns nicht mit Existenzsorgen rumschlagen müssten? John Maynard Keynes, auf dessen Ideen unsere Wirtschaft bis in die 70er aufbaute, war fest davon überzeugt, dass wir mit der 15-Stunden-Woche unser volles Potenzial erreichen. Und als England seinen Landpfarrern Bildung, Geld und wenig Arbeit gab, erfanden die: U-Boote, Gaslampen, den mechanischen Webstuhl, Werwolf-Romane, Russell-Terrier und Bayes'sche Statistik.[29] Also die Art von Berechnungen, auf der die meisten Erkenntnisse in diesem Buch basieren. Bill

Bryson hat in seiner gesamten Sammlung der Wissenschaftsgeschichte bei den frei tüftelnden Landpfarrern mehr Durchbrüche gefunden als in allen dafür vorgesehenen Institutionen. Auch das ist offensichtlich ein Weg, Menschen ins Großprojekt Wissenschaft mit hineinzuziehen: Freiheit, Zeit und Muße.

Eine Welt, in der wir tatsächlich den Menschen in den Mittelpunkt stellen, könnte auf vielen Ebenen aufregend aussehen.

Wie's weitergeht

Das ist also die Zukunft. Es ist nicht mehr die, die sich unsere Vorfahren irgendwann mal vorgestellt haben. Mit Raumschiffen, Hoverboards und Transit zwischen den Planeten. Aber sie kann eine Menge von dem sein, was wir uns heute erträumen. Immer noch. Grün, lebendig, wild, tier- und menschenfreundlich. Gerechter. Kinderfreundlicher. Garantiert mit weniger nagendem Hintergrundgefühl von Verzweiflung. Vielleicht sogar mit ein paar technologischen Fortschritten, auf die wir uns *wirklich* freuen können. Wir müssten nur mal anfangen.

Nachdem wir 12 Wissenschaftler*innen besucht haben, um zu hören, was zu tun wäre, wenn wir auf ihr Fachgebiet hören, haben wir keine Antwort so oft gehört wie: weniger. Weniger Energie, weniger Plastik, weniger Konsum und Produktion, weniger besiedelten Platz. Vielleicht liegt das in der Natur der Sache. Denn seit unseren Träumereien von den Zeppelinen ist die Welt ein ganzes Stück voller geworden und ein ganzes Stück weniger wild. Wie ein Haus, das eine immer größere Familie beherbergt, bis jede Besenkammer gefüllt ist und sich über die Zeit einfach immer mehr ansammelt. Allein schon die ganzen Geister, die alle nicht mehr in ihre Flasche zurückwollen. Die Schränke platzen aus allen Nähten, der Kleinkram hat sich aufgetürmt und die Couch ist nicht mal richtig gemütlich – aber loswerden wollen wir sie auch nicht. Alles, was noch reinpasst, ist Staub, und die Luft ist ohnehin sehr stickig. Wenn man dieses Haus retten will, dann geht das nicht, indem man zu IKEA fährt und den Wagen mit der neuen Kollektion volllädt. Zusätzlich zu den vegetarischen Fleischbällchen.

Der erste Schritt ist, den Platz gerechter zu verteilen, dann auszumisten, durchzusortieren, die Schubladen auszukippen und uns zu allem zu fragen «Does it spark joy?». Macht uns das Freude? Da fallen ja eigentlich schon eine ganze Menge Dinge raus. Manche machen uns sogar krank. Aber die stehen da halt schon immer so, wir haben sie irgendwie liebgewonnen, und außerdem sind wir uns fast sicher, dass Ersetzen Geld kostet.

Oder vielleicht schaffen wir's, uns zu überwinden. Allein schon, weil die Balken mittlerweile wirklich beunruhigend knarren. Wir schmeißen ein paar alte Gewohnheiten raus, eine Menge nicht hilfreiche Gedanken und Pläne. Von vielen Sachen haben wir nicht mal geahnt, was für einen Raum sie einnehmen. Allein all das Zeugs und die Energie, die wir einfach nur brauchten, um unser Haus mit fossilen Brennstoffen am Laufen zu halten. Die Ölflecken und Löcher und ausgetrockneten Pflanzen, die das überall hinterlassen hat! Jetzt ist der Boden geschrubbt und draußen Solarplatten dran. Über dem Dach fliegt ein Kite-Drachen und sammelt Windenergie. Vieles können wir aus den Privat- in die Gemeinschaftsräume räumen. Da lässt es sich viel effizienter verteilen – zwischen Geschlechtern oder Kontinenten, zwischen denen, die bisher alles bunkern, und denen, die bisher noch viel zu wenig abkriegen (also fast alle). Manches wächst und gedeiht gleich viel besser jetzt, wo sich alle darum kümmern. Anderes sieht arg lädiert aus. Sodass wir erst ausbaldowern müssen, was davon noch zu retten ist. Mit Silikatgestein und plastikzersetzenden Bakterien.

Wieder anderes entfernen wir mit Gummihandschuhen und spitzen Fingern: hormonelle Störstoffe, Mikroplastikpartikel und größere Mengen sehr klebrigen Kornsirups. Das, was wir wirklich brauchen, können wir wenigstens mit einem Warnschild versehen oder von Kindern fernhalten.

Es ist schon komisch, das alles Verzicht zu nennen. Wir verzichten darauf, dass unsere Kinder krank werden und wir in dieser stickigen überladenen Umgebung eingehen. Im Ausgleich können wir uns hier wieder freier bewegen und das, was wir konsumieren, wirklich genießen, ohne Müllberge, Abgase und ständiges schlechtes Gewissen. Selbst das, was wir nur sehr grummelig loswerden, hinterlässt dabei wenig Leere. Es schafft Platz. Für Grün, für Anregung und neue Ideen. Für Hyazinth-Aras. Gibt den Blick frei auf Dinge, die wir unterwegs irgendwo verkramt hatten: Gesundheit und Zufriedenheit und Zusammensein. Jetzt, wo der Boden nicht mehr mit unseren individuellen Spielzeugen zugestellt ist, kommt man auch endlich mal wieder durch. Auch mit Rollator oder Laufrad. Das Haus ist zugänglicher geworden. Zur Belohnung können wir dann doch endlich auch mal zum Baumarkt fahren, nach aufregenden neuen Dingen suchen und uns für all das, was uns wirklich wichtig ist, Ersatz und Reparaturzeugs holen. Zusammen mit allen Innovationen, die die Wissenschaft so bietet. Pflanzen, die genau auf diese Fensterbank passen, Baustoffe, die die Zeit überdauern oder nur genau so lange halten, wie wir sie brauchen. Ein Kühlschrank voller guter Sachen, eine Garage mit E-Mobilität, die auch wieder allen zur Verfügung steht.

Ausnahmsweise versuchen wir bei Neuanschaffungen nicht einfach alles mit nach Hause zu tragen, was gerade in Mode ist, und es dann gleich überall zu verteilen. Ein Prinzip, das für uns immer suuuper funktioniert hat. Stattdessen wollten wir genau prüfen, was wir in unser Haus lassen, vor allem, wenn es nicht mehr weggeht, und wenn uns jemand vorschlägt, alle Elektronik smart an eine KI zu übergeben, denken wir lieber besser zweimal darüber nach. Im Zweifel können wir auch den Informatiker rufen oder eine Soziologin, die uns erklärt, was hier alles noch schief sitzt. Oder, wenn es uns zu anstrengend wird, einen Historiker, der weiß, dass jede Entwicklung verwirrend ist. Wir versuchen hier einfach nur klarzukommen. Dann kann er uns vielleicht noch mal die Spuren der Generationen vor uns zeigen, die alle irgendwie versucht haben, dieses Haus in ihrem Sinne zu gestalten (die ein oder anderen haben Brandspuren hinterlassen). Jetzt sind wir dran. Und uns steht eigentlich nichts weiter im Weg als wir selbst.

...

...

Zu optimistisch? Aber wir wollten doch optimistischer sein! Lernen, dass «gute Sachen anstreben» das Gegenteil von naiv ist! Und dass uns weder Nihilismus noch Zynismus weiterbringen, weil Selbstwirksamkeit schon beim Anblick der beiden auf der Stelle kehrtmacht. Und weil dahinter ziemlich oft Naivität steckt, die sich eine Hornbrille und einen schwarzen Rollkragenpulli zugelegt hat, um intelligenter zu wirken.

Aber gut, meinetwegen. Vielleicht kracht uns auch einfach die ganze Hütte über dem Kopf zusammen und fällt uns dabei auch noch vor die Füße. Die Biber kommen wahrscheinlich auch ohne uns klar. Genauso wie die Ohrenkneifer und die Hyazinth-Aras. Der Ameisenbär legt noch mal ein paar Millionen Jahre drauf. Die Krebse werden unseren Nachschub an Plastik auch nicht vermissen. Dann wuchert die Natur eben ohne uns über den Ruinen. Grün wird die Zukunft so oder so.

Den schlechten Ausgang können wir uns immer am leichtesten vorstellen. Er liegt dank den Prognosen ja auch ziemlich klar vor uns: eskalierende Klimakrise, Nahrungsmittelknappheit, Naturkatastrophen, Flüchtlingsströme, Faschismus. Eine Zukunftsvision wie *Murphy's Law*.

Was schiefgehen kann, geht auch schief. Schön ausgedrückt im vielgeteilten Zitat: «Es ist leichter geworden, sich das Ende der Welt vorzustellen, als das des Kapitalismus.»

Fairerweise muss man sagen, dass wir ja historisch gesehen immer schon ganz gut darin sind, uns das Ende der Welt vorzustellen. Also vielleicht müssen wir die Gedankenübung einfach anders aufziehen. Pessimismus können wir ja. Also stellen wir uns zum Aufwärmen mal alternative Weltenden vor. Corona und Affenpocken hatte bis vor Kurzem kaum jemand auf dem Schirm. Genauso wie die Neuauflagen der Sorge um Tschernobyl. Wenn's so weitergeht, kommt wahrscheinlich bald die Beulenpest zurück. Die Spermienqualität sieht auch nicht gut aus. Der Eyjafjallajökull könnte wieder ausbrechen, ein Sonnensturm unsere Technologie lahmlegen oder ein furchtbar schiefgelaufenes Teilchenbeschleunigungsexperiment im CERN verschluckt den Planeten. Positiv denken!

Niemand weiß, *wie* es schiefläuft.

Der Punkt ist, die Zukunft ist wirklich schwer vorherzusagen. Fragen Sie den Zeitreisenden, der sich immer wieder verändert, weil er auf irgendeine Ameise tritt, oder den Schmetterling, der diese ganzen Wirbelstürme auslöst. Oder die 14 Wölfe, die ein Ökosystem wieder herstellen. Nur wir glauben immer, unsere Handlungsversuche hätten keinerlei Konsequenzen. Letztlich können wir nur unser Bestes tun, mit dem Wissen, das wir haben.

Wenn wir uns erst mal an den Gedanken gewöhnt haben, dass nichts zu 100 Prozent sicher ist, können wir uns vielleicht sanft daran wagen, dass auch irgendwas gut laufen könnte. Wer sagt denn z. B., dass das aufgeheizte Klima ausschließlich zu einem Rechtsruck führt? Vielleicht stellen wir unter dem Druck auch endlich ein paar «Alternativlosigkeiten» infrage. Oder erreichen sonst irgendeinen gesellschaftlichen Kipppunkt, noch bevor es bei den klimatischen Kipppunkten zu spät ist. Vielleicht hilft uns dabei auch die Technologie, die neue Möglichkeitsrahmen eröffnet. Wie bei den erneuerbaren Energien. Manchmal entstehen dadurch unerwartete Synergieeffekte. Die Solarpaneele auf den Äckern bieten den Betreibern die Möglichkeit, auf Brachland Geld zu machen und auf Feldern den Bewässerungsbedarf um 20 Prozent zu senken. Das passende Verwitterungsgestein wirkt, wenn wir Glück haben, auch gegen die Übersäuerung der Böden und Meere. Und wer weiß, welche neuen Geschäftsmodelle durch günstige Energie erst lukrativ werden.

Eine Menge Recyclingverfahren, mit denen wir unsere Rohstoffe endlich effizienter nutzen können, liegen z. B. schon voll durchdacht in der Schublade und warten nur auf ihren großen Moment, wenn sich der Energiebedarf dafür endlich billig (und umweltkompatibel) decken lässt. Oder denken Sie an die Blaualgen, die mithilfe von CO_2 Biokunststoff herstellen können. Wie cool ist das denn? Cool genug jedenfalls, damit Plastikforscher Simon McGowan wöchentlich die Effizienzsteigerung checkt. Und vielleicht ist das die wichtigste Botschaft, die wir von dieser Reise mitnehmen: Selbst nicht aufzugeben. Wissenschaftler*innen kennen die Lage. Sie sind durchs schmelzende Eis gekraxelt oder durch staubige Flussbetten in Brasilien, haben Fische nach Plastik abgesucht und Archive und Algorithmen nach Diskriminierung. Das sind keine Leute, die sich Illusionen machen. Oder eine rosarote Brille aufhaben.

Aber wenn man sie besucht, stehen sie trotzdem da und stapeln Haufen aus Gartenlaub oder entwerfen Wildbienenhotels, wahlweise welche für Ohrenkneifer. Liegen im Gebüsch auf der Lauer und versuchen auszutüfteln, welche Spezies der Schlüssel zu diesem Ökosystem sind. Oder verfolgen angespannt den Fortschritt im Projekt «Fische von den Strippen alter Netze zu befreien». Sie informieren, basteln, bauen und betreiben *TikTok*-Kanäle zur Aufklärung über gefährliche Bilderkennung. Oder sie touren am Wochenende zu irgendwelchen Vorträgen und unterrichten dann noch freiwillig Physik. Andernorts schließen sie sich *Scientist Rebellion* an und tapezieren wissenschaftliche Paper an Banken.

Wenn Wissenschaftler*innen – in vollem Bewusstsein der Lage – sich weigern, das Handtuch zu schmeißen, mit welcher Begründung wollen wir dann aufgeben?

Klimaforscher*innen graben auf der Suche nach Hoffnung sorgfältig jeden Kieselstein um, und wir kommentieren das lässig mit dem Selbstbewusstsein von Leuten mit sehr wenig Ahnung: «Das wird eh nix!» Oder wie Bestsellerautor Jonathan Franzen mit: «Lasst uns aufhören so zu tun, als ob wir den Klimawandel noch aufhalten können» – von einer Klimaforscherin sehr ausgewogen kommentiert mit «Shut up, Franzen!» Es folgten dann noch mehrere Absätze, aber die Aufforderung fasst es ganz zusammen. Zynismus wirkt immer klüger als Naivität, aber er ist eben nicht automatisch besser informiert.

Wenn Selbstwirksamkeit eine der besten Methoden ist, Dinge in Bewegung zu bringen, dann ist eine der besten Methoden, Bewegungen aufzuhalten, dass man ihnen die Hoffnung nimmt. Allein aus der Perspektive heraus, dass wir wahrscheinlich noch eine ganze Weile auf diesem Planeten rumhängen, ein ziemlich riskantes Spiel: Ob wir nun auf den Weltuntergang setzen oder auf eine Wundertechnologie, die es alles rausreißt. In beiden Fällen verlieren wir unsere Zeit. Zeit, die wir nutzen könnten, uns der Lösungssuche anzuschließen.

Das im Hinterkopf behaltend, können wir uns dann endlich wieder unserem Haus zuwenden und uns verdammt noch mal endlich an die Arbeit machen. Alle zusammen, unterstützt von unserem Wissensschatz, den wir ständig erweitern. Dessen Informationen wir alle teilen können, darauf beharrend, dass sie gehört werden. In der Zwischenzeit können wir Baumscheiben bepflanzen und Nistplätze raushängen, das Home Office ausbauen, Stunden reduzieren, Dinge mehrfach nutzen, reparieren, Platz für Kinder und Familien schaffen und Solarplatten an unsere Balkone hängen. Fleisch, Flugzeuge und Firmenwagen einsparen. Wir können Wissen teilen und laut werden und Normen schaffen, die die Atmosphäre ändern, den Stein so lange und immer wieder den Berg raufrollen, bis die Meinung kippt. Können einen Gemeinschaftsschrank in den Hausflur stellen und gleichzeitig Druck machen, gegenüber Politik und Unternehmen. Gegenüber allen, die sich gegen Gemeingüter und gerechte Verteilung stellen. Oder die uns einreden wollen, dass die Betriebsamkeit in diesem Haus wichtiger ist als das, was es zusammenhält. Vor allem dürfen wir sie nicht mehr mit der Behauptung durchkommen lassen, dass es eben nicht anders geht. Es *muss* anders gehen. Der Balken bricht gleich.

Manches können wir lösen, anderes lässt uns noch ratlos zurück, aber in dem Moment, in dem wir zu tüfteln anfangen, hat sich unsere Einstellung schon ein Stück weit geändert. Hin zu Lösungssuche, weg von Fatalität. Das raunende Knacken im Gebälk ist jetzt weniger ein schlechtes Omen als ein konkretes Problem. Hier müssen wir stabilisieren. Da löschen. Zwischen allem, was wir nicht hinkriegen, gibt es auch so viel zu tun und zu retten. Vielleicht schaffen es Forschende deshalb so hartnäckig, an ihrer Hoffnung festzuhalten. Weil sie das Problem immer auch ein Stück weit fasziniert.

Wissenschaft ist ein Weg, mit Krisen umzugehen. Ob sie uns Panik macht oder ermächtigt, kommt auf uns an.

Danksagung

Vielen Dank an alle, die dieses Buch mitgeschrieben und mit Leben und so unglaublich viel tollem Wissen gefüllt haben. Vielen Dank an Julia Vorrath, fürs Mitlesen und -lachen, sich in jede Stimme Reindenken und jeden Text Bessermachen. Dank an Ulrike Melzer und Gila Keplin, die das Ganze begleitet haben.

Aber vor allem Dank an alle, die täglich an unserem Wissensberg arbeiten und die dort nach Erkenntnissen suchen, sowie diejenigen, die sie allen zugänglich machen.

Die Beiträger*innen

Ann-Kathrin Vlacil

Dr. Ann-Kathrin Vlacil studierte Molekulare Biologie in Mainz und Humanbiologie in Marburg. Anschließend promovierte sie zum Thema Entzündungsprozesse in der Atherosklerose. Ihre Idee, dass auch Mikroplastik unsere Gesundheit beeinflussen kann,
führte sie von einer Konferenz direkt zurück ans Mikroskop. Ihre wissenschaftlichen Einblicke teilt sie eindrücklich sowohl auf Kongressen als auch mit uns in diesem Buch.

Christian Krumm

Dr. Christian Krumm (* 1977) ist Historiker und Dozent für wissenschaftliches Schreiben an der Universität Duisburg-Essen. Mit einem Vortrag zum Thema «Lernen wir aus der Geschichte?» trat er bei über 40 Science-Slams auf und nahm 2015 an den Deut-
schen Meisterschaften teil. Zudem ist er Autor von Romanen und Sachbüchern. Sein letztes Buch *Heaven 11. Ein Psychiatrie-Roman* erschien 2019.

Daniel Meza Arredondo

Dr. Daniel Meza Arredondo, geboren in Mexiko, hat Physik an der UNAM studiert und als DAAD und CONACYT Stipendiat einen Master an der TU Berlin in Produktionstechnik / Photovoltaik absolviert, wo er auch jahrelang Tutor für verschiedene PV-Fächer war. 2016 hat er seine Promotion an der TU Berlin und HZB angefangen und ist seitdem

in der WissKomm aktiv. 2019/2020 war er Mathe- und Physiklehrer an zwei Berliner Schulen.

David Spencer

David Spencer studierte Molekularbiologie an der RWTH Aachen und promoviert seit 2018 zum Thema «Pilzkrankheiten in Kulturpflanzen». Seine Arbeitsgruppe versucht zu verstehen, wie Pflanzen Krankheitserreger erkennen und abwehren. Die dazu notwendigen Gene werden in Nutzpflanzen übertragen und tragen dazu bei, dass auch für die Landwirtschaft der Zukunft widerstandsfähige und ertragreiche Sorten verfügbar sind.

Janina Isabell Otto

Janina Isabell Otto (*1990) ist freie Autorin und Wissenschaftsjournalistin (u. a. für Quarks). Sie studierte Biochemie in Jena und Humanbiologie in Marburg. Seit 2015 performt sie als Science-Slammerin (z. B. bei der Pop-Up Tour Mexiko) und begeistert auch in Videos, Kursen oder Keynotes. Sie wurde beim Wettbewerb Fast Forward Science mit dem *Young Scientist Award* (2. Platz) ausgezeichnet und gewann außerdem den *LifeScienceXplained Award* im Jahr 2022. *YouTube / Instagram*: @Janinaexplainsitall

Jonas Betzendahl

© privat

Jonas Betzendahl ist thematisch breit aufgestellt. Er slammt zu Blockchain, geschlechtergerechten Internetformularen und maschinellem Lernen wie auch zur Frage, wie Computer auch Mathematiker*innen den Job streitig machen können. Mit seinen Vorträgen hat er schon über 200 000 Leute erreicht, auch beim Chaos Communication Congress, der international bekannten Jahresversammlung des Chaos Computer Clubs.

Lydia Möcklinghoff

© privat

Zoologin und Tropenökologin Lydia Möcklinghoff verbringt für ihre Forschung an Großen Ameisenbären und anderen Säugetieren viel Zeit im Pantanal, einem großen Sumpfgebiet in Brasiliens wildem Westen. In Deutschland arbeitet Lydia als freie Wissenschaftsjournalistin für Naturfilm- und Radioredaktionen, ist Podcasterin und veröffentlichte die Bücher *Ich glaub, mein Puma pfeift* und *Die Supernasen*.

Maria-Elena Vorrath

© Arnd Hartmann

Dr. Maria-Elena Vorrath ist promovierte Geowissenschaftlerin und arbeitet an der Universität Hamburg. Seit 2018 slammt sie über Klimaforschung und nahm 2019 an den deutschen Science Slam Meisterschaften teil. Regelmäßig ist sie mit Beiträgen und Interviews in Print, Radio, TV, Podcasts und auf *YouTube*-Kanälen vertreten und hält Keynotes, um über die Klimakrise und negative Emissionen zu sprechen.

Sarah Hiltner

Foto: Jan Christopher-Prietzsch; © Autorin

Sarah Hiltner lebte auf drei Kontinenten, ist Physiotherapeutin, Sportwissenschaftlerin und Soziologin. Seit 2013 spezialisiert sie sich auf geschlechtersensible Medizin und informiert darüber seit 2017 in Form von Kursen, Slams und Vorträgen. Aktuell arbeitet sie als Physiotherapeutin und Coach für evidenzbasierte Gesundheit in der Lüneburger Heide und ist Ratsfrau im Gemeinderat Steinhorst für BÜNDNIS 90 / DIE GRÜNEN. www.sarah-hiltner.de

Sebastian Lotzkat

© privat

Dr. Sebastian Lotzkat (Jahrgang 1981) studierte Biologie in Frankfurt und promovierte am Senckenberg-Institut über die Vielfalt von Reptilien in Panama. Seit 2007 vermittelt er Natur und Wissenschaft u. a. in Texten, Workshops, Vorträgen und Podcasts, war Zweiter bei den Deutschen Slam-Meisterschaften 2012 und ist aktuell am Naturkundemuseum Stuttgart auch hauptberuflich Kommunikator.

Simon McGowan

Simon McGowan studierte Bioverfahrenstechnik an der HS Hannover. Neben seiner Teilnahme an Science Slams ist Simon auch in anderen Bereichen der Wissenschaftskommunikation wie z. B. der Kinder-Uni aktiv. Mit seinem Vortrag «Pimp my Bioplast» gewann er 2015 die Science-Slam-Europameisterschaft in Wien. In seiner Freizeit repariert er Haushaltsgeräte oder baut Kostüme aus dem *Star-Wars*-Universum detailgetreu nach.

Anmerkungen

(Alle Online-Quellen zuletzt abgerufen bei Abgabe 24. 10. 2022)

Aufbruchstimmung

1 FAZ, 2022, https://www.faz.net/aktuell/politik/umfrage-allensbach-wach
   sende-zukunftsangst-der-deutschen-17903682.html
2 Die Zeit, 2022 https://www.zeit.de/news/2022–04/05/junge-menschen-
   blicken-sorgenvoll-in-die-zukunft
3 ZDF, 2022 https://www.zdf.de/nachrichten/panorama/jugend-vergan
   genheit-zukunft-umfrage-100.html
4 Eine von vielen wunderbaren Anekdoten aus dem Buch «The Body: A
   Guide for Occupants», von Bill Bryson (2019).
5 s. o.

Maria-Elena Vorrath **Weniger ist alles**

1 Dies gilt mit einer Wahrscheinlichkeit von 67 Prozent. Weitere Informationen über die CO_2-Uhr finden Sie beim Mercator Research Institute
   on Global Commons and Climate Change unter https://www.mcc-
   berlin.net/forschung/co2-budget.html
2 Schauen Sie dazu gerne meinen Science-Slam «Schnee von gestern»
   auf YouTube an (https://bit.ly/2FhPBuI)
3 Es heißt hier ganz bewusst «etwa», denn je älter geologische Überlieferungen sind, desto schwieriger ist eine genaue Altersdatierung,
   und das wahre Alter wird im Laufe der Zeit durch diverse Einflüsse ver-
   wässert.
4 Wer Lust auf die Chemie dahinter hat und mal Atomen beim Feiern
   zusehen will, dem empfehle ich meinen Science-Slam «Das ist keine
   Lösung!» (https://bit.ly/3MS7fHa)
5 Zur Entstehung der Fotosynthese empfehle ich den tollen Artikel von
   Lars Fischer (Spektrum, https://www.spektrum.de/news/geochemie-
   wann-entstand-die-fotosynthese/1210667)
6 «Klima ist die Zusammenfassung der Wettererscheinungen, die den
   mittleren Zustand der Atmosphäre an einem bestimmten Ort oder in

einem mehr oder weniger großen Gebiet charakterisieren.» Danke an den deutschen Wetterdienst (https://www.dwd.de/DE/service/lexikon/Functions/glossar.html?lv2 = 101334&lv3 = 101462)

7 Caesar, L., McCarthy, G. D., Thornalley, D. J. R., Cahill, N., & Rahmstorf, S. (2021). Current Atlantic meridional overturning circulation weakest in last millennium. *Nature Geoscience, 14*(3), 118–120.

8 Das Abschmelzen des gesamten Grönländischen Eisschildes trüge etwa 5 m zum globalen Meeresspiegel bei, die gesamte Antarktis ca. 57 m. Das Abschmelzen dauert Hunderte bis Hunderttausende Jahre, allerdings bereitet der jetzt schon geringe Meeresspiegelanstieg von durchschnittlich nur ca. 25 cm den Inselstaaten und flachen Küstenmetropolen enorme Probleme. (Morlighem, M., Rignot, E., Binder, T., Blankenship, D., Drews, R., Eagles, G., ... & Young, D. A. (2020). Deep glacial troughs and stabilizing ridges unveiled beneath the margins of the Antarctic ice sheet. *Nature Geoscience, 13*(2), 132–137 und Bamber, J. L., Layberry, R. L., & Gogineni, S. P. (2001). A new ice thickness and bed data set for the Greenland ice sheet: 1. Measurement, data reduction, and errors. *Journal of Geophysical Research: Atmospheres, 106*(D24), 33 773–33 780).

9 *Der Albedo-Effekt ist die Reflektion der Sonnenenergie in Abhängigkeit der Helligkeit der Oberfläche* (https://de.wikipedia.org/wiki/Albedo)

10 Aus dem Bericht des Special Report on Climate Change and Land, Intergovernmental Panel on Climate Change, IPCC, 2020 (https://www.ipcc.ch/site/assets/uploads/sites/4/2020/02/SPM_Updated-Jan20.pdf)

11 Globale Erwärmung gegenüber dem Bezugszeitraum 1880–1900 nach Daten der NASA (https://data.giss.nasa.gov/gistemp/graphs_v4/)

12 Hier empfehle ich die Erklärungen des Potsdam Instituts für Klimafolgenforschung PIK (https://www.pik-potsdam.de/de/produkte/infothek/kippelemente/kippelemente)

13 Aus Climate Change 2021: The Physical Science Basis. Contribution of Working Group I to the Sixth Assessment Report of the Intergovernmental panel on Climate Change, https://www.ipcc.ch/report/ar6/wg1/downloads/report/IPCC_AR6_WGI_SPM.pdf

14 Reichtum für diejenigen, die seit Beginn der Technisierung dabei waren und Rohstoffe und Kapital konzentrieren konnten.

15 Arrhenius, S. (1896). XXXI. On the influence of carbonic acid in the air upon the temperature of the ground. *The London, Edinburgh, and Dublin Philosophical Magazine and Journal of Science, 41*(251), 237–276.

16 Mit der Keeling-Curve können Sie Ihr tägliches CO_2-Update bekommen: https://keelingcurve.ucsd.edu/

17 Die Untersuchungen des EPICA Eisbohrkerns aus der Antarktis zeigten erstmals die detaillierte Klimageschichte der vergangenen 800 000 Jahre im Zusammenhang mit Treibhausgasen (Barbante, C., Barnola, J. M., Becagli, S., Beer, J., Bigler, M., Boutron, C., ... & Wolff, E. (2006). One-to-one coupling of glacial climate variability in Greenland and Antarctica. *Nature, 444*(7116), 195–198.)

18 Lesetipp «Die Klimaschmutzlobby» von Susanne Götze und Annika Joeres, Piper, 2020.

19 Unter diesem Link finden Sie die laufend aktualisierten CO_2-Konzentrationen in der Atmosphäre: https://scrippsco2.ucsd.edu/data/atmospheric_co2/mlo.html

20 Siehe 13 (IPCC, 2021).

21 Die Webseite *Our world in Data* stellt aktuelle Zahlen hervorragend erklärt und visualisiert zur Verfügung (https://ourworldindata.org/greenhouse-gas-emissions)

22 Siehe https://ourworldindata.org/grapher/global-warming-potential-of-greenhouse-gases-over-100-year-timescale-gwp?country=~OWID_WRL

23 Hier finden Sie eine detaillierte Aufstellung der Emissionen nach Sektoren: https://ourworldindata.org/ghg-emissions-by-sector

24 Siehe Abbildung SPM.10 aus 13 (IPCC, 2021).

25 Greta Thunberg, Youth4Climate Pre-COP26, Milano, 29. 09. 2021.

26 In Artikel 2a) des Pariser Abkommens heißt es: «Holding the increase in the global average temperature to well below 2 °C above pre-industrial levels and pursuing efforts to limit the temperature increase to 1.5 °C above pre-industrial levels, recognizing that this would significantly reduce the risks and impacts of climate change.» (https://unfccc.int/sites/default/files/english_paris_agreement.pdf)

27 Siehe 13 (IPCC, 2021).

28 Im Oktober 2022 sind von diesem CO_2-Budget noch 284 Gigatonnen übrig, welches bei konstanten Emissionen am Sonntag, 22. Juli 2029 aufgebraucht sein wird. Siehe 1 (Mercator Research Institute).

29 Nach Abbildung 6.1 aus Climate Change 2013: The Physical Science Basis. Contribution of Working Groupi I to the Fifth Assessment Report of the Intergovernmental Panel on Climate Change, https://www.ipcc.ch/site/assets/uploads/2018/02/WG1AR5_all_final.pdf

30 International Energy Agency, 2022, https://www.iea.org/reports/global-energy-review-co2-emissions-in-2021-2

31 Beim Ausrechnen habe ich ehrlich gesagt ganz schön gekotzt: 36,3 Gigatonnen CO_2 entsprechen 9,9 Gigatonnen reinem Kohlenstoff (bzw. 9 900 000 000 t Kohlenstoff). Nimmt man einen 12 Meter langen Güterwaggon mit 108 t Steinkohle (Kohlenstoffgehalt 88 Prozent), hat

der Zug eine Länge von 1 350 000 km. Der Mond ist 384 400 km entfernt.

32 Wichtig: Trotz ihrer hohen Verletzlichkeit sind Wälder wichtig, denn sie stabilisieren den Wasser- und Nährstoffkreislauf, schützen die Artenvielfalt, machen uns Menschen glücklicher und vieles mehr.

33 Das prominenteste Beispiel sind «Orca» in Island und andere Anlagen der Firma Climeworks, die CO_2 tief im Gestein mineralisieren lassen. (https://climeworks.com)

34 Für mehr Infos zur Erforschung der marinen CO_2-Speicher in Deutschland siehe CDRmare https://cdrmare.de/, für RETAKE siehe https://retake.cdrmare.de/

35 Mehr Infos über die Forschung an CO_2-Speicherung an Land finden Sie bei CDRterra https://cdrterra.de/

36 Mehr Infos zu Pflanzenkohle gibt es hier: https://fachverbandpflanzenkohle.org (aufgerufen Oktober 2022). Dazu empfehle ich das Buch «Cool Down» von Albert Bates und Kathleen Draper, Oekom, 2021.

37 Die Carbon Drawdown Initiative wird philanthropisch durch eine Familienstiftung finanziert. Laufende Aktualisierungen der Pilotprojekte finden Sie im Blog unter https://www.carbon-drawdown.de

38 Auf dem Feld, im Garten oder auf der Fensterbank CO_2 zu binden geht so: Holen Sie sich im Handel «Urgesteinsmehl» und Pflanzenkohle. Die Pflanzenkohle muss für etwa 2 Wochen durch Einarbeiten in Kompost oder Tränken in Brennnesseljauche oder Gülle mit Nährstoffen angereichert werden. Gesteinsmehl und Pflanzenkohle können dann zu etwa 5 bis 10 Prozent dem Boden zugemischt werden. Neben negativen Emissionen erhält man schnellwachsende, gesunde und glückliche Pflanzen. Welche Böden sich für eine beschleunigte Verwitterung eignen, finden Sie in dem «Cheat Sheet» von Project Carbdown (unter https://bit.ly/3sgerU8), das regelmäßig aktualisiert wird.

39 Aufsummiert belegt das kleine Deutschland Platz 6 unter den historischen CO_2-Schleudern (https://www.carbonbrief.org/analysis-which-countries-are-historically-responsible-for-climate-change)

40 Wie Ihr CO_2-Fußabdruck aussieht und Sie ihn nach Ihren individuellen Möglichkeiten senken können, zeigt Ihnen der sehr gute Rechner des Umweltbundesamtes (https://uba.co2-rechner.de/de_DE/)

41 Leider ist der Erwerb von negativen Emissionen momentan sehr teuer und es gibt nur wenige seriöse Plattformen. Ich empfehle dafür Carbonfuture. Hoffentlich gibt es bald noch viele Anbieter mehr.

Weiterreise, Seite 40

1 Wissenschaftsbarometer 2021, https://www.wissenschaft-im-dialog. de/projekte/wissenschaftsbarometer/wissenschaftsbarometer-2021/
2 British Science Association, 2022, https://www.britishscienceassocia tion.org/news/science-sector-risks-missing-golden-opportunity- engage-young-people
3 Wirtschaftswoche, 2022, https://www.wiwo.de/unternehmen/handel/ umstrittener-co2-ausgleich-sind-milch-und-haehnchenfleisch-klima neutral/28592906.html
4 Our world in Data, https://ourworldindata.org/co2-emissions
5 Die Zeit, Energiemonitor, laufend aktualisiert, https://www.zeit.de/ wirtschaft/energiemonitor-deutschland-gaspreis-spritpreis-energie versorgung
6 Climate Action Network Europe, 2022, https://caneurope.org/eu-can- achieve-climate-neutrality-a-decade-earlier-than-planned-new-report- climate-analytics/

Daniel Meza Arredondo **Sonne für alle! Energiebildung als Motor für Energiewende und Klimaschutz**

1 Tagesspiegel, 2022, https://background.tagesspiegel.de/energie-klima/ es-gibt-genug-fachkraefte-fuer-einen-pv-boom
2 N-TV (2012) https://www.n-tv.de/politik/Einbruch-bei-der-Photovol taik-article7193576.html
3 BDEW. Die Energieversorgung 2021 Jahresbericht. https://www.bdew. de/media/documents/Jahresbericht_2021_UPDATE_Juni_2022.pdf
4 Bundesverband der Energie- und Wasserwirtschaft (BDEW). Die Ener- gieversorgung 2021 Jahresbericht. https://www.bdew.de/media/ documents/Jahresbericht_2021_UPDATE_Juni_2022.pdf
5 Wirth, H., & Schneider, K. (2015). Aktuelle fakten zur photovoltaik in deutschland. *Fraunhofer ISE*, 201(2).
6 BDEW, 2021, https://www.bdew.de/presse/pressemappen/faq-ener gieeffizienz/
7, 8 vgl. Quelle 5.
9 Umweltbundesamt, 2021, https://www.umweltbundesamt.de/daten/ flaeche-boden-land-oekosysteme/flaeche/struktur-der-flaechennut zung#die-wichtigsten-flachennutzungen
10 Basisdaten Bioenergie Deutschland 2021, Fachagentur Nachwach- sende Rohstoffe e. V., September 2020

11   Wirth, H., & Schneider, K. (2015). Aktuelle Fakten zur Photovoltaik in Deutschland. *Fraunhofer ISE, 201(2).*

Weiterreise, Seite 66

1   Vorgerechnet von Volker und Cornelia Quaschning (2022) im Buch «Energierevolution jetzt!», 1. Auflage, Carl Hanser Verlag, München; Toll und bildreich aufbereitet aber auch im Blog https://graslutscher.de in der Reihe «How to Energiewende in 10 Jahren», von Jan Hegenberg.

2   Science Media Center, https://dunkelflauten-guide.smc.page/

3   Lindsey Fitzharris (2020), «Der Horror der frühen Medizin: Joseph Listers Kampf gegen Kurpfuscher, Quacksalber & Knochenklempner», Suhrkamp Verlag Berlin.

4   Our world in Data, https://ourworldindata.org/cheap-renewables-growth

5   Volker und Cornelia Quaschning (2022), Energierevolution jetzt! Mobilitat, Wohnen, grüner Strom und Wasserstoff. Was führt uns aus der Klimakrise – und was nicht? Hanser Verlag.

6   https://www.energy-charts.info/map/map.htm?l=de&c=DE&country=DE&zoom=4&lat=55304&lng=20513&tab=tab_renewableShareMap&interval=month&month=08&source=renewable_share_of_generation

7   Way, R., Ives, M. C., Mealy, P., & Farmer, J. D. (2022). Empirically grounded technology forecasts and the energy transition. *Joule.*

8   Xiao, M., Junne, T., Haas, J., & Klein, M. (2021). Plummeting costs of renewables-Are energy scenarios lagging?. *Energy Strategy Reviews, 35,* 100636.

9   Anthropocene Magazine, 2022, https://www.anthropocenemagazine.org/2022/01/enhanced-rock-weathering/

Jonas Betzendahl **Maschinelles Lernen und Algorithmen: Die Geister, die ich rief**

1   So passiert unter anderem in «Big Rigs: Over the Road Racing», einem Computerspiel aus 2003, das bis heute mit seinen vielen Bugs und schlechter Qualität unterhält: https://www.youtube.com/watch?v=rik TiT2OwqQ

2   Leider ebenfalls so passiert. Der «Mars Climate Orbiter», ein Projekt mit Kosten von über 300 Millionen US-Dollar, fiel einem Stück Software zum Opfer, das Ergebnisse in amerikanischen Gewohnheitseinheiten

(Fuß, Pfund, …) statt SI-Einheiten (Meter, Kilogramm, …) ausgab: https://web.archive.org/web/20010920052120, http://sunnyday.mit. edu/accidents/MCO_report.pdf

3 Soweit wir wissen …

4 Berichterstattung von Jeffrey Dastin vom 2018–10–18 für Reuters: https://www.reuters.com/article/us-amazon-com-jobs-automation-insight-idUSKCN1MK08G

5 Siehe «Negativfaktor Frau» von Ingrid Brodnig, erschienen am 2018–10–20 in profil: https://www.profil.at/meinung/ingrid-brodnig-negativfaktor-frau-10422551

6 Die Arbeitsgruppe ist an der Universität in Cambridge und weiterhin aktiv an der Forschung beteiligt. Die Anekdote illustriert lediglich eine typische Sorte von Problemen, mit denen auch diese Forschenden zu kämpfen hatten. https://covid19ai.maths.cam.ac.uk/research-publica tions

7 Diese Sorte von «Predictive Policing» ist leider ein Thema, was wieder und wieder Schlagzeilen bringt, weil die Polizei vor Ort nicht recherchiert oder sich weigert, aus den zahlreichen und gut dokumentierten Fehlschlägen zu lernen.
https://www.propublica.org/article/machine-bias-risk-assessments-in-criminal-sentencing
https://projects.tampabay.com/projects/2020/investigations/police-pasco-sheriff-targeted/school-data/
https://www.technologyreview.com/2020/07/17/1005396/predic tive-policing-algorithms-racist-dismantled-machine-learning-bias-criminal-justice/
https://www.reuters.com/article/europe-tech-police-idINL8N2R92HQ
Inzwischen gibt es sogar einen Boykottaufruf von über 1500 Mathematiker*Innen, nicht mehr mit der Polizei zusammenzuarbeiten: https://www.popularmechanics.com/science/math/a32957375/mathematici ans-boycott-predictive-policing/

Weiterreise, Seite 85

1 Regenerative Design, 2014, https://www.re-des.org/ein-solarpunk-manifest-deutsch/

2 Jan Hegenberg (2022), Weltuntergang fällt aus, 1. Auflage, Komplett Media GmbH, Grünwald.

Sebastian Lotzkat **Nieder mit der Ordnung! Macht Platz für die Vielfalt**

1 https://ipbes.net/global-assessment

Weiterreise, Seite 104

1 https://blogs.worldbank.org/endpovertyinsouthasia/investing-bhu tans-forests-sustainable-future
2 Maja Göpel (2022). Unsere Welt neu denken. Eine Einladung. Ullstein, Berlin.
3 Jan Hegenberg (2022). Weltuntergang fällt aus, 1. Auflage, Komplett Media GmbH, Grünwald.
4 Beggan, J. K. (1992). On the social nature of nonsocial perception: The mere ownership effect. *Journal of personality and social psychology*, 62(2), 229. / Daniel Kahneman (2012). «Schnelles Denken, langsames Denken», Siedler Verlag, München.
5 https://bigissue.com/news/environment/people-protested-when-this-capital-city-went-car-free-now-they-love-it/
6 Tyson, A., Kennedy, B., & Funk, C. (2021). Gen Z, millennials stand out for climate change activism, Social Media Engagement With Issue. *Pew Res. Cent, 26.*
7 Science,2018, https://www.science.org/content/article/roles-ideas-and-climate-growth-earn-duo-economics-nobel-prize

Weiterreise, Seite 127

1 z. B. Nie, Z., Yang, X., & Tu, Q. (2020). Resource scarcity and cooperation: Evidence from a gravity irrigation system in China. *World Development, 135,* 105 035.
2 Zelmer, J., (2003) «Linear public goods experiments: A meta-analysis», Exp. Econ.
3 Mengel, F. (2018). Risk and Temptation: A Meta study on Prisoner's Dilemma Games. *The Economic Journal, 128* (616), 3182–3209.
4 s. a. Franca Parianen (2021) Teilen und Haben, Duden Verlag, Berlin.
5 WHO, 2022, https://www.who.int/news/item/04–04–2022-billions-of-people-still-breathe-unhealthy-air-new-who-data
6 Klimareporter, 2019, https://www.klimareporter.de/advertorials/wie-viel-platz-nehmen-pkw-in-staedten-ein

7   Tagesspiegel, 2015, https://www.tagesspiegel.de/berlin/innenstadt-halfte-aller-haushalte-hat-kein-auto-3666289.html

8   Umweltbundesamt, 2018, https://www.umweltbundesamt.de/bild/auto besitz-nach-oekonomischem-status

9   Chancel, L. (2022). Global carbon inequality over 1990–2019. *Nature Sustainability*, 1–8.

10 https://ourworldindata.org/co2-gdp-decoupling

11 Kate Raworth, 2012, https://www.kateraworth.com/2012/07/23/why-its-time-to-vandalize-the-economic-textbooks/

12 Burke, M., Davis, W. M., & Diffenbaugh, N. S. (2018). Large potential reduction in economic damages under UN mitigation targets. *Nature*, 557(7706), 549–553.

13 Strand, J., Soares-Filho, B., Costa, M. H., Oliveira, U., Ribeiro, S. C., Pires, G. F., ... & Toman, M. (2018). Spatially explicit valuation of the Brazilian Amazon forest's ecosystem services. *Nature Sustainability*, 1(11), 657–664.

14 The Sacramento Bee, 2021, https://www.sacbee.com/news/local/article252187473.html

15 Sparkman, G., Geiger, N., & Weber, E. U. (2022). Americans experience a false social reality by underestimating popular climate policy support by nearly half. *Nature communications*, 13(1), 1–9.

16 Our world in Data, https://ourworldindata.org/co2-emissions

17 Bloomberg, 2021, https://www.bloomberg.com/news/articles/2021-06-23/building-new-renewables-cheaper-than-running-fossil-fuel-plants?leadSource=uverify%20wall

Ann-Kathrin Vlacil Life in plastic – it's fantastic: Von Mikroplastikpartikeln, die sich nicht (nur) in Luft auflösen

1   Frias, J. P., & Nash, R. (2019). Microplastics: Finding a consensus on the definition. *Marine pollution bulletin*, 138, 145–147.

2   PlasticsEurope, Association of Plastics Manufacturers, https://www.plasticseurope.org

3   Thompson, R. C., Olsen, Y., Mitchell, R. P., Davis, A., Rowland, S. J., John, A. W., ... & Russell, A. E. (2004). Lost at sea: where is all the plastic?. *Science*, 304(5672), 838–838.

4   Weston, J. N., Carrillo-Barragan, P., Linley, T. D., Reid, W. D., & Jamieson, A. J. (2020). New species of eurythenes from hadal depths of the Mariana trench, Pacific ocean (Crustacea: Amphipoda). *Zootaxa*, 4748(1), 163–181.

5 Kelpsiene, E., Torstensson, O., Ekvall, M. T., Hansson, L. A., & Cedervall, T. (2020). Long-term exposure to nanoplastics reduces life-time in Daphnia magna. *Scientific reports, 10*(1), 1–7.

6 Browne, M. A., Dissanayake, A., Galloway, T. S., Lowe, D. M., & Thompson, R. C. (2008). Ingested microscopic plastic translocates to the circulatory system of the mussel, Mytilus edulis (L.). *Environmental science & technology, 42*(13), 5026–5031.

7 Walczak, A. P., Hendriksen, P. J., Woutersen, R. A., van der Zande, M., Undas, A. K., Helsdingen, R., ... & Bouwmeester, H. (2015). Bioavailability and biodistribution of differently charged polystyrene nanoparticles upon oral exposure in rats. *Journal of Nanoparticle Research, 17*(5), 1–13.

8 Vlacil, A. K., Bänfer, S., Jacob, R., Trippel, N., Kuzu, I., Schieffer, B., & Grote, K. (2021). Polystyrene microplastic particles induce endothelial activation. *PloS one, 16*(11), e0260181.

9 Kern, D. G., Kern, E., Crausman, R. S., & Clapp, R. W. (2011). A retrospective cohort study of lung cancer incidence in nylon flock workers, 1998–2008. *International journal of occupational and environmental health, 17*(4), 345–351.

10 Dong, C. D., Chen, C. W., Chen, Y. C., Chen, H. H., Lee, J. S., & Lin, C. H. (2020). Polystyrene microplastic particles: In vitro pulmonary toxicity assessment. *Journal of hazardous materials, 385*, 121575.

11 Kwon, W., Kim, D., Kim, H. Y., Jeong, S. W., Lee, S. G., Kim, H. C., ... & Choi, S. K. (2022). Microglial phagocytosis of polystyrene microplastics results in immune alteration and apoptosis in vitro and in vivo. *Science of The Total Environment, 807*, 150817.

12 Schwabl, P., Köppel, S., Königshofer, P., Bucsics, T., Trauner, M., Reiberger, T., & Liebmann, B. (2019). Detection of various microplastics in human stool: a prospective case series. *Annals of internal medicine, 171*(7), 453–457.

13 Braun, T., Ehrlich, L., Henrich, W., Koeppel, S., Lomako, I., Schwabl, P., & Liebmann, B. (2021). Detection of microplastic in human placenta and meconium in a clinical setting. *Pharmaceutics, 13*(7), 921.

14 Leslie, H. A., Van Velzen, M. J., Brandsma, S. H., Vethaak, A. D., Garcia-Vallejo, J. J., & Lamoree, M. H. (2022). Discovery and quantification of plastic particle pollution in human blood. *Environment international, 163*, 107199.

15 Gilman, E., Chopin, F., Suuronen, P., & Kuemlangan, B. (2016). Abandoned, lost or otherwise discarded gillnets and trammel nets. *FAO Fisheries and Aquaculture Technical Paper (FAO) eng no. 600*.

16 Die Bundesregierung (2022) https://www.bundesregierung.de/breg-de/suche/ankuendigung-meeresoffensive-2003498

17 Watson, A. J., Schuster, U., Shutler, J. D., Holding, T., Ashton, I. G., Landschützer, P., … & Goddijn-Murphy, L. (2020). Revised estimates of ocean-atmosphere CO_2 flux are consistent with ocean carbon inventory. *Nature communications, 11*(1), 1–6.

18 Alcolombri, U., Peaudecerf, F. J., Fernandez, V. I., Behrendt, L., Lee, K. S., & Stocker, R. (2021). Sinking enhances the degradation of organic particles by marine bacteria. *Nature Geoscience, 14*(10), 775–780.

19 Gehrke, I. et al. (2021). TyreWearMapping. Digitales Planungs-und Entscheidungsinstrument zur Verteilung, Ausbreitung und Quantifizierung von Reifenabrieb in Deutschland. Schlussbericht.

20 https://www.bundesregierung.de/breg-de/themen/nachhaltigkeits politik/einwegplastik-wird-verboten-1763390

Weiterreise, Seite 152

1 Frederiksen, H., Nielsen, J. K. S., Mørck, T. A., Hansen, P. W., Jensen, J. F., Nielsen, O., … & Knudsen, L. E. (2013). Urinary excretion of phthalate metabolites, phenols and parabens in rural and urban Danish mother–child pairs. *International journal of hygiene and environmental health, 216*(6), 772–783.

2 Ayar, G., Yalçın, S. S., Yırün, A., Emeksiz, S., Balcı, A., & Erkekoğlu, P. (2022). Associations between pediatric intensive care procedures and urinary free-BPA levels. *Environmental Science and Pollution Research, 29*(9), 13 555–13 563.

Weiterreise, Seite 175

1 Tyson, A., Kennedy, B., & Funk, C. (2021). Gen Z, millennials stand out for climate change activism, Social Media Engagement With Issue. *Pew Res. Cent, 26*.

Janina Isabell Otto **The Sweet Escape: Über Zucker, Seitensprünge und Diabetes**

1 Pan, A., Sun, Q., Bernstein, A. M., Schulze, M. B., Manson, J. E., Willett, W. C., & Hu, F. B. (2011). Red meat consumption and risk of type 2 diabetes: 3 cohorts of US adults and an updated meta-analysis. *The American journal of clinical nutrition, 94*(4), 1088–1096.

2 Grøntved, A., Rimm, E. B., Willett, W. C., Andersen, L. B. & Hu, F. B. (2012). A Prospective Study of Weight Training and Risk of Type 2 Diabetes Mellitus in Men. Archives of Internal Medicine, 172(17), 1306. https://doi.org/101001/archinternmed.20123138

3 Nature, 2021, Genetics of T2D, https://www.nature.com/articles/d42859-021-00019-w?error=cookies_not_supported&code=7f5e2 899-2bf6-44d6-b1

4 Newman, B., Selby, J., King, M. C., Slemenda, C., Fabsitz, R. & Friedman, G. (1987). Concordance for Type 2 (non-insulin-dependent) diabetes mellitus in male twins. Diabetologia, 30(10). https://doi.org/101007/bf00275741

5 Deutsche Diabetes Gesellschaft e. V., 2021, *Die Diabetes-Epidemie – Direkte und indirekte Gesundheitskosten gehen in die Milliarden: Therapie- und Folgekosten für Typ-2-Diabetes*. https://www.ddg.info/presse/die-diabetes-epidemie-direkte-und-indirekte-gesundheitskosten-gehen-in-die-milliarden

6 Inadera, H. (2013). Developmental origins of obesity and type 2 diabetes: molecular aspects and role of chemicals. *Environmental Health and Preventive Medicine, 18*(3), 185–197.

7 Ernst, J. B., Arens-Azevêdo, U., Bitzer, B., Bosy-Westphal, A., de Zwaan, M., Egert, S., Fritsche, A., Gerlach, S., Hauner, H., Heseker, H., Koletzko, B., Müller-Wieland, D., Schulze, M., Virmani, K., Watzl, B. & Buyken, A. E. für Deutsche Adipositas-Gesellschaft, Deutsche Diabetes Gesellschaft und Deutsche Gesellschaft für Ernährung. Quantitative Empfehlung zur Zuckerzufuhr in Deutschland. Bonn, 2018

8 World Health Organization, 2015, Guideline, Sugars Intake for Adults and Children (1. Aufl.). WORLD HEALTH ORGN.

9 DeFronzo, R. A., Ferrannini, E., Groop, L., Henry, R. R., Herman, W. H., Holst, J. J., Hu, F. B., Kahn, C. R., Raz, I., Shulman, G. I., Simonson, D. C., Testa, M. A. & Weiss, R. (2015). Type 2 diabetes mellitus. Nature Reviews Disease Primers, 1(1).

10 *Harrisons Innere Medizin: Kapitel 419*. (2016). McGraw-Hill Education.

11 WHO, 2021, *Introducing the Global Diabetes Compact*, https://www.who.int/publications/m/item/introducing-the-global-diabetes-compact

12 *Global Diabetes Summit*, 2021, https://www.who.int/news-room/events/detail/2021/04/14/default-calendar/global-diabetes-summit

13 Deutsche Diabetes Gesellschaft e. V., 2021.

14 *Global Diabetes Summit, 2021*

15 Diabetes, 2022, https://www.who.int/news-room/fact-sheets/detail/diabetes

16 WHO, 2021, Introducing the Global Diabetes Compact, https://www.who.int/publications/m/item/introducing-the-global-diabetes-compact

17 Deutsche Diabetes-Gesellschaft e. V., 2021.

18 Bundesministerium für Gesundheit (BMG), 2022, Vorläufige Finanzergebnisse der GKV für das Jahr 2021, https://www.bundesgesundheitsministerium.de/presse/pressemitteilungen/vorlaeufige-finanzergebnisse-gkv-2021.html

19 Süddeutsche, 2022, Zusatzbeiträge für Krankenkassen steigen 2023 deutlich, https://www.sueddeutsche.de/gesundheit/gesundheit-zusatzbeitraege-fuer-krankenkassen-steigen-2023-deutlich-dpa.urn-newsml-dpa-com-20090101-220628-99-832446

20 Ernst et al., 2018.

21 Berg, J. M., Stryer, L., Tymoczko, J. L., Held, A., Lange, C., Mahlke, K., Maxam, G., Seidler, L., Zellerhoff, N., Häcker, B. & Jarosch, B. (2012, 13. Oktober). Stryer Biochemie (7. Aufl. 2013). Springer Spektrum.

22 Berg et al., 2012.

23 Brewer, P. D., Habtemichael, E. N., Romenskaia, I., Mastick, C. C. & Coster, A. C. (2014, Juni). Insulin-regulated Glut4 Translocation. Journal of Biological Chemistry, 289(25), 17 280–17 298. 4.

24 Schatz, H., 2022, Diabetologie kompakt. Grundlagen und Praxis. Blackwell Wissenschaft, Berlin.

25 Berg et al., 2012

26 Müller-Esterl, W. & Plenikowski, M. (2004). Biochemie: Eine Einführung für Mediziner und Naturwissenschaftler [Unter Mitarbeit von Ulrich Brandt, Oliver Anderka, Stefan Kieß, Katrin Ridinger und Michael Plenikowski] (1. Aufl. 2004. Korr. Nachdruck). Spektrum Akademischer Verlag.

27 Pharmazeutische Zeitung, 2017, Hohmann-Jeddi, C., Zuckerkonsum: Wie Fructose den Stoffwechsel stört., https://www.pharmazeutische-zeitung.de/ausgabe-412017/wie-fructose-den-stoffwechsel-stoert/

28 Stanhope, K. L. (2016). Sugar consumption, metabolic disease and obesity: The state of the controversy. *Critical reviews in clinical laboratory sciences, 53*(1), 52–67.

29 Lustig, R. H. (2016, 15. August). Die bittere Wahrheit über Zucker: Wie Übergewicht, Diabetes und andere chronische Krankheiten entstehen und wie wir sie besiegen können.

30 Hohmann-Jeddi, 2017

31 Stanhope, 2015

32 Moss, M. (2014). Salt Sugar Fat: How the Food Giants Hooked Us (Reprint). Random House Trade Paperbacks.

33 Drewnowski, A. & Greenwood, M. (1983). Cream and sugar: Human preferences for high-fat foods. Physiology & Behavior, 30(4), 629–633.

34 Moss, 2014

35 Coca-Cola Deutschland (o. D.). Eiskalte Klassiker: Coca-Cola Werbung von 1886 bis heute. https://www.coca-cola-deutschland.de/unterhaltung/fans-und-sammler/coca-cola-werbung-1886-bis-heute

36 Statista, 2022, Entwicklung der Bruttowerbeaufwendungen von Coca-Cola in Deutschland in den Jahren 2016 bis 2021. https://de.statista.com/prognosen/1173956/bruttowerbeaufwendungen-von-coca-cola

37 Statista, 2022, Bruttowerbeaufwendungen für Süßwaren in Deutschland bis 2021. https://de.statista.com/prognosen/197004/werbeausgaben-fuer-schokolade-und-zuckerwaren-in-deutschland-seit-2000

38 Deutsche Diabetes Gesellschaft e. V., 2021

39 Moss, 2014

40 ABC news, 2012, Wright, D. & Marsh, M., Baby Carrots: The Next Snack Food? https://abcnews.go.com/US/baby-carrots-snack-food/story?id=15533622

41 Moss, 2014

42 Harvard Business Review, 2020, Dunn, J., The CEO of Bolthouse Farms on Making Carrots Cool. https://hbr.org/2015/10/the-ceo-of-bolthouse-farms-on-making-carrots-cool

43 Moss, 2014

44 Wright & Marsh, 2012

45 Dunn, 2020

46 Abgeordnetenwatch, 2019, Winter, S., Wie die Zuckerlobby eine Sondersteuer auf Limonade verhindert, https://www.abgeordnetenwatch.de/recherchen/lobbyismus/wie-die-zuckerlobby-eine-sondersteuer-auf-limonade-verhindert

47 Winter, 2019

48 ZEIT ONLINE, 2019, Lobbyismus: Julia Klöckner wird für Video mit Nestlé-Chef kritisiert, https://www.zeit.de/politik/deutschland/2019-06/lobbyismus-julia-kloeckner-nestle-vorwurf-pr?utm_referrer=https%3A%2F%2F www.google.com%2F

49 Tagesspiegel, 2019, Ismar, G., Die Ministerin und ihre Lobbykontakte, https://www.tagesspiegel.de/politik/klockners-vorliebe-fur-treffen-mit-nestle-und-co-4087897.html

50 Theile, M. (2021). Zuckerrüben: Großes Gewächs. DIE ZEIT.

51 Winter, 2019

52 Tagesschau.de, 2021, Vorgaben für Fertigprodukte: Özdemir will gesündere Ernährung fördern. https://www.tagesschau.de/inland/oezdemir-ernaehrung-101.html

53 Zukunftskommission Landwirtschaft (ZKL), 2021, Zukunft Landwirtschaft. Eine gesamtgesellschaftliche Aufgabe Empfehlungen der Zukunftskommission Landwirtschaft. https://www.bmel.de/SharedDocs/Downloads/DE/Broschueren/abschlussbericht-zukunftskommission-landwirtschaft.html
54 SRF, 2018, Fanta & Co. – Das süssere Leben in der Schweiz. Schweizer Radio und Fernsehen (SRF). https://www.srf.ch/news/schweiz/fanta-co-das-suessere-leben-in-der-schweiz
55 DiNicolantonio, J. J., O'Keefe, J. H. & Lucan, S. C. (2015). Added Fructose. Mayo Clinic Proceedings, 90(3), 372–381.https://doi.org/101016/j.mayocp.2014.12.019

Weiterreise, Seite 196

1 Wissenschaftsbarometer, 2021
2 T-Online, 2022, https://www.t-online.de/gesundheit/krankheiten-symptome/id_91532016/corona-studie-wer-rotwein-trinkt-hat-ein-geringeres-infektionsrisiko.html
3 Open Science Collaboration. (2015). Estimating the reproducibility of psychological science. Science, 349(6251)
4 Saltelli, A., & Funtowicz, S. (2017). What is science's crisis really about?. Futures, 91, 5–11.
5 Bill Bryson (2019), «The Body»
6 Wissenschaftsbarometer, 2021, https://www.wissenschaft-im-dialog.de/projekte/wissenschaftsbarometer/wissenschaftsbarometer-2021/
7 Riffreporter, 2021, https://www.riffreporter.de/de/wissen/corona-covid-drosten-interview-podcast-medien-krisenstab-pandemie
8 https://www.deutschlandfunk.de/verbraucherschuetzer-unter-lobby verdacht-100.html

David Spencer **Let it grow: Warum Gentechnik und Ökolandwirtschaft ein echtes Traumpaar wären**

1 Bill Bryson (2010), At Home, a short history of private Life, Doubleday.
2 Quelle z. B. Bundesamt für Landwirtschaft und Ernährung, https://www.ble.de/DE/Themen/Landwirtschaft/Biologische-Vielfalt/Nationales-Fachprogramm-Pflanzen/nationales-fachprogramm-pflanzen_node.html
3 https://www.ble.de/DE/Themen/Landwirtschaft/Biologische-Viel

falt/Nationales-Fachprogramm-Pflanzen/nationales-fachprogramm-pflanzen_node.html

4 Jinek, M., Chylinski, K., Fonfara, I., Hauer, M., Doudna, J. A., & Charpentier, E. (2012). A programmable dual-RNA–guided DNA endonuclease in adaptive bacterial immunity. *science*, 337(6096), 816–821.

5 Xu, K., Xu, X., Fukao, T., Canlas, P., Maghirang-Rodriguez, R., Heuer, S., ... & Mackill, D. J. (2006). Sub1A is an ethylene-response-factor-like gene that confers submergence tolerance to rice. *Nature*, 442(7103), 705–708.

6 González, F. G., Capella, M., Ribichich, K. F., Curín, F., Giacomelli, J. I., Ayala, F., ... & Chan, R. L. (2019). Field-grown transgenic wheat expressing the sunflower gene HaHB4 significantly outyields the wild type. *Journal of Experimental Botany*, 70(5), 1669–1681.

7 Zsögön, A., Čermák, T., Naves, E. R., Notini, M. M., Edel, K. H., Weinl, S., ... & Peres, L. E. P. (2018). De novo domestication of wild tomato using genome editing. *Nature biotechnology*, 36(12), 1211–1216.

8 z. B. https://www.pewresearch.org/science/2015/01/29/public-and-scientists-views-on-science-and-society/

9 z. B. https://www.transgen.de/sicherheit/1392.tumore-gentechnik-mais-seralini-studie.html

10 z. B. Presseinformation des Julius-Kühn-Instituts (JKI, Bundesforschungsinstitut für Kulturpflanzen) vom 2. Juni 2017.

11 z. B. https://www.bmel.de/DE/themen/ernaehrung/lebensmittelverschwendung/studie-lebensmittelabfaelle-deutschland.html

12 https://www.youtube.com/watch?v=vVWK9pvRRS8

Weiterreise, Seite 219

1 Jamieson, K. H., Kahan, D., & Scheufele, D. A. (Eds.). (2017). *The Oxford handbook of the science of science communication*. Oxford University Press

2 Opel DJ, Heritage J, Taylor JA, Mangione-Smith R, Salas HS, Devere V, Zhou C, Robinson JD. The architecture of provider-parent vaccine discussions at health supervision visits. Pediatrics. 2013;132:1037–46. doi: 10 1542/peds.2013–2037.

3 Kahan, D. M. (2017). On the sources of ordinary science knowledge and extraordinary science ignorance. *The Oxford handbook of the science of science communication*, 35, 35–50.

4 Katharina Nocun, Pia Lamberty (2021) True Facts: Was gegen Verschwörungserzählungen wirklich hilft, Quadriga // McIntyre, L. (2021).

How to talk to a science denier: conversations with flat earthers, climate deniers, and others who defy reason. MIT Press.

5 https://www.currentaffairs.org/2021/10/how-can-you-talk-effecti vely-to-anti-vaxxers-flat-earthers-and-climate-deniers

6 Nolan, J. M., Schultz, P. W., Cialdini, R. B., Goldstein, N. J., & Griskevicius, V. (2008). Normative social influence is underdetected. Personality and social psychology bulletin // Allcott, H. (2011). Social norms and energy conservation. Journal of public Economics.

7 Winkelmann, R., Donges, J. F., et al. (2022). Social tipping processes towards climate action: A conceptual framework. *Ecological Economics, 192*, 107 242.

Weiterreise, Seite 239

1 Catherine Arnold, Pandemic 1918, St. Martin's Press (2018).

Sarah Hiltner **Die bittere Pille: Wie Sexismus in der Medizin tötet**

1 Criado-Perez, C. (2020). *Unsichtbare Frauen. Wie eine von Daten beherrschte Welt die Hälfte der Bevölkerung ignoriert,* München.

2 Oertelt-Prigione, S., & Regitz-Zagrosek, V. (2012). Sex and gender aspects in clinical medicine. Springer.

3 Legato, M. J. (2017). Principles of gender-specific medicine: gender in the genomic era (Third ed.). Elsevier / Academic Press.

4 Oertelt-Prigione, S., & Regitz-Zagrosek, V. (2012). *Sex and gender aspects in clinical medicine.* Springer.

5 Shah, T., Haimi, I., Yang, Y., Gaston, S., Taoutel, R., Mehta, S., ... & Tirziu, D. (2021). Meta-analysis of gender disparities in in-hospital care and outcomes in patients with ST-segment elevation myocardial infarction. The American Journal of Cardiology, 147, 23–32.

6 Rieder, A., & Lohff, B. (Eds.). (2008). *Gender Medizin: geschlechtsspezifische Aspekte für die klinische Praxis.* Springer Science & Business Media.

7 Rieder, A., & Lohff, B. (2008). *Gender Medizin: Geschlechtsspezifische Aspekte für die klinische Praxis.* Springer Science & Business Media.

8 Hornberg, C., Pauli, A., & Wrede, B. (2016). Medizin – Gesundheit – Geschlecht: Gesundheitswissenschaftliche und gendermedizinische Perspektiven. In Medizin-Gesundheit-Geschlecht (pp. 1–21). Springer.

9 Lard, L. R., Huizinga, T. W., Hazes, J. M., & Vlieland, T. P. (2001). Delayed

referral of female patients with rheumatoid arthritis. *The Journal of Rheumatology, 28*(10), 2190–2192.

10 Samulowitz, A., Gremyr, I., Eriksson, E., & Hensing, G. (2018). «Brave Men» and «Emotional Women»: A Theory-Guided Literature Review on Gender Bias in Health Care and Gendered Norms towards Patients with Chronic Pain. *Pain Research and Management, 2018*, 6358624.

11 Hornberg, C., Pauli, A., & Wrede, B. (2016). Medizin – Gesundheit – Geschlecht: Gesundheitswissenschaftliche und gendermedizinische Perspektiven. In Medizin-Gesundheit-Geschlecht (pp. 1–21). Springer.

12 Klein, S. L., & Flanagan, K. L. (2016). Sex differences in immune responses. Nature Reviews Immunology, 16(10), 626–638.

13 Bjornevik, K., Cortese, M., Healy, B. C., Kuhle, J., Mina, M. J., Leng, Y., ... & Ascherio, A. (2022). Longitudinal analysis reveals high prevalence of Epstein-Barr virus associated with multiple sclerosis. Science, 375(6578), 296–301.

14 Lautenbacher, S., Güntürkün, O., & Hausmann, M. (2007). Gehirn und Geschlecht: Neurowissenschaft des kleinen Unterschieds zwischen Frau und Mann. Springer-Verlag.

15 Dasa, O., & Pepine, C. J. (2021). Sex Differences, Aspirin, and Primary Prevention. Am J Med, 134(1).

16 United States General Accounting Office «Drug Safety: Most Drugs Withdrawn in Recent Years Had Greater Health Risks for Women» https://www.gao.gov/assets/gao-01-286r.pdf

17 Die forschenden Pharma-Unternehmen, https://www.vfa.de/de/arzneimittel-forschung/so-funktioniert-pharmaforschung/geschlechtsunterschiede-in-der-medikamentenwirkung.html

18 Lautenbacher, S., Güntürkün, O., & Hausmann, M. (2007). Gehirn und Geschlecht: Neurowissenschaft des kleinen Unterschieds zwischen Frau und Mann. Springer-Verlag.

19 Joy, P., Gauvin, S., Lee, M., & Comix, A. A. (Eds.). (2019). Rainbow reflections: Body image comics for queer men. Ad Astra Comix.

20 Tebbe, E. A., & Moradi, B. (2016). Suicide risk in trans populations: An application of minority stress theory. *Journal of counseling psychology, 63*(5), 520.

21 Albert, P. R. (2015). Why is depression more prevalent in women?. Journal of psychiatry & neuroscience: JPN, 40(4), 219.

22 Cover, R. (2012). Queer Youth Suicide, Culture and Identity: Unliveable Lives? Ashgate Publishing, London.

23 Human Rights Watch (2017) I want to be like nature made me https://www.hrw.org/report/2017/07/25/i-want-be-nature-made-me/medically-unnecessary-surgeries-intersex-children-us

24 The Society Pages, 2008, https://thesocietypages.org/socimages/
   2008/09/04/the-phall-o-meter/
25 Luy, M., Bowen, C. E., Di Giulio, P., Wegner-Siegmundt, C., & Wiede-
   mann, A. (2015) The Relationships between Longevity and Different
   Dimensions of Health: Findings from the Cloister Study.
26 Aloisi, A. M., Bachiocco, V., Costantino, A., Stefani, R., Ceccarelli, I.,
   Bertaccini, A., & Meriggiola, M. C. (2007). Cross-sex hormone administration changes pain in transsexual women and men. *Pain, 132*,
   S60-S67.
27 Pieretti, S., Di Giannuario, A., Di Giovannandrea, R., Marzoli, F., Piccaro,
   G., Minosi, P., & Aloisi, A. M. (2016). Gender differences in pain and its
   relief. *Annali dell'Istituto superiore di sanita, 52*(2), 184–189.
28 Eichler, M., Fuchs, J. & Maschewsky-Schneider, U. (2000) Richtlinien zur
   Vermeidung von Gender Bias in der Gesundheitsforschung. Z. f. Ge-
   sundheitswiss. 8, 293.
29 Gümüşay, K. (2020). *Sprache und Sein.* Hanser Berlin.
30 Stahlberg, D., Sczesny, S., & Braun, F. (2001). Name Your Favorite Musi-
   cian: Effects of Masculine Generics and of their Alternatives in German.
   Journal of Language and Social Psychology, 20(4), 464–469. https://
   doi.org/101177/0261927X01020004004
31 Wallis, C. J., Jerath, A., Coburn, N., Klaassen, Z., Luckenbaugh, A. N., Ma-
   gee, D. E., … & Satkunasivam, R. (2022). Association of surgeon-patient
   sex concordance with postoperative outcomes. *JAMA surgery, 157*(2),
   146–156.
32 Hiltner, S., & Oertelt-Prigione, S. (2017). Sex and Gender Representati-
   ons of Myocardial Infarction in German Medical Books. *Gender and the
   Genome, 1*(2), 68–75.

Weiterreise, Seite 261

1 Oder guckt hier dieses hilfreiche Video: https://www.youtube.com/
   watch?v=UBc7qBS1Ujo
2 Ein spannendes Buch, das zu dem Thema gerade herausgekommen
   ist, ist z. B. Janice Nimuras (2021) «Die Blackwell Schwestern», Nagel &
   Kimche, München.

Franca Parianen Der Verstand wird allgemein überschätzt: Wie wir eine Welt bauen, in der sich Hirn und Hormon wohlfühlen

1   Campbell, F., Conti, G., Heckman, J. J., Moon, S. H., Pinto, R., Pungello, E., & Pan, Y. (2014). Early childhood investments substantially boost adult health. *Science, 343*(6178), 1478–1485.

2   Cassarino, M., & Setti, A. (2015). Environment as ‹Brain Training›: A review of geographical and physical environmental influences on cognitive ageing. *Ageing research reviews, 23*, 167–182.

3   Logan, R. W., & McClung, C. A. (2019). Rhythms of life: circadian disruption and brain disorders across the lifespan. *Nature Reviews Neuro science*.

4   Ploughman, M. (2008). Exercise is brain food: the effects of physical activity on cognitive function. Developmental neurorehabilitation, 11(3), 236–240.

5   Cassarino, M., & Setti, A. (2015). Environment as ‹Brain Training›: A review of geographical and physical environmental influences on cognitive ageing. *Ageing research reviews, 23*, 167–182.

6   Vandenberg, L. N., Colborn, T., Hayes, T. B., Heindel, J. J., Jacobs Jr, D. R., Lee, D. H., … & Zoeller, R. T. (2013). Regulatory decisions on endocrine disrupting chemicals should be based on the principles of endocrinology. *Reproductive Toxicology, 38*, 1–15.

7   Philippon, A. (2014). Work shift duration for emergency physicians – the shorter, the better: the French Experience. European Journal of Emergency Medicine: December 2019 – Volume 26 – Issue 6 – p 396–397.

8   Twohig-Bennett, C., & Jones, A. (2018). The health benefits of the great outdoors: A systematic review and meta-analysis of greenspace exposure and health outcomes. Environmental research, 166, 628–637.

9   Mitchell, R., & Popham, F. (2008). Effect of exposure to natural environment on health inequalities: an observational population study. The lancet, 372(9650), 1655–1660.

10 Cassarino, M., & Setti, A. (2015). Environment as ‹Brain Training›: A review of geographical and physical environmental influences on cognitive ageing. *Ageing research reviews, 23*, 167–182.

11 Gomes-Osman, J., Cabral, D. F. et al. (2018). Exercise for cognitive brain health in aging: A systematic review for an evaluation of dose. *Neurology: clinical practice, 8*(3), 257–265.

12 Wheaton, A. G. et al (2016). School start times, sleep, behavioral, health, and academic outcomes: a review of the literature. Journal of School Health, 86(5), 363–381.

13   Owens, J. A. et al (2010). Impact of delaying school start time on ado-
     lescent sleep, mood, and behavior. Archives of pediatrics & adolescent
     medicine, 164(7), 608–614.
14   Watson, N. F. et al. (2017). Delaying middle school and high school start
     times promotes student health and performance: an American Aca-
     demy of Sleep Medicine position statement. *Journal of Clinical Sleep
     Medicine*, 13(4), 623–625.
15   Yang, D. et al (2021). The effect of delaying school start time on adoles-
     cents' time use and health: evidence from a policy change in South
     Korea. Asian Population Studies.
16   Schiller, H. et al. (2017). The impact of reduced worktime on sleep and
     perceived stress–a group randomized intervention study using diary
     data. Scandinavian journal of work, environment & health.
17   Barck-Holst P. (2017) et al. Nilsonne Å, Åkerstedt T, Hellgren C. Reduced
     working hours and stress in the Swedish social services: A longitudinal
     study. International Social Work.
18   Kamerāde, D. (2019). A shorter working week for everyone: How much
     paid work is needed for mental health and well-being? Social Science &
     Medicine, 241, 112353.
19   Wang, S. (2022). What matters more for employees' mental health:
     job quality or job quantity?. *Cambridge Journal of Economics*, 46(2),
     251–274.
20   Cassarino, M., et al. (2015). Environment as ‹Brain Training›: A review
     of geographical and physical environmental influences on cognitive
     ageing. *Ageing research reviews*, 23, 167–182.
21   Howard, L. W., & Cordes, C. L. (2010). Flight from unfairness: Effects of
     perceived injustice on emotional exhaustion and employee withdrawal.
     Journal of Business and Psychology, 25(3), 409–428.
22   Greenberg, J. (2006). Losing sleep over organizational injustice: at-
     tenuating insomniac reactions to underpayment inequity with super-
     visory training in interactional justice. *Journal of applied psychology*.
23   Blair, C., & Raver, C. C. (2016). Poverty, stress, and brain development:
     New directions for prevention and intervention. *Academic pediatrics*,
     16(3), S30–S36.
24   Luby J. et al. (2013). The effects of poverty on childhood brain develop-
     ment: the mediating effect of caregiving and stressful life events. JAMA
     Pediatr. Dec;167(12):1135–42.
25   Blair, C., & Raver, C. C. Closing the achievement gap through modifi-
     cation of neurocognitive and neuroendocrine function: Results from a
     cluster randomized controlled trial of an innovative approach to the
     education of children in kindergarten. *PloS one*, 9(11), e112393.

26 Blair, C. (2016). Poverty, Stress, and Brain Development: New Directions for Prevention and Intervention. Acad Pediatr.

27 Campbell F., Conti G., Heckman J. J., et al. Early childhood investments substantially boost adult health. Science. 2014.

28 Reynolds, A. J. et al. (2008). Cost-effective early childhood development programs from preschool to third grade. Annual review of clinical psychology, 4(1), 109–139.

29 Bill Bryson (2004). A short history of nearly everything.